FORCE MAJEURE

SELECTION OF TYPICAL ARBITRATION CASES OF FORCE MAJEURE
AND CHANGE IN CIRCUMSTANCES
FROM THE PERSPECTIVE OF PUBLIC HEALTH EMERGENCIES

CHANGE IN CIRCUMSTANCES

深圳国际仲裁院 中国国际仲裁研究院 编著
刘晓春 主编 何音 刘哲玮 副主编

FORCE MAJEURE AND CHANGE IN
CIRCUMSTANCES
PUBLIC HEALTH EMERGENCIES

不可抗力与情势变更
典型仲裁案例选编

从突发公共卫生事件出发

图书在版编目(CIP)数据

不可抗力与情势变更典型仲裁案例选编：从突发公共卫生事件出发／刘晓春主编. —北京：北京大学出版社，2020.8
 ISBN 978-7-301-31483-8

Ⅰ.①不… Ⅱ.①刘… Ⅲ.①仲裁—案例—汇编—中国 Ⅳ.①D925.705

中国版本图书馆 CIP 数据核字(2020)第 134309 号

书　　　名	不可抗力与情势变更典型仲裁案例选编：从突发公共卫生事件出发 BUKEKANGLI YU QINGSHIBIANGENG DIANXING ZHONGCAI ANLI XUANBIAN:CONG TUFA GONGGONGWEISHENG SHIJIAN CHUFA
著作责任者	刘晓春　主编
责 任 编 辑	杨玉洁　靳振国
标 准 书 号	ISBN 978-7-301-31483-8
出 版 发 行	北京大学出版社
地　　　址	北京市海淀区成府路 205 号　100871
网　　　址	http://www.pup.cn　http://www.yandayuanzhao.com
电 子 信 箱	yandayuanzhao@163.com
新 浪 微 博	@北京大学出版社　@北大出版社燕大元照法律图书
电　　　话	邮购部 010-62752015　发行部 010-62750672　编辑部 010-62117788
印 刷 者	涿州市星河印刷有限公司
经 销 者	新华书店
	730 毫米×1020 毫米　16 开本　20.25 印张　330 千字 2020 年 8 月第 1 版　2021 年 3 月第 2 次印刷
定　　　价	88.00 元

未经许可，不得以任何方式复制或抄袭本书之部分或全部内容。
版权所有，侵权必究
举报电话：010-62752024　电子信箱：fd@pup.pku.edu.cn
图书如有印装质量问题，请与出版部联系，电话：010-62756370

《不可抗力与情势变更典型仲裁案例选编：从突发公共卫生事件出发》编辑委员会

主　编
刘晓春

副主编
何　音　刘哲玮

学术委员会
（以姓氏拼音为序）

傅郁林　郭　霁　郭小慧　郭晓文　胡建农　黄亚英　蒋溪林
梁爱诗　梁定邦　刘春华　刘晓春　潘剑锋　Peter Malanczuk
沈四宝　王桂壎　袁国强　张守文　张勇健　赵　宏

编委会成员
（以姓氏拼音为序）

安　欣　陈巧梅　董连和　范文静　黄郭勇　李秋良　林一飞
王素丽　谢卫民　杨　涛　曾银燕　赵　枫　周春玲　周　毅
朱　宏　邹长林

撰稿人
（以姓氏拼音为序）

陈巧梅　陈思维　陈　昕　范文静　付汶卉　郭　靖　黄吴一秀
黄　瑜　李佳霖　李宗怡　李雄风　林浩阳　苏　睿　田　炼
王淑馨　王素丽　王　越　王　宇　谢　翔　袁梦迪　赵佳慧
赵　萌　赵晴宇　张晨光　张　弛　张帅龙　周　毅　周指剑
朱禹臣　庄　玥

序

2019年年底以来,新型冠状病毒肺炎(Coronavirus Disease 2019,COVID-19,以下简称"新冠")在全球持续肆虐。当地时间2020年1月30日,世界卫生组织(WHO)总干事(Director-General)谭德塞(Dr. Tedros Adhanom Ghebreyesus)在瑞士日内瓦宣布,新冠疫情构成"国际关注的突发公共卫生事件"(Public Health Emergency of International Concern);3月11日,宣布新冠疫情在特征上可称为"全球大流行"(Pandemic)。截至格林尼治时间2020年4月30日零时,全球已确诊新冠病毒感染个案逾320万例,死亡超22万人,疫情已蔓延至全球185个国家和地区。[①] 随着疫情防控形势发展,全球逾120个国家或地区相继宣布进入紧急状态[②],部分国家或地区还采取了"封国""封城"的措施。随着疫情和防控措施对各项经济贸易活动影响的不断扩大,由此造成的合同履行不能将成为日益突出的法律问题,如何解决相关纠纷亟待研究。

针对突发公共卫生事件对合同履行的影响,大陆法系国家可援引的法律救济途径包括"不可抗力"和"情势变更",英美法系则称为"合同落空",其范围包括了大陆法系的"不可抗力"和"情势变更"。

深圳国际仲裁院自1983年成立以来,处理了大量合同履行过程中出现不可抗力或情势变更的案件,包括与本次新冠疫情类似的"非典"疫情影响合同履行的案件。我们系统梳理了数百宗相关案例,从中精选了32个案例进行评析,尝试从不可抗力的认定、不可抗力与商业风险的区分、不可抗力的举证责任和通知义务、当事人约定不可抗力的适用、不可抗力的法律后果、情势变更的认定、情势变更与商业风险的区分、情势变更的法律后果以及情势变更发生后相关问题的处理九个方面进行分析,基本涵盖了不可抗力和情势

---

① 参见美国约翰·霍普金斯大学网站(https://coronavirus.jhu.edu/map.html),访问日期:2020年4月30日。

② 参见中国国际商会官方微博(https://weibo.com/2072529433/IEEtrcE8B?type=comment#_rnd1591875143452),访问日期:2020年4月30日。

变更原则适用中可能遇到的各方面问题,供业内人士和相关当事人参考。

基于仲裁不公开性的考虑,在本书编写过程中,我们对案例中的当事人信息作了必要的保密处理。我们相信,本案例集的出版无论是对相关方应对新冠疫情影响,还是应对其他不可抗力或情势变更情形,均具有参考价值。

编 者

2020 年 4 月 30 日

致 谢

以下仲裁员(以姓氏拼音为序)为本书所选编的32个案例的仲裁庭组成人员,特在此表示衷心感谢!

陈 安、陈 涤、陈君尧、陈光龙、陈威华、陈治民、笪 恺、董立坤、杜 忠、葛行军、郭明忠、郭晓文、韩 健、郝珠江、兰建洪、雷正卿、冷传莉、黎学玲、李 梅、李 颖、梁慧星、刘 歌、刘澄清、刘世元、鲁 潮、卢 松、马东红、潘晓明、秦世平、任舒中、沈四宝、石永青、孙 巍、孙佑海、王成义、王陆海、王沛诗、王千华、王先伟、王益英、王宇新、吴 波、吴汉东、肖志明、谢石松、许奋飞、徐三桥、颜 俊、杨少南、叶宇廷、曾银燕、詹礼愿、章 成、张 弛、张德明、张方亮、张加文、张建国、张丽杰、张 旗、张善华、张 亚、张远辛、张 颖、郑建江、钟文雅、周成新、周焕东、左德起

编 者
2020年4月30日

凡　例

1.深圳国际仲裁院,又名华南国际经济贸易仲裁委员会、深圳仲裁委员会,曾用名中国国际经济贸易仲裁委员会华南分会、中国国际经济贸易仲裁委员会深圳分会,简称华南国仲;

2.法律文件名称中的"中华人民共和国"省略,例如《中华人民共和国合同法》,简称《合同法》,其余一般不省略;

3.《联合国国际货物销售合同公约》(United Nations Convention on Contracts for the International Sale of Goods),简称 CISG;

4.《国际商事合同通则》(Principles of International Commercial Contracts),简称《通则》;

5.《中华人民共和国民法典(草案)》,简称《民法典草案》;

6.《中华人民共和国民法典》,简称《民法典》;

7.《最高人民法院关于审理建设工程施工合同纠纷案件适用法律问题的解释》,简称《建设工程司法解释》;

8.《最高人民法院关于适用〈中华人民共和国合同法〉若干问题的解释(二)》,简称《合同法解释(二)》;

9.《最高人民法院关于审理民间借贷案件适用法律若干问题的规定》,简称《民间借贷司法解释》;

10.《最高人民法院关于在防治传染性非典型肺炎期间依法做好人民法院相关审判、执行工作的通知》,简称《非典司法通知》,已于 2013 年 4 月 8 日失效;

11.《最高人民法院关于正确适用〈中华人民共和国合同法〉若干问题的解释(二)服务党和国家的工作大局的通知》,简称《合同法通知》;

12.《最高人民法院关于当前形势下审理民商事合同纠纷案件若干问题的指导意见》,简称《指导意见》;

13.《第八次全国法院民事商事审判工作会议(民事部分)纪要》,简称《八民纪要》;

14.《证券期货投资者适当性管理办法》,简称《适当性管理办法》;

15.《涉外经济合同法》已于 1999 年 10 月 1 日失效;

16.关于情势变更,实务界和理论界亦有采"情事变更"之写法,二者意思一致,为保持行文统一,本书非引用部分均采"情势变更"写法;

17.如无特别说明,本书所涉币种均为人民币。

目　　录

专题一　不可抗力的认定

案例1　"非典"疫情和地铁施工是否构成不可抗力 ………… (3)

案例2　国际货物运输合同项下暴雨是否构成不可抗力 ……… (13)

案例3　中外合作经营合同项下政府政策的变化是否构成
　　　　不可抗力 ………………………………………………… (18)

案例4　服务合同项下地方政府规划文件变化是否构成
　　　　不可抗力 ………………………………………………… (23)

案例5　对赌协议项下产业政策调整是否构成不可抗力 ……… (31)

案例6　对赌协议项下监管政策变化是否构成不可抗力 ……… (35)

案例7　邻避事件是否构成不可抗力 …………………………… (42)

案例8　国际货物买卖合同项下海运运力不足是否构成
　　　　不可抗力 ………………………………………………… (46)

案例9　涉外货物买卖合同项下供货商欺诈及无法取得出口
　　　　许可证是否构成不可抗力 …………………………… (51)

案例10　租赁合同项下道路工程建设是否构成不可抗力 ……… (58)

专题二　不可抗力与商业风险的区分

案例11　投资合同项下如何区分不可抗力与商业风险 ………… (69)

案例12　买卖合同项下核心配件价格上涨是否构成
　　　　不可抗力 ………………………………………………… (78)

专题三　不可抗力的举证责任和通知义务

案例13　主张"非典"疫情和地震构成不可抗力的一方应
　　　　如何证明 ………………………………………………… (89)

案例14　合同不可抗力条款约定的公证义务是否必须
　　　　履行方可免责 …………………………………………… (95)

专题四 当事人约定不可抗力的适用

案例 15 不构成法定不可抗力但构成合同约定不可抗力
　　　　 如何处理 ································· (105)

案例 16 当事人可否将政府规划审批行为约定为
　　　　 不可抗力 ································· (111)

专题五 不可抗力的法律后果

案例 17 不可抗力是否当然免责 ························ (119)

案例 18 合同因不可抗力履行不能如何解除 ·············· (127)

案例 19 建设工程合同项下不可抗力导致工期延误
　　　　 如何处理 ································· (134)

案例 20 建设工程因规划改变而停工，相关损失如何承担 ··· (139)

案例 21 不可抗力导致损失的性质和范围如何界定 ········ (148)

案例 22 承揽合同项下因台风发生的损失如何承担 ········ (156)

专题六 情势变更的认定

案例 23 政策调整是否构成情势变更 ···················· (165)

案例 24 金融危机导致违约可否适用情势变更 ············ (172)

案例 25 法律没有明确规定时如何认定是否构成情势变更 ··· (179)

专题七 情势变更与商业风险的区分

案例 26 经营异常是情势变更还是商业风险 ·············· (187)

案例 27 建设工程合同项下物料价格上涨是情势变更还是
　　　　 商业风险 ································· (197)

案例 28 房屋租赁合同项下次承租人退租是情势变更还是
　　　　 商业风险 ································· (205)

专题八 情势变更的法律后果

案例 29 金融市场重大变化构成情势变更如何处理 ········ (215)

案例 30 建设工程合同项下发生情势变更如何处理 ········ (222)

专题九 情势变更发生后相关问题的处理

案例 31 发生情势变更但当事人已继续履行合同如何
　　　　 处理 ····································· (235)

案例 32 情势变更事件障碍消除后拒绝履行是否构成违约 ··· (240)

附　录

2020年2月10日全国人大常委会法工委发言人关于企业因
　　疫情不能正常履行合同相关法律问题的解答 ……………（249）
最高人民法院印发《关于依法妥善审理涉新冠肺炎疫情
　　民事案件若干问题的指导意见（一）》的通知 ……………（250）
最高人民法院印发《关于依法妥善审理涉新冠肺炎疫情
　　民事案件若干问题的指导意见（二）》的通知 ……………（253）
最高人民法院印发《关于依法妥善审理涉新冠肺炎疫情
　　民事案件若干问题的指导意见（三）》的通知 ……………（260）
最高人民法院、司法部、文化和旅游部关于依法妥善
　　处理涉疫情旅游合同纠纷有关问题的通知 ………………（266）
最高人民法院关于在防治传染性非典型肺炎期间依法
　　做好人民法院相关审判、执行工作的通知（已失效）………（270）
广东省高级人民法院关于审理涉新冠肺炎疫情商事案件
　　若干问题的指引 ……………………………………………（273）
湖北省高级人民法院关于新型冠状病毒感染肺炎疫情防
　　控期间涉外商事海事审判工作的指引 ……………………（277）
内蒙古自治区高级人民法院关于审理涉新冠肺炎疫情民
　　商事案件相关问题的指引 …………………………………（279）
贵州省高级人民法院关于规范审理涉新冠肺炎相关商事
　　纠纷若干问题的实施意见 …………………………………（284）
湖南省高级人民法院关于涉新型冠状病毒感染肺炎疫情
　　案件法律适用若干问题的解答 ……………………………（288）
联合国国际货物销售合同公约（节选）……………………………（296）
国际商会不可抗力与情势变更条款【2020年版】…………………（297）
《民法典》与既有法律文件对照表 …………………………………（303）

专题一
不可抗力的认定

案例1 "非典"疫情和地铁施工是否构成不可抗力

——A实业开发有限公司与香港B有限公司合作经营合同争议仲裁案

仲裁要点： "非典"疫情属于不能预见、不能避免并不能克服的客观情况，对于被申请人承包酒店经营客房和餐饮而言当属不可抗力，在酒店所在地发生"非典"疫情期间，被申请人支付酒店承包金的责任应当予以免除。酒店附近的地铁施工对于酒店经营造成的影响是客观存在的，应按照《民法通则》第4条确立的公平原则对被申请人应当支付的酒店承包金予以适当调减。

一、案 情

（一）关于《合作合同》

1992年3月18日，以申请人A实业开发有限公司为甲方、被申请人香港B有限公司为乙方，双方当事人签订了《合作经营企业C酒店合同》（以下简称《合作合同》）。《合作合同》中与本案争议有关的主要条款如下：

1.甲、乙双方同意建立合作经营企业C酒店（以下简称"酒店"或"合作公司"）。酒店的经营范围为：利用新火车站东大厦四至九层现有18 354平方米的场地，开设和经营客房、中西餐厅、咖啡厅、商务中心。

2.酒店的规模：（1）280间左右客房，按四星级标准设计、装修。（2）酒楼。有淮扬菜、潮州菜、粤菜、西餐、火锅、风味小吃等4~5个大小不同的餐厅。（3）咖啡厅。（4）商务中心。以上营业面积约18 354平方米，员工约900~1 100人，预测每月营业额约港币900万元。

3.酒店的投资总额和注册资本均为港币8 800万元。

4.合作双方提供下列合作条件：

(1)甲方：提供S市火车站大厦合计18 354平方米的场地等。

(2)乙方：对甲方提供的场地，按合作项目要求出资进行设计、装修；乙方投资(不计利息)合计为港币8 800万元。

5.酒店在完税并提取各项基金后的利润按如下比例进行分配：甲方所得为60%，乙方所得为40%。合作公司的风险，由甲方承担40%，乙方承担60%。

6.酒店的合作期限为15年，从合作公司营业执照签发之日起计算。

7.本合同受中华人民共和国法律的保护和管辖。

(二)关于《股东承包合同》

1992年12月11日，合作公司作为发包方，被申请人作为承包方，双方签订了《股东承包合同》，约定如下：

1.自本合同经S市政府主管部门批准之日起至合作公司合作合同期满止15年内酒店由被申请人承包经营，酒店在被申请人承包经营期间的一切风险、各项税金及经营管理中所有的费用和经济责任由被申请人承担。

2.被申请人保证自1993年1月15日起，15年内分三期(每期5年)确保申请人获得如下税后利益分配：

第一期：每年分成港币1 296万元，每月营业额超过港币1 100万元部分，提取2%，作为浮动利益分成。

第二期：每年分成港币1 373万元，每月营业额超过港币1 100万元部分，提取2.3%，作为浮动利益分成。

第三期：每年分成港币1 450万元，每月营业额超过港币1 100万元部分，提取2.5%，作为浮动利益分成。

承包期满结算后，合作公司的全部财产不作价归申请人所有。

3.被申请人承包后，每年分四季，在每季结束后7日内，将申请人的利益分成汇入申请人指定账户。分成按中国银行当日外汇牌价折算，人民币与港币各50%支付。

4.被申请人承包经营后，必须确保申请人的利益分成，如经营所得利润不足以支付申请人所得利益，被申请人应另行筹措资金，确保申请人所得利益实现。盈亏责任由被申请人自行承担。

5.本合同是《合作合同》的组成部分,经 S 市公证处公证并报 S 市政府主管部门批准后生效。

1993 年 2 月 27 日,S 市公证处就上述合同出具了(93)S 证经字第 152 号公证书。

(三)关于《股东承包补充协议》

1998 年 10 月 20 日,申请人和被申请人以及合作公司又签订了一份《酒店股东承包补充协议》(以下简称"补充协议"),就被申请人欠申请人承包金及 1998 年以后承包金的确定等事宜作了规定。

1.被申请人自 1993 年至 1997 年所欠申请人承包金的清算。

2.确定承包金。自 1998 年 1 月 1 日起至 2002 年 12 月 31 日止,被申请人向申请人每年支付承包金人民币 960 万元。

3.原合同中港币清算今后改为人民币清算。

(1)被申请人所欠申请人的欠款按人民币偿还。

(2)从 1998 年以后的承包金也按人民币支付。

4.其他事宜。

(1)如被申请人不能履行补充协议第 1、2 条的约定,在 1998 年 12 月 31 日前不能交清当年的承包金和欠款,申请人有权采取任何措施中止执行补充协议,双方的债务往来按《股东承包合同》清算。

(2)补充协议签订后,《股东承包合同》中除第 5、6 条废除外,其他条款内容不变,并与补充协议具有同等法律效力。

(3)补充协议自 1998 年 1 月 1 日起生效。

(四)关于申请人的仲裁请求

申请人依据《合作合同》中的仲裁条款,于 2004 年 7 月向华南国仲提起仲裁,并提出如下仲裁请求:

1.请求被申请人支付拖欠的 2001 年至 2004 年 7 月间的承包金。

2.请求被申请人支付上述款项之利息,自仲裁申请日(2004 年 7 月 8 日)起至裁决书作出之日止。

3.请求被申请人支付本案仲裁受理费用。

4.请求判令被申请人承担本案的(全部)仲裁费用,包括律师费及其他相关费用。

二、当事人争议要点

(一) 关于"非典"疫情和地铁施工是否构成不可抗力事件

1. 庭审中,双方当事人一致认为"非典"疫情属于不可抗力事件。
2. 关于 S 市火车站地铁施工是否构成不可抗力。

申请人认为:

地铁施工不属于不可抗力事件。首先,《合同法》第 117 条第 2 款规定,不可抗力是指不能预见、不能避免并不能克服的客观情况。而 S 市地铁早就列入了 S 市的市政规划,规划和施工时间在 S 市的各大报纸均有报道,不属于不可预见事件。其次,根据约定俗成的理解和国际标准,不可抗力包括自然灾害(如台风、地震、洪水、瘟疫流行等)、政府行为(如新的法律、政策的颁布)、社会异常行为(如罢工、战争等),而地铁施工不属于前述范围。

被申请人认为:

地铁施工是国家规划、建设的 S 市重大城市建设项目,地铁施工是不能预见、不能避免且不能克服的事件,对于本案所涉合同履行而言已构成不可抗力。《合作合同》和《股东承包合同》签订于 1992 年,合作期限为 15 年,而 S 市火车站地铁 1998 年才开始规划设计,2001 年 8 月开始施工。这一事件,以一般社会公众预见能力为标准来衡量,是不以主观意志为转移发生的客观情况,双方在订立合同时都无法预见。况且,酒店经营因此遭受严重亏损,阻碍了合同的正常履行。

(二) 关于"非典"疫情和地铁施工是否给被申请人经营酒店造成了巨大经济损失

申请人认为:

"非典"疫情和地铁施工对被申请人承包的酒店的经营并没有实质影响。

一是"非典"疫情期间,酒店餐饮和客房可能会受到一定影响,但租赁业务不会受到影响,因此,地铁施工对酒店经营没有影响。酒店大堂与火车站售票厅、候车厅毗邻,过往旅客均须由其大堂门前经过,主要经营特点是接待来往旅客。酒店客房、餐饮的收入,在排除自身经营管理的因素外,主要取决于火车站的客流量。根据 D 铁路股份有限公司的年报和中报,火车站的旅客发送量,除 2003 年因"非典"疫情原因,与 2002 年相比下降 4.8%外,其他年度客流量都是逐年增长的。而且,"非典"疫情仅发生在 2003 年 2 月至 6 月间,S 市"非典"疫情并不严重,所受影响较小。

二是被申请人提供的 2001 年、2002 年和 2003 年三份年度审计报告以及截至 2004 年度 7 月的会计报表和资产评估报告并未反映酒店的真实收入情况。因为至关重要的三项稳定收入未纳入审计范围,包括每年人民币 1 000 多万元的租金、申请人承诺消费人民币 200 万元及酒店客房、餐饮收入未开具发票部分。被申请人未向仲裁庭提供真实、客观的证据证明损失的存在,更没有证据证明其所谓的损失是由"非典"疫情及地铁施工所致,理应承担举证不能的法律后果。

三是被申请人延迟履行后发生不可抗力的,不能免除责任。

被申请人认为:

"非典"疫情和地铁施工是众所周知的客观情况,给被申请人的经营造成了巨大的经济损失。

一是酒店的客房、餐饮和租赁业务,在"非典"疫情和地铁施工期间,均受到了严重影响。2001 年下半年地铁开始施工,火车站广场被封,交通道路改道,地处客运大楼东侧的酒店大堂被围墙封住,作为酒店主要客源通道的通往 L 口岸的一楼通道被封,酒店营业额急剧下滑。迄至目前,因地铁施工所造成的上述状况仍然没有改变,酒店经营没有改观。至于申请人所提交的 D 铁路股份有限公司年报和中报,用火车站旅客发送量来证明酒店经营状况,只有在正常情况下可以相互印证,酒店经营额才与火车站旅客发送量成正比,但在地铁大规模施工的情形下,酒店经营必然会受影响。

二是被申请人提交的审计报告证明酒店在地铁施工和"非典"疫情期间遭受了巨大损失。审计报告是法定机构依法出具的无保留审计报告,真实、客观、公允地反映了酒店的财务状况,具有法律证明效力。申请人关于审计报告未反映酒店真实收入情况的说法不能成立,不能对抗合法注册会计师依法出具的具有法律证明效力的审计报告。

三是"非典"疫情和地铁施工事件发生后,被申请人履行了通知义务,要求召开董事会解决酒店存在的严重问题,并敦促申请人完全落实合作条件及重新核实承包金额,但申请人对被申请人的多次书面建议从不答复。在此情形下,被申请人不能履行合同属于法定免责事由。

(三)关于"非典"疫情和地铁施工是否构成免责条件

本案申请人请求被申请人支付 2001 年至 2004 年 7 月间的承包金,被申请人则以"非典"疫情和地铁施工构成不可抗力为由,要求免除其应支付的承包金。

被申请人抗辩,在酒店经营过程中遭遇的"非典"疫情和火车站地铁施工,是不可抗力事件,并给被申请人造成了巨大损失,根据《合同法》第 117 条的规定,已构成免予承担民事责任的条件,被申请人应免予支付承包金。若被申请人继续向申请人支付承包金不仅于情于理不符,也不符合法律的公平原则。

申请人主张,"非典"疫情和火车站地铁施工,不构成免除被申请人支付酒店承包金的法定事由,被申请人也没有证据证明因此给其经营酒店造成了巨大经济损失。被申请人长期违约欠付承包金,却以"非典"疫情和地铁施工作为不可抗力事由进行免责抗辩,显然于法无据。

三、仲裁庭意见

(一)仲裁庭关于"非典"疫情的认定

2003 年上半年,广东、香港、北京等地先后暴发了"非典"疫情。对于被申请人承包经营酒店而言,"非典"疫情应当属于不可抗力事件,申请人和被申请人对此并无异议。《合同法》第 117 条第 1 款规定:"因不可抗力不能履行合同的,根据不可抗力的影响,部分或者全部免除责任,但法律另有规定的除外。当事人迟延履行后发生不可抗力的,不能免除责任。"仲裁庭据此认为,在 S 市"非典"疫情发生期间,被申请人支付承包金的责任应当予以免除。鉴于各地暴发"非典"疫情的时间不一,"非典"疫情的影响大小有别,从公平原则出发,为便于计算,仲裁庭认定,应当免除被申请人 3 个月的承包金。

(二)仲裁庭关于地铁施工的分析

仲裁庭认定,地铁施工自 2001 年 8 月开始,到 2004 年年底仍未全部结束,在施工期间,火车站广场被封,原来可以往来酒店的车辆改道行驶,酒店大堂外面就是施工的围墙,作为酒店主要客源通道的通往 L 口岸的一楼通道也被封。地铁施工对酒店经营造成的影响是客观存在的,也是比较严重的。

仲裁庭认为,在履行合同时的情况与签订合同时的情况相比发生重大变更的情形下,不管被申请人主张的不可抗力的抗辩理由成立与否,根据《民法通则》第4条确立的公平原则,都应当对被申请人按照补充协议约定应当支付的承包金予以适当调减。承包金调减幅度,应当和地铁施工对酒店经营造成的影响成正比。

为此,仲裁庭曾经要求双方当事人提交证据说明地铁施工对酒店经营造成的影响程度,以及酒店2001—2004年与1997—2001年期间经营情况的比较等,但双方当事人均未提交上述材料,因此无法准确量化地铁施工对酒店经营造成的具体影响。同时,对于被申请人为证明酒店经营状况提交的三份审计报告,被申请人在庭审中承认没有包括酒店的租金收入,不能客观地反映酒店的真实收入情况,不能作为确定对酒店经营造成具体影响的依据。仲裁庭同时认为,在双方当事人提交的材料均无法对地铁施工对酒店的经营造成的影响大小作出准确量化说明的情形下,唯有根据《民法通则》第4条确立的公平原则,结合本案实际情况,行使裁量权,将被申请人按照补充协议约定应当支付的承包金调减30%。

(三) 仲裁庭裁决结果

综上,基于"非典"疫情和地铁施工对酒店经营造成的影响,仲裁庭支持了申请人的大部分请求,并相应调整了申请人主张的仲裁费承担比例,对于被申请人旨在通过主张不可抗力免交承包金的抗辩没有全部采纳。

四、评 析

编者认为,本案双方当事人的主要争议焦点在于,"非典"疫情和地铁施工是否构成不可抗力,是否对被申请人承包经营酒店造成根本影响,以及由此产生的法律后果。仲裁庭根据合同约定,依据我国现行法律关于不可抗力的规定,针对是否免除被申请人支付承包金的争议作出裁决。现从几个维度简要分析如下。

(一) 关于"非典"疫情是否构成不可抗力

结合本案事实,编者倾向于认同仲裁庭关于"非典"疫情的定性。因为酒店经营业务主要包括酒店客房和餐饮,"非典"疫情势必会影响酒店经营,且双方当事人对"非典"疫情构成不可抗力并无异议,正如仲裁庭所认定的,根据《合同法》第 117 条(《民法典》第 180 条)的规定,对于被申请人承包经营酒店而言当属不可抗力事件。编者认为,另根据本案裁决之后公布实施的《民法总则》第 180 条(《民法典》第 180 条)并参照最高人民法院相关司法解释的规定,2019 年新冠疫情和 2003 年"非典"疫情均为突发性的异常公共卫生事件,远远超出社会一般观念和正常人的合理预期,如果是当事人签约时无法预见的非市场固有风险,且不可防、不可控,对于因此不能履行合同的当事人来说,是"不能预见、不能避免且不能克服的客观情况",属于不可抗力。

(二)关于地铁施工对本案合同履行构成不可抗力还是情势变更

仲裁庭对地铁施工没有明确定性,而是认为"不管被申请人主张的不可抗力的抗辩理由成立与否","在履行合同时的情况与签订合同时的情况相比发生重大变更的情况下",在地铁施工对酒店经营客观上造成比较严重的影响,以及被申请人缺乏证据证明酒店亏损状况的前提下,按照《民法通则》第 4 条(《民法典》第 6 条)确立的公平原则,裁决调减了被申请人应支付的承包金。

编者比较赞同上述裁判思维方式。仲裁庭对地铁施工虽没有明确定性,但综观本案裁决书,与"非典"疫情裁判依据不同,它实质上援引了情势变更原则进行处理。如前所述,地铁施工作为一项涉及城市规划的市政工程,酒店经营因此受到很大影响,合同的基础条件发生了签订合同时无法预见的、不属于商业风险的重大变化,如继续履行合同对一方当事人明显不公平。编者认为,就本案而言,地铁施工定性为情势变更比较贴切。关于情势变更的法律规定,2005 年 7 月仲裁庭作出裁决时还没有相关参考,《合同法解释(二)》第 26 条首次规定了情势变更原则。2020 年 5 月 28 日通过的《民法典》第 533 条也明确规定了情势变更原则,即"合同成立后,合同的基础条件发生了当事人在订立合同时无法预见的、不属于商业风险的重大变化,继续履行合同对于当事人一方明显不公的,受不利影响的当事人可以与对方重新协商;在合理期限内协商不成的,当事人可以请求人民法院或者仲裁机构变更或者解除合同。人民法院或者仲裁机构应当结合案件的实际情况,根据公平原则变更或者解除合同。"

(三)关于不可抗力是否必然免责,需要结合其对合同履行的影响进行综合判断

值得关注的是,并非只要发生不可抗力事件便会产生直接免责的效果。根据《民法总则》第 180 条(《民法典》第 180 条)和《合同法》第 117 条(《民法典》第 590 条)的规定,不可抗力免责具有前提条件,即不可抗力与无法履行合同是否具有因果关系。编者认为,不可抗力与因果关系的"二位一体"更符合我国现行法律关于不可抗力的规定,确定是否因不可抗力影响合同履行,是一个关键因素。编者结合本案选择三个角度予以考量。

1.判断合同基础条件是否发生重大变化。最常见的情形是合同出现对价关系障碍,包括因不可抗力导致的对价关系严重失衡。结合本案,"非典"疫情对酒店经营虽然造成一定影响,但尚不足以导致被申请人承包经营酒店的目的完全落空,对合同履行基础尚未构成实质影响。也就是说,如果疫情对合同履行尚未构成重大障碍,合同当事人就不能主张全部免责,是否部分免责可结合个案判断,本案就是最好的例证。

2.通过行业特点判断因果关系。疫情对不同行业的影响会呈现不同的后果,比如对于酒店承包经营、建设工程、旅游服务、海上货物运输等,通常会影响合同进度,从而构成履行障碍,而网络借款等网络服务合同的正常履行则通常不会受到影响。针对租赁合同的履行,一般划分为酒店客房、餐饮、大型商场、小型零售店、商业写字楼、工业场房和自然人租房等,疫情及防控措施对其影响程度通常有所不同。

3.结合疫情暴发的时间、区域和严重性以及防控措施的严厉程度综合判断,较严地区合同履行障碍势必较大,缓和地区则未必会给合同履行带来很大障碍。

另外,随着互联网及科技信息技术的发展,数字经济时代的到来,以及"宅经济"和"非接触式消费"的悄然兴起,行业生态模式和消费模式已发生颠覆性改变,在分析判断客观情况和基础条件是否变化、疫情及其防控措施是否构成合同履行障碍等方面,势必会对传统裁判思维方式造成冲击。

(四)关于不可抗力或情势变更产生的法律后果

编者认为,基于不可抗力或情势变更所产生的法律后果,应该遵循侧重于当事人意思自治和保护守约方的原则,公平合理地调整双方利益关系,而非简单地豁免债务人的义务,使债权人承受不利后果。

其一,不可抗力所产生的法律责任。编者认为,如果当事人之间有约定的按约定内容办理;没有约定或者约定不明,依照《民法总则》第 180 条(《民法典》第 180 条)和《合同法》第 117 条、第 118 条(《民法典》第 590 条)的规定处理。

确因疫情影响导致合同不能履行的,后果有两种:一是责任完全免除;二是责任部分免除。当事人主张适用不可抗力部分或全部免除责任的,应结合疫情发生的情况以及合同履行受影响的程度等因素综合判断。当事人在责任完全免除的情况下,可依《合同法》第 94 条(《民法典》第 563 条)的规定获得合同解除权。如果只对部分合同义务的履行产生影响,免责范围应限于部分责任或义务,而不能笼统地认为免除全部合同的违约责任或不再履行合同。

其二,情势变更所产生的法律责任。《合同法解释(二)》第 26 条和 2020 年 5 月 28 日公布的《民法典》第 533 条均有所规定。后者在总结实践经验的基础上,最大变化在于情势变更适用范围不再排除不可抗力,且没有严格的程序限制。据此,确因基础条件变更导致合同不能履行的,发生以下法律后果:一是受情势变更不利影响的当事人可以与对方重新协商,这是《民法典》增设的规则,《合同法解释(二)》未作规定;二是在合理期限内协商不成的,可以请求变更或者解除合同;三是裁判机构应当结合案件的实际情况,根据公平原则变更或者解除合同。

(本案例由深圳国际仲裁院王素丽女士编撰)

案例 2 国际货物运输合同项下暴雨是否构成不可抗力

——A 财产保险股份有限公司 S 市分公司与 B 物流集团有限公司
国际货物运输保险代位求偿权争议仲裁案

仲裁要点：涉案合同约定了不可抗力包括暴风雨,但在认定其是否构成不可抗力时仍需考量降雨量是否符合现行有效的暴雨等级国家标准,并结合不可抗力的构成要件进行分析。本案中,被申请人提交的证据仅能证明事故当天的降雨量,不足以证明符合不可抗力的构成要件。

一、案 情

2012 年 5 月 10 日,案外人 C 通讯公司与被申请人 B 物流集团有限公司签订《国际货物运输合同》《国际运输保证协议》,约定 C 通讯公司委托被申请人承运货物,装货地点在 C 通讯公司工厂。C 通讯公司向申请人 A 财产保险股份有限公司投保了货物运输一切险,并取得《货物运输保险单》。保险单载明装载运输工具:BY SEA,起运日期:Mar 27,2013,自 SHENZHEN CHINA 至 PORT SUDAN,保险金额为 USD 4 184 125.00。

2013 年 3 月 28 日,被申请人承运 C 通讯公司装于集装箱内的基站收发信号机,从工厂运往 Y 港国际集装箱码头拟装船出口,在进入港区前往货柜堆场途中,车辆发生侧翻事故,导致货物受损。事故发生后,申请人向 C 通讯公司赔付了货物损失 82 451.81 元,取得代位求偿权。但申请人行使代位求偿权向被申请人请求赔偿时,申请人与被申请人发生争议。申请人依据《国际运输保证协议》中的仲裁条款于 2014 年 12 月向华南国仲提出仲裁申请,请求被申请人向申请人支付保险赔款及利息。

二、当事人争议要点

申请人认为：

申请人作为保险人支付了保险赔款，依法取得代位求偿权。事故发生于被申请人将涉案货物从 C 通讯公司工厂运到 Y 港码头这一陆路运输期间，双方的法律关系为陆路运输合同法律关系。陆路运输区段，不适用《海商法》的诉讼时效；本案损失金额系保险人与被保险人共同确认，并经保险公估机构核实，被申请人亦书面予以确认；被申请人辩称损失由不可抗力造成，但事实表明，该损失由驾驶员操作不当造成，完全不符合不可抗力的法律定义。

被申请人认为：

申请人的仲裁请求已超过诉讼时效；申请人主张的赔偿金额过高；保险事故发生时，Y 港的日降水量达到 45.5 毫米，符合暴雨定义，根据其与 C 通讯公司签订的《国际运输保证协议》第 6.8 条，已构成不可抗力，被申请人不应承担任何责任。

三、仲裁庭意见

本案争议焦点之一为：被申请人可否因不可抗力免责。

仲裁庭查明，被申请人与 C 通讯公司签订的《国际运输保证协议》第 6.8 条约定："……对于因受影响方所不能控制的任何事件导致的本协议的推迟或无法履行，任何一方均不应被认为违约，也不承担责任。其中自然不可抗力包括暴风雨。"仲裁庭认为，该条是关于推迟履行和无法履行的约定。被申请人提交的气象资料仅表明事故当天 Y 港的日降雨量达到 45.5 毫米，不能证明已构成不可抗力。根据《民法通则》第 153 条、《合同法》第 311 条的规定，仲裁庭对被申请人关于不可抗力免责的抗辩不予支持。

四、评　析

本案中，被申请人以货物运输途中所遇暴雨属于不可抗力主张免除合同责任，仲裁庭不予支持。编者结合该案案情、不可抗力构成要件以及国际货

物运输中不可抗力的应对措施,分析如下:

(一)不可抗力情形下的"暴雨"

编者认为,关于被申请人主张的"暴雨"能否认定为不可抗力,不仅需要考量降雨量是否符合现行有效的暴雨等级国家标准,还需结合不可抗力的构成要件对案情进行逐条分析。

首先,根据国家质量监督检验检疫总局和国家标准化管理委员会发布的《降水量等级》(GB/T 28592—2012)(2012年6月29日发布,2012年8月1日实施),12h降雨量在30.0~69.9毫米之间或24h降雨量在50.0~99.9毫米之间的降雨量等级为暴雨等级。被申请人提交了事故当天Y港日降雨量为45.5毫米的气象记录。对比前述降水量等级标准,事故当日Y港的降雨量未达到"24h降雨量在50.0~99.9毫米之间"的暴雨等级。

其次,根据《民法通则》第153条和《合同法》第117条(《民法典》第180条)的规定,不可抗力是指不能预见、不能避免且不能克服的客观情况。通常情况下,若承运人在货物运输途中遇到暴雨,一般无法避免,符合"不能避免"的构成要件。但依据现有天气预报的监测技术和通知范围,承运人主观上存在预见运输时段天气状况的可能性,不符合"不能预见"构成要件;参照运输行业的惯例,承运人须事先查明运输时段的天气状况,据以判断是否适合运输,若可另择时间或更换运输方式,则不符合"不能克服"要件。本案陆路运输行程较短,承运人在有条件预见恶劣天气发生的情况下,未避免货运事故发生,不符合不可抗力的"不能预见""不能克服"的构成要件。

(二)国际货物运输中的其他不可抗力情形

在履行国际货物运输合同过程中,除暴雨外,当事人常以其他自然灾害为由抗辩合同责任。法院、仲裁机构在处理此类纠纷时,多结合不可抗力的构成要件对个案进行具体分析。在广东奥科特新材料科技股份有限公司诉广东中外运国际货代有限公司等海上货运代理合同纠纷案中〔广州海事法院(2018)粤72民初261号〕,法院判决认为,台风"天鸽"带来的风、雨、浪、潮产生的叠加效果以及珠江口多个站点均超历史最高潮位并未在天气预报中有所体现,无法准确预见;存放涉案货物的南沙港公司集装箱堆场呈平面结构,遭受水淹在所难免;在台风发生前,南沙港公司已及时通知防台风并采取绑扎加固等措施,"天鸽"所造成的损失无法克服。因此,"天鸽"台风符合不可抗力的构成要件,被告免责。

除自然灾害外,当事人亦常以政府行为构成不可抗力为由,主张免除其违约责任。在 M 贸易公司与 N 国际货代公司海上货物运输合同纠纷案中,原告在 2007 年 6 月 17 日将全部托运货物送至被告指定的仓库,准备拼箱出运。而同年 6 月 19 日,财政部和国家税务总局联合发布了《关于调低部分商品出口退税率的通知》,该通知将不锈钢管的退税率从原来的 13% 下调至 5%,从 2007 年 7 月 1 日起执行。由于 2007 年 6 月底我国出口货量剧增,被告未能在 7 月 1 日前将货物出运,原告只能按调低后的 5% 税率退税,损失 30 330 元,故诉至法院请求赔偿。被告则以国家法律政策调整构成不可抗力为由,拒绝赔偿。法院判决认为,被告怠于履行自己的合同义务,且在国家出口退税最新政策从出台到正式生效的法律过渡期内,仍未采取积极行动避免与克服即将产生的退税损失,直接导致原告方的经济损失,因此其所主张的"国家出口退税税率的调整可以构成不可抗力"的主张不能成立。

结合上述案例,当事人在援引不可抗力规则主张免责时,需要注意提供证据证明客观情形已达到不能预见、不能避免、不能克服的程度,并尽到及时通知义务。

(三)国际货物运输中不可抗力情形的应对

自 2019 年年底新冠疫情暴发以来,国际货物运输是受到严重影响的行业之一。2020 年 2 月 6 日,国际航运分析机构 Alphaliner 发布报告称,中国港口的集装箱货运量在 2020 年第一季度减少约 600 万 TEU,预计 2020 年全球集装箱吞吐量的增幅至少下降 0.7%。国际货物运输环节多、涉及面广、时间性强、风险较大,新冠疫情下,任何节点受到影响都会导致运输合同不能正常履行。参照 2003 年"非典"疫情,国内各地法院对"非典"疫情是否构成不可抗力或情势变更态度不一。为此,在新冠疫情引发的各种问题面前,从事国际货物运输相关方需及时采取有效的应对措施,而不宜直接引用不可抗力规则拒绝履行合同或申请免责。结合国际货物运输行业的具体情况,编者提出如下建议:(1)委托专业人士帮助核阅合同约定和法律规定,判断自身权利和潜在的法律风险,主动采取措施应对疫情可能带来的不利影响。(2)密切关注与合同履行有关的国家(地区)的管制措施(如对检验检疫证书的要求,海关对出口货物的新规、拼箱货物的达标检查等),提前准备好必要的文件。(3)及时将疫情及面临的困难通知对方,进行沟通协商,尽力维持合同的履行,并采取适当的减损措施,防止损失扩大。(4)注意固定和收集重要待证事实的证据(如航线变化的官方通知、海关的各项政策、交通受滞的情况证明、港口的货物堆运通知等),以便在未来的诉讼或仲裁中掌握主动权。

(本案例由深圳国际仲裁院陈巧梅女士编撰)

案例3 中外合作经营合同项下政府政策的变化是否构成不可抗力

——A国际有限公司与B染织实业有限公司
中外合作经营合同争议仲裁案

仲裁要点：不可抗力应符合法定的构成要件。中外合作经营合同项下一方当事人以政策变化为由主张不可抗力免除责任的，应当举证证明该政策变化对其具有不可避免并不能克服的强制性，否则仍应承担违约责任。

一、案　情

1994年5月9日，申请人A国际有限公司与被申请人B染织实业有限公司签订《合作合同》，约定双方根据中华人民共和国法律成立合作公司，合作公司的期限为18年，经营范围是：生产、加工、销售各类染色、漂白纱线，各类纺织原料等。合作公司的注册资本为800万港元，申请人投资600万港元，被申请人投资200万港元。申请人在合作公司营业执照核准颁发之日起3个月内投入500万港元的设备和现金，剩余的出资额在12个月内以设备和现金形式缴足。被申请人在合作公司营业执照核准颁发之日起3个月内投入作为出资的设备，并以合作公司使用的1 600平方米厂房的租金逐月投入，租金按月支付，直至投足200万港元。申请人负责将作为出资的机械设备等物资交付合作公司，被申请人应保证合作公司之厂房使用权。因不可抗力致使合同无法履行时，经董事会一致同意通过，并报审批机关批准，可以提前解除合同。《合作合同》的订立、效力、解释、履行和争议的解决均适用中华人民共和国法律。

《合作合同》签订后，申请人按合同约定投入设备和现金，被申请人亦提供了1 600平方米厂房和设备。一年后,被申请人为解决国有企业出路问题,将合作公司使用的厂房及土地使用权转让给D公司,并要求合作公司搬迁。申请人同意在被申请人提供符合合作公司生产和发展条件的厂房的前提下商谈,但认为被申请人提供的厂房不符合合作公司的生产和发展条件,实际上改变了合同条款,故未同意。在商谈搬迁期间,D公司入场拆迁,合作公司的业务基本陷入停顿状态。申请人提出搬迁补偿的要求,被申请人对此予以拒绝,并明确提出要求终止《合作合同》。申请人遂依据《合作合同》中的仲裁条款于1997年3月向华南国仲提起仲裁,请求解除《合作合同》、被申请人赔偿申请人投资600万港元及利息、经济损失等。被申请人提出反请求,请求解除《合作合同》,赔偿被申请人经济损失200万港元,申请人承担合作公司的全部亏损,支付拖欠的水、电费及排污费等。

二、当事人争议要点

申请人认为:

被申请人作为合作条件投入合作公司的1 600平方米厂房是特定的,不能随意变动,合作双方在商谈成立合作公司时曾多次到厂房所在地进行考察,综合了所有因素才选定该地点并确定租金为每月13元/平方米,以每年递增6.6%计至2001年3月31日,总值为200万港元。该1 600平方米厂房为被申请人自有,合作公司所有文件的注册地址均为上述1 600平方米厂房所在地,被申请人投入特定自有的1 600平方米厂房使用权以成立合作公司是合作双方的真实意思表示。《合作合同》签订后,被申请人将厂房及土地使用权转让给D公司,使合作公司无法继续使用约定的厂房,实际上是被申请人单方抽回投资,并拒绝申请人提出的在找到合适的厂房和有合理的搬迁补偿的前提下讨论搬厂事宜的要求,提出终止《合作合同》,单方违约行为是明显的。被申请人注册地市政府审定的第二批解困转制企业名单中虽然包括被申请人,但并没有授权被申请人转让厂房及土地使用权,被申请人不能以此作为其违约免责的条件。

被申请人认为:

根据合作公司委托会计师事务所作出的审计报告,被申请人以租金及设备投资人民币2 239 362.55元,充分履行了出资义务,提供了《合作合同》约定的全部合作条件。被申请人积极支持合作公司的运作与发展,替合作公司代垫开业后一直未能及时支付的费用及滞纳金。(被申请人)注册地市政府为了解决国有企业出路问题,制定了以土地使用权换资金的政策,被申请人属于该市政府审定的第二批解困转制重点企业。政府新政策的出台,是被申请人在签订《合作合同》时无法预见的,是不可抗力。被申请人及时向合作公司董事会报告了有关情况,已按《合作合同》关于"不可抗力"的规定通知了申请人,并找到了可供合作公司搬迁的厂房。申请人也同意迁厂,只是在搬迁补偿上双方未能达成一致意见。申请人因此拖延搬迁,单方向被申请人提出巨额搬迁补偿,远远超出了被申请人的承受能力。被申请人提供的合作条件是厂房使用权,其表现形式是租金,另行承租厂房供合作公司使用仍是守约行为。合作公司生产经营至今正常,销售额逐月增加,造成合作公司连年亏损的原因在于申请人,其损害了被申请人的合法权益,被申请人的出资港币 200 万元也损失殆尽。

三、仲裁庭意见

仲裁庭认为,依据双方当事人在《合作合同》中的约定,本案应适用中华人民共和国法律。《合作合同》是双方当事人的真实意思表示,并获 G 市政府的批准,合同有效并对双方当事人具有约束力。申请人已按其应缴的注册资本向合作公司投入现金和设备共计 6 001 335 港元,被申请人对申请人的上述投资额没有异议。按照《合作合同》和合作公司章程的约定,被申请人应向合作公司投资 2 台 100 锭松式络筒机和 1 600 平方米厂房的租金(每月每平方米 13 元人民币,每年递增 6.6%),直至投足 200 万港元。被申请人已实际投入合作公司的厂房租金及机器设备价值共计 334 800 港元,尚有 1 665 200 港元未投入。1995 年 6 月 18 日,被申请人在未征得申请人的同意或经合作公司董事会同意的情况下将已投入合作公司的 1 600 平方米厂房及该厂房的土地使用权转让给 D 公司,直至 1995 年 10 月 24 日,被申请人才在合作公司董事会会议上提出讨论土地转让和合作公司的厂房搬迁问题,此后双方对合作公司厂房的搬迁问题未能达成协议,被申请人的行为属于单方面违约行为。

被申请人以其注册地 G 市政府公布的国有企业解困转制优惠政策作为不可抗力的理由并据此要求免除其责任,仲裁庭认为,G 市政府公布的国有企业解困转制优惠政策,并非强制性要求被申请人转让土地使用权及厂房,此种情况不符合《涉外经济合同法》第24条关于不可抗力应为订立合同时不能预见、对其发生和后果不能避免并不能克服的规定,被申请人以不可抗力为由要求免除责任的主张,仲裁庭不予支持。被申请人尚有1 665 200港元的资金未投入合作公司,构成违约,依上述法律和《合作合同》的约定,被申请人应向申请人支付违约金,以赔偿申请人的损失。

双方当事人均要求解除《合作合同》,是双方的真实意思表示,双方的意愿不违背中国的有关法律和《合作合同》之约定,仲裁庭予以支持,被申请人应向申请人支付违约金,合作公司应依法进行清算,被申请人提出的申请人赔偿其垫付的合作公司的费用、支付合作公司亏损应作为合作公司债务,在公司清算时一并清算。

四、评 析

政策文件是否构成不可抗力?当事人是否能以此作为抗辩的理由请求免责?关于不可抗力的法律规定,无论是本案裁决作出时适用的《民法通则》和《涉外经济合同法》,还是现阶段施行的《民法总则》以及即将施行的《民法典》,对不可抗力的范围界定基本上是一致的,均指不能预见、不能避免并不能克服的客观情况。本案中,申请人与被申请人共同设立合作公司的合作期限为18年,被申请人理应对长期履行《合作合同》有合理的预期和规划,作为市属国有企业,被申请人也应该对合同签订时所处的20世纪90年代国企改制政策对本企业可能产生的影响进行充分的预判。在《合作合同》仅签订一年后,被申请人在没有事先与申请人协商的情况下,将合作公司使用的土地使用权转让给其他公司,属于单方变更合同。被申请人解决国有企业改制困难的途径并不意味着必须转让合作公司的土地使用权,G市政府公布的国有企业解困转制优惠政策并非强制要求被申请人转让土地使用权,被申请人可以寻找其他替代解决方案。因此,对于被申请人来说,相关主管部门公布的政策文件不属于不能预见、不能避免并不能克服的客观情况,被申请人以政府文件作为不可抗力进行抗辩的理由不能成立。

对因不可抗力导致的违约责任的承担,从《涉外经济合同法》到裁决作出后施行的《合同法》和《民法总则》,再到即将施行的《民法典》的规定基本上是相同的,均规定除法律另有规定外,因不可抗力不能履行合同或民事义务的,不承担合同责任。从法律规定的一致性和连贯性可以看出,在有不可抗力因素下的合同履行不能,合同当事人援引不可抗力作为不承担违约责任的抗辩理由时,需证明所遭受的不可抗力与合同履行不能之间存在因果关系。本案中,被申请人被 G 市政府列入解困转制企业名单,并不意味着其面临"必须执行"的唯一选择。虽然在本案争议发生的 20 世纪 90 年代国有企业改制是大势所趋,但被申请人有多种选择来解决企业发展之困,而不是必须将合作公司的土地使用权和厂房转让给其他公司以盘活公司资产,所以在政府转制政策出台与被申请人未按《合作合同》的约定履行之间没有必然的因果关系,被申请人以不可抗力为由免除己方责任的抗辩不能成立,其单方擅自终止合同系违约行为,应当承担相应的违约责任。

本案是外商投资合同纠纷,如何在对外开放和积极利用外资的大环境下合法合规地履约是与外商合作的中方必须研究和学习的课题。伴随着改革开放进程的发展,《中外合资经营企业法》《外资企业法》《中外合作经营企业法》先后出台,"外资三法"的实施在我国改革开放、利用外资的过程中起到了积极的促进作用。在改革开放的初期,中方在与外方合资合作的过程中,缺乏法律先行的理念,对政府政策导向、所在行业规范、产业规划和定位以及法律风险预判等方面重视不够,在履约过程中出现了以政府政策出台、政府机构职能调整、政府规划变更、机构职能调整等为由的政策性违约毁约行为,从本案中被申请人以 G 市政府对国有企业解困转制政策的出台为由主张解除合同可见一斑。随着近年来改革开放格局的变化,外商投资促进机制的进一步完善,我国制定了统一的外商投资基础性法律——《外商投资法》,并于 2020 年 1 月 1 日施行,从立法层面为建立和完善外商投资促进机制,营造稳定、透明、可预期和公平竞争的市场环境提供了制度保障。在改革开放迈入新时期的现阶段,中方投资者在外商投资合同中需在法律的框架下依约履行,加强守约践诺的意识,强化自我约束,摒弃粗放型的履约模式。对于履行期限很长的合同,中方投资者需要预先评估其中的法律风险点,比如要关注合同中关于双方当事人权利义务的条款是否符合平等原则和对等原则。在履行合同过程中,遇到困难和障碍时,应当严格依据合同约定和法律规定与外方投资者进行充分协商。对于争议解决方式,推荐选择在地域上对双方均便利且具有公信力的仲裁机构进行仲裁。

(本案例由深圳国际仲裁院范文静女士编撰)

案例4 服务合同项下地方政府规划文件变化是否构成不可抗力

——A能源集团有限公司与B石油基地股份有限公司
服务合同争议仲裁案

仲裁要点:合同当事人约定了因不可抗力产生的合同解除权的实体要件和程序要件,应较合同法的规定更优先适用。在合同仅约定颁布、废除或修改与本合同效力有关的法律、法规或法令可能构成不可抗力的前提下,就不能随意扩张其含义,认为也包括地方政府文件。若不符合约定不可抗力的条件,适用《合同法》第117条规定的法定不可抗力时,要具体分析是否同时满足"不能预见、不能避免、不能克服"这三个要件。

一、案　情

申请人A能源集团有限公司与被申请人B石油基地股份有限公司于2016年10月1日订立案涉《石油后勤服务协议书》,该合同约定由被申请人提供场地,申请人在此地施工以便存储粉煤灰制品。合同第7条约定:"如由于不可抗力(包括但不限于爆炸、火灾、闪电、地震、飓风、战争、暴乱、民变或罢工,或中华人民共和国颁布、废除或修改与本合同效力有关的法律、法规或法令)或填海,任何一方不能继续履行其在本协议项下的义务,可自事故发生之日起15日内书面通知对方终止本协议,但须附具有法律效力的证明文件。"合同对因不可抗力导致的合同解除权的行使和解除程序也作了约定。

2017年7月13日,S市规划国土委发布《S市Q片区综合规划(草案)》,草案要求调整该片区的产业导向,重点发展金融服务等新兴服务业,与申请人的场地用途不相符。在该合同尚未开始执行的情况下,被申请人认为该情形属于合同第 7 条约定的不可抗力,己方具有单方解除权,遂发出通知函,通知申请人解除合同。申请人于 2017 年 9 月 8 日收到通知函时,已为履行该合同付出了大量成本,故要求被申请人赔偿损失。被申请人则认为这部分损失难与项目匹配,应由申请人自己承担。

2018 年 8 月,申请人依据《石油后勤服务协议书》中的仲裁条款向华南国仲提起仲裁,请求裁决被申请人赔偿申请人各项损失 180 万元并承担仲裁费用。

二、当事人争议要点

申请人认为:

涉案合同的性质是被申请人将场地租赁给申请人,双方是租赁合同关系,被申请人应当履行合同义务,如期提供场地并组织工程的验收。《S 市 Q 片区综合规划(草案)》只是征求意见稿,没有任何法律效力,不能被被申请人援引作为不可抗力的依据。被申请人所主张的政府未验收并非合同条件,也属于被申请人恶意阻止交付条件成立的情形。因此,被申请人并无单方解除合同的权利,其拒不履行合同义务已经构成违约,应当对此承担赔偿责任。

被申请人认为:

在政府出台《S 市 Q 片区综合规划(草案)》的背景下,涉案合同约定的场地用途显然与政府部门规划导向不符,有可能导致被申请人无法取得经营资质,甚至可能受到处罚。被申请人必须遵守政府规划和政策调整,不能预见、不能避免且不能克服,属于不可抗力,根据涉案合同第 7 条的约定,被申请人具有单方解除合同的权利。

此外,合同虽然成立,但是因为所涉项目至今未通过政府验收,申请人也未向被申请人支付合同约定的押金,因此合同尚未开始执行。在此前提下,被申请人不承担继续履行、采取补救措施的违约责任。申请人主张损失的证据不足,不应被仲裁庭采信。

三、仲裁庭意见

仲裁庭认为,申请人与被申请人签订的《石油后勤服务协议书》合法有效,双方当事人应严格履行。双方的争议焦点是被申请人是否有权单方解除合同。申请人认为,该合同第 3.3 条约定任何一方都有单方面终止合同的权利,但是因合同尚未开始执行,不属于"合同期内",而不适用该条约定。被申请人认为政策变化和规划调整属于不可抗力,从而可以依据合同第 7 条的约定行使单方解除权。对此,仲裁庭认为:

首先,在规范性质上,S 市规划国土委于 2017 年 7 月 13 日发布的《S 市 Q 片区综合规划(草案)》不属于合同第 7 条约定的不可抗力情形中的"中华人民共和国颁布、废除或修改与本合同效力有关的法律、法规或法令",因此不符合合同明列的不可抗力情形。

其次,从文件效力上看,此文件并没有禁止被申请人"继续履行其在本协议项下的义务",被申请人没有提供任何证据证明有关文件或者有关部门禁止《石油后勤服务协议书》的实际履行,被申请人只是表示涉案合同约定的场地用途"可能"不符合政府规划的要求,从而导致被申请人无法取得经营资质,甚至只是"可能"因此受到相应处罚。因此,事实上该文件无法对合同的履行造成障碍,不符合不可抗力适用的前提。

最后,从解除的程序来看,被申请人并没有按照合同约定,在该文件发布之日起 15 日内书面通知申请人终止合同,更没有附具有法律效力的证明文件,因此合同的解除不符合双方当事人约定的条件。

因此,被申请人主张合同已由其单方解除在实体和程序上均不成立,单方解除的法律效果仲裁庭不予认定,合同仍然存续,属于被申请人单方违约的情形,应由被申请人承担申请人损失的赔偿责任,此额度应相当于因违约所造成的损失。

经过对损失部分的质证,仲裁庭部分支持了申请人委托案外人 Y 公司对案涉场地进行设计的费用 90 万元,认为该部分属于被申请人单方面终止合同造成的实际损失,并确定仲裁费用由申请人和被申请人按 3∶7 的比例分担。

四、评　析

《民法总则》第 180 条和《合同法》第 117 条均将不可抗力定义为不能预见、不能避免并不能克服的客观情况,即将施行的《民法典》中亦沿用了现有法律对不可抗力的规定。学理上也把不可抗力认为是人力所不可抗拒的力量,独立于人的行为之外,并且不受当事人的意志所支配的现象。① 不可抗力首先是一种客观情况,即独立于人的行为之外的事件②,因此排除了第三人行为的情况。其次属于不能预见的客观事实,即有关当事人在合同订立时,不可能预见到这个事件是否会发生。再次是不能避免,客观上出现履约障碍的当事人"对可能出现的意外情况尽管采取了及时合理的措施,但客观上并不能阻止这一意外情况的发生"③,同时客观事实的发生也不能在因果关系上与履约障碍距离太远。最后是不能克服,即当事人尽到最大努力仍然无法抗拒这种客观事实的后果。④ 但是若当事人付出努力,所需经济成本甚巨,致使克服这一事件的影响并履行合同的成本远远高于解除合同,也可以是此处的不能克服。有学者就此指出,不可抗力虽然是客观情况,但也要求当事人尽到最大谨慎、付出最大努力,因此在立法上,属于主观要件和客观要件相结合的模式。⑤

关于不可抗力的具体情形,在理论上一般包括自然原因引起的不可抗力事件、社会异常事件、国家干预行为等。⑥ 如果出现上述情形,还要具体考察在特定案件中是否符合不可抗力的构成要件。在法律适用中,一般不能突破法律的文义,不能预见、不能避免并不能克服一般来说均需具备。⑦ 只不过在对上述三要件的具体判断上,"合理预见""尽到最大努力"等内容仍然具有很大的裁量空间。⑧ 填补此种裁量空间的,一是当事人的自治,二是类案的累积。

因为不可抗力的影响,债务不履行的责任可以被部分或者全部免除,并在不可抗力致使不能实现合同目的的情形,合同有可能被解除。《合同法》

---

① 参见杨立新:《地震作为民法不可抗力事由的一般影响》,载《政治与法律》2008 年第 8 期。
② 参见韩世远:《履行障碍法的体系》,法律出版社 2006 年版,第 35 页。
③ 北京世安住房股份有限公司与连莲商品房预售合同纠纷案,北京市第三中级人民法院(2015)三中民终字第 09082 号民事判决书。
④ 参见韩世远:《合同法总论》(第三版),法律出版社 2011 年版,第 373 页。
⑤ 参见王洪亮:《债法总论》,北京大学出版社 2016 年版,第 230 页。
⑥ 参见王洪亮:《债法总论》,北京大学出版社 2016 年版,第 230 页。
⑦ 也有学者以为,如果要求同时具备这三项因素,有时候会出现不适当的结果,具体情况下只需要具备两项要素就可以认为属于不可抗力。参见崔建远主编:《合同法》(第五版),法律出版社 2010 年版,第 299 页。
⑧ 参见戴孟勇:《违约责任归责原则的解释论》,载王洪亮等主编:《中德私法研究》(总第 8 卷),北京大学出版社 2012 年版,第 39 页。

第 94 条第 1 项(《民法典》第 563 条第 1 项)即规定允许当事人通过行使解除权的方式解除合同,最高人民法院也在司法解释中对此加以贯彻,例如,因不可归责于当事人双方的事由未能订立商品房担保贷款合同并导致商品房买卖合同不能继续履行的,当事人可以请求解除合同,出卖人应当将收受的购房款本金及利息或定金返还买受人。①

具体到本案的情形,双方当事人对于不可抗力导致的合同解除已有约定,故不必讨论是否导致合同目的不达、当事人行使解除权的具体形式和流程等。因为合同系双方意志,此种意志在不违反公序良俗和强行法规范的前提下,应优先于任意性法律规范而得到适用。案涉《石油后勤服务协议书》第 7 条约定:"如由于不可抗力(包括但不限于爆炸、火灾、闪电、地震、飓风、战争、暴乱、民变或罢工,或中华人民共和国颁布、废除或修改与本合同效力有关的法律、法规或法令)或填海,任何一方不能继续履行其在本协议项下的义务,可自事故发生之日起 15 日内书面通知对方终止本协议,但须附具有法律效力的证明文件。"对于此条约定未尽之处,或者尚需补充解释的地方,比如本案所涉及的政府部门出台的规划草案能否被认定为"中华人民共和国颁布、废除或修改与本合同效力有关的法律、法规或法令"的情形,则还需要按照法律规定,从不可抗力的"不能预见、不能避免、不能克服"三要件着手,在客观层面和主观层面对其进行论证。

本案的裁决即首先从约定的内容进行判断,认定"规划文件的草案"不属于法律、法规或法令。其次从法律规定的不可抗力的客观层面和主观层面展开对"地方政府文件的出台、更改能否构成不可抗力"这一问题的论述,其思路可资借鉴。但是最后一点理由说的是被申请人未能以合同约定的形式通知、解除该合同,在逻辑上与第二点理由调换顺序更为合理。

从合同约定的角度看,鉴于合同已有约定,即"法律、法规或法令",在解释上就不能对规范性质进行扩张或限缩,而是要严格遵从当事人的约定,如果不符合当事人约定或者无法明确判断是否符合当事人约定,则再适用法定的判断标准。本案所涉及的政府规划文件的草案,显然难以被解释成"法律、法规或法令"。从解除的程序来看,被申请人并没有按照合同约定,在该文件发布之日起 15 日内书面通知申请人终止合同,更没有附具有法律效力的证

---

① 参见最高人民法院《关于审理商品房买卖合同纠纷案件适用法律若干问题的解释》(法释〔2003〕7 号)第 23 条后段。

明文件,合同的解除不符合双方当事人约定的条件。因此,从形式要件上看,被申请人的主张不能适用约定的"不可抗力合同解除权"。

但是除当事人约定之外,法律也规定了因不可抗力导致合同目的不达的当事人解除权。在本案的实质判断中,仲裁庭结合客观要件和主观要件认为,此文件并没有禁止被申请人"继续履行其在本协议项下的义务",而该文件对被申请人履行合同义务的影响也没有到"不能履行"的地步。因此,事实上该文件无法对合同的履行造成障碍,不符合不可抗力适用的前提。如此判断,从不可抗力的"不能克服"要件入手,认为被申请人完全可以克服所谓的"政策草案",以此判断文件的出台不属于不可抗力,也比较有说服力。

除此之外,还有两点可以讨论。

首先是跳出本案情形,关于"地方政府文件变化"是否属于不可抗力这一问题,就有丰富的讨论空间。理论上,国家干预行为(包括立法行为、司法行为和行政行为)造成给付障碍的可以成为免责事由。[1] 例如《海商法》第51条规定,"政府或者主管部门的行为、检疫限制或者司法扣押"属于此种不可抗力。但是相同的原因在不同的情形下是否必然造成不可抗力的结果其实未知,例如,大多数情况下都认为战争属于不可抗力,但是在战地记者聘用合同、战区物资运输合同中,战争就不应该被认为是不可抗力。因此,从规范性质的角度只能从一个侧面对某特定事件是否属于不可抗力作出大致判断,而真正具有决定性意义的,还是法律判断,也就是紧扣"不能预见、不能避免、不能克服"三要件。因此,一份执行严苛、给当事人履行合同造成显著困难的地方政府文件,即便是草案,在双方当事人没有约定不可抗力所涉及的规范性文件类型时,也极有可能被判定为不可抗力。但是即便是效力层级很高的规范性文件,却未能阻碍债务人履行合同,换言之,比较容易被"克服",自然也不能被认定为不可抗力。在这一角度审视,若要论证某一事件或者某一文件属于不可抗力,依据法律的实质审查是最为主要的,形式上的审查可以为之增添说服力,但绝不能成为唯一依据。

其次是本案中的政府规划草案不能被认为是不可抗力,能否将之认为是情势变更?情势变更是指合同有效成立后,因当事人不可预见的事情的发生(或不可归责于双方当事人的原因发生情势变更)导致合同的基础动摇或丧

---

[1] 参见王洪亮:《债法总论》,北京大学出版社2016年版,第231页。

失,若继续维持合同原有效力有悖诚实信用原则(显失公平)时,应允许变更合同内容或解除合同。

不同于一些国家的立法例,不可抗力与情势变更在我国立法中呈现二元状态,不可抗力之程度较情势变更更为严重,效果也更强大。① 根据《合同法》第 117 条(《民法典》第 180 条)的规定,不可抗力导致合同不能履行的情况,可以部分或全部免除责任;第 94 条(《民法典》第 563 条)规定,如果因为不可抗力,致使该合同目的不能实现,可以解除合同。但情势变更并非不能履行,只是有悖诚实信用原则,效果也仅为调整或变更合同内容,程度上较不可抗力为轻。只不过两个概念在我国并非非黑即白、泾渭分明,而是存在一道并非不能跨越的模糊界线。

例如在"非典"时期,最高人民法院在 2003 年 6 月 11 日下发了《非典司法通知》,其中明确:"由于'非典'疫情原因,按原合同履行对一方当事人的权益有重大影响的合同纠纷案件,可以根据具体情况,适用公平原则处理。因政府及有关部门为防治'非典'疫情而采取行政措施直接导致合同不能履行,或者由于'非典'疫情的影响致使合同当事人根本不能履行而引起的纠纷,按照《中华人民共和国合同法》第 117 条和第 118 条(《民法典》第 590 条)的规定妥善处理。"但是在司法实践中,同样是因"非典"疫情导致的不能履行,法院处理租赁合同等合同纠纷时,也呈现出不同的立场,并非直接认定为不可抗力。例如,有的案件,法院将"非典"疫情作为情势变更②;有的案件,法院则将"非典"疫情作为阻碍按期交房的不可抗力因素③;还有的案件,法院在否定"非典"疫情作为情势变更的同时,也并不认定为不可抗力,但肯定依公平原则调整合同④。

相对于不可抗力严格的构成要件要求,达到情势变更的条件要容易得多,在难以论证构成不可抗力的时候,主张情势变更进而要求解除合同是一个可以考虑的思路。对本案而言也是如此,认定《S 市 Q 片区综合规划(草

---

① 有学者认为,不可抗力与情势变更难以做到泾渭分明,而是存在交叉地带。参见韩世远:《不可抗力、情事变更与合同解除》,载《法律适用》2014 年第 11 期。
② 参见中国银行丹阳支行诉景国庆租赁合同案,江苏省丹阳市人民法院(2003)丹民初字第 2371 号民事判决书。
③ 参见广州云山大酒店有限公司与广州市艺力治酒店管理有限公司销售合同赔偿纠纷上诉案,广东省广州市中级人民法院(2004)穗中法民二终字第 1472 号民事判决书。
④ 参见惠州市国航汽车贸易有限公司、连万生与广西航空有限公司租赁合同纠纷上诉案,广西壮族自治区高级人民法院(2007)桂民四终字第 1 号民事判决书。

案)》的出台属于不可抗力的难度太大,但是主张情势变更,进而要求解除合同,并非没有解释的空间。

(本案例由北京大学法学院民商事争议解决方向硕士研究生朱禹臣先生编撰)

案例5 对赌协议项下产业政策调整是否构成不可抗力

——B投资公司与自然人甲增资协议争议仲裁案

仲裁要点:政府对特定产业补贴政策进行调整,属于当事人应当预见且能够预见的客观情况,而市场主体因政策变化对农作物种植面积等经营活动进行调整亦属于典型的商业风险,一方当事人以产业补贴政策和经营活动的调整构成不可抗力为由主张免责的,仲裁庭不予支持。

一、案　情

2011年1月12日,被申请人自然人甲作为A生物技术公司(以下简称"目标公司")的控股股东与申请人B投资公司及其他5家外部投资人签署了《增资扩股协议》,约定外部投资人联合出资875万元投资目标公司,其中申请人出资100万元,认购目标公司的新增出资额18万余元,持股比例为4%。

同日,各方还签署了《增资扩股补充协议》,约定自本次增资扩股后,到2015年12月31日止,如果目标公司未能在国内证券交易所成功发行上市或公司发行股票未被中国证监会受理,投资方有权要求被申请人以投资方本次股份认购对价回购投资方持有的全部或部分公司股份,并按年收益率12%计算收益支付给投资方,公司在此期间的分红派息计算在收益之内。

6家投资方以875万元认购目标公司注册资本161万余元,其中申请人投资100万元,持有增资后的目标公司4%的股权。

2014年11月,财政部、国家发改委发布《关于棉花目标价格改革中央财政补贴其他棉花主产区有关事项的通知》(以下简称"2014年棉花直补政策"),根据上述通知,2014年度中央财政补贴范围为山东省、湖北省、湖南省、河北省、江苏省、安徽省、河南省、江西省和甘肃省9省,补贴标准为2 000

元/吨,且以后年度的补贴标准以新疆维吾尔自治区补贴额的60%为依据,上限不超过2 000元/吨。

目标公司未能在2015年12月31日前上报中国证监会IPO材料,亦未能在上述日期前实现在国内A股市场上市或通过重组并购实现间接上市。

2018年4月,申请人多次要求被申请人立即履行回购义务,支付回购价款,但被申请人一直未履行回购义务。申请人遂依据《增资扩股协议》中的仲裁条款于2018年12月向华南国仲申请仲裁,要求被申请人支付股权回购款及相应收益。

二、当事人争议要点

本案争议焦点为:目标公司是否遭受不可抗力? 能否因此免除被申请人的回购义务?

申请人认为:

国家产业政策是根据经济形势变化不断调整的,作为目标公司控股股东的被申请人是行业内人士,对政策的调整应该有合理的预期,应当根据产业政策调整来调整企业的经营策略。国家产业政策调整并不是当事人在订立合同时不能预见、不能避免和不能克服的客观情形,国家产业政策的变化,不是《合同法》规定的不可抗力情形。

被申请人认为:

目标公司主营业务为棉花水浮育苗技术的应用与推广,因中央财政自2014年开始调整棉花政策,目标公司所主营的棉花育苗销售业务受到该产业政策调整的影响,其销售区域的棉花种植面积急剧减少,以致无法实现《增资扩股协议》及其补充协议中涉及股份回购并支付相关收益的条款所约定的经营业绩。因此,2014年棉花直补政策构成影响目标公司履行《增资扩股协议》及其补充协议的不可抗力,申请人的相关仲裁请求应被驳回。

三、仲裁庭意见

仲裁庭认为,政府补贴政策发生变化,不属于不能预见的情况;而棉花种植面积变化,也是市场正常调节的过程或结果,是各市场主体参与经营活动所应面对和承担的市场风险,因此政府补贴政策变化及棉花种植面积变化均不属于《合同法》所称的不可抗力的范畴。作为目标公司控股股东的被申请人以此抗辩,仲裁庭不予认可,被申请人应按约履行支付股权回购款和相应收益的义务。基于以上意见,仲裁庭裁决支持了申请人的仲裁请求。

四、评 析

考量仲裁庭的裁判思路并结合相关法律规定,编者认为,关于产业政策调整是否构成不可抗力的问题,应当根据不同情况区别对待。

(一) 合同是否对构成不可抗力的免责事由作了特殊约定

如果双方当事人在合同中约定了政府行为、政策调整等属于不可抗力,在不违反相关法律规定的情况下,司法实践中一般会认定为有效的免责约定。本案中,双方签订的《增资扩股协议》第11条"不可抗力"条款约定:"本协议项下任何一方因不能预见、不能避免并不能克服的客观情况不能履行协议的,可以根据不可抗力的影响,部分或者全部免除其责任,但法律另有规定的除外。"双方在《增资扩股协议》中关于不可抗力的约定基本沿用了《合同法》的表述,并未对不可抗力事件的范围作出具体约定,所以本案中产业政策调整不能作为约定的免责事由。

(二) 如果合同没有约定政府行为等属于不可抗力,需结合政府行为是否属于不能预见、不能避免、不能克服的客观情况具体分析

产业政策调整属于抽象行政行为。

一方面,抽象行政行为是针对不特定的人和事制定的普遍适用的规范性文件,其发生往往不以合同当事人的意志为转移,并对抽象行政行为适用范围内的人和事具有强制性。抽象行政行为的合法性审查属于国家权力机关或上级行政机关的职权,当事人不能针对其提起行政诉讼,故大部分产业政策调整对当事人而言有不能避免且不能克服的特征。本案中,2014年棉花直补政策是针对全国所有棉花产区制定的,目标公司作为主营业务为棉花育苗技术的公司,其下游销售市场在上述政策直接调整的范围之内,棉花直补政策客观上会对目标公司造成不能避免且不能克服的影响。

另一方面,产业政策的制定和调整作为抽象行政行为具有强制性和普遍

性,政府在制定产业政策时会进行反复研究论证,以保证政策的科学合理、符合特定产业的当前实际情况及产业发展的客观规律。因此,产业政策往往具有科学性及规律性,是产业从业者可以合理预见的。此外,产业政策的制定贯穿整个产业发展周期,并会根据不同发展阶段的不同特点进行调整。当事人订约及履约的整个过程均处于产业政策的调控之下,遇到政策调整的概率是较高的,应当对政策的变化有充分预见。以本案为例,我国棉花政策的变化经历了三个阶段:2011 年之前,棉价长期处于波动状态,并在 2010 年出现了大幅波动。2011 年,为稳定价格,政府出台了临时收储政策,以固定价格收购棉花。随着棉花储备增加、需求萎缩及国际棉价下跌,国内棉价在临时收储价格的支撑下保持高位,造成国内外棉价严重倒挂。2014 年直补政策替代收储政策正是在这一背景下颁布的,以促使国内棉价回归正常的市场供需关系,向全球棉价靠拢,这一措施反映了国内外棉花产业发展的客观实际,也符合宏观调控的一般规律,目标公司及作为其控股股东的被申请人作为棉花产业从业者,对棉花价格波动、国内国际市场变化及相应的产业政策调整应当有合理预见。此外,棉花直补政策侧重对新疆产区的补贴,虽然客观上会造成其他产区棉花种植面积减少,但自 20 世纪 90 年代起,我国棉花主产区空间布局重心一直在向新疆地区转移,长江流域、黄河流域棉田面积一直呈缩减趋势。2014 年棉花直补政策反映了我国棉花主产区战略调整政策的连贯性和一致性,目标公司及作为其控股股东的被申请人对此应当有充分的预见。

综上,虽然 2014 年棉花直补政策对目标公司而言是不能避免、不能克服的客观情况,但并非是其所不能预见的,不构成影响其履约的不可抗力。

政府行为特别是抽象行政行为是否构成不可抗力事件,在各国司法实践中一直存在较大争议,编者试图从产业政策调整的角度对上述问题的认定提供一些思路。一般而言,应首先关注当事人在合同中是否将政府行为、政策调整等约定为特殊免责事由。从法定不可抗力的角度分析,产业政策调整的发生往往不可归责于合同当事人,且当事人缺乏救济途径,通常符合不可抗力的"不能避免""不能克服"的特点,但因产业政策的制定和调整往往具有一定的合理性、连贯性和规律性,在认定其是否构成不可抗力事件时,应结合具体案情对当事人是否能够或应当预见到相关政策调整予以重点分析。

(本案例由深圳国际仲裁院李宗怡女士编撰)

案例6　对赌协议项下监管政策变化是否构成不可抗力

——A股权投资基金合伙企业(有限合伙)、B企业(有限合伙)、
C公司与D公司及D公司五名创始股东
公司增资争议仲裁案

仲裁要点：政府监管政策调整对对赌协议项下项目造成影响，并不必然导致对赌协议无法履行或合同目的无法实现。回购义务人以政府监管政策调整构成不可抗力为由主张免除回购义务，但该政策调整并未影响合同履行及合同目的实现的，仲裁庭不予支持。

一、案　情

2015年6月15日，A股权投资基金合伙企业(有限合伙)、B企业(有限合伙)、C公司作为投资方(本案申请人)与D公司(目标公司，本案第六被申请人)及自然人甲等D公司五名创始股东(本案第一至第五被申请人)签订《增资协议》，约定申请人以增资方式投资D公司，D公司新增注册资本由申请人认缴，合计持有第六被申请人20%的股权。同日，申请人与被申请人签署《补充协议》，约定如D公司非因投资方原因未能在2019年12月31日前实现首次公开发行股票并上市，投资方有权要求第一至第五被申请人回购投资方所持有的全部公司股权，第六被申请人承担连带保证责任。

上述协议签署后，申请人按照约定履行了出资义务，但第六被申请人的实际经营未能按预期发展，创始团队和研发团队人员相继离开，业绩亏损，第一被申请人(第六被申请人的实际控制人)于2018年致函告知申请人，拟注销公司。申请人认为其投资目的无法实现，已触发了《补充协议》中的回购条款，于是向被申请人发出股权回购通知，要求被申请人回购股权。被申请

人以回购条件未成就、不可抗力、公司实为申请人控制、协议内容显失公平等为由拒绝履行回购义务。申请人遂于 2018 年 10 月根据《增资协议》及《补充协议》中的仲裁条款向华南国仲提起仲裁,请求第一至第五被申请人回购申请人所持的公司股权,支付股权回购款、违约金及其他相关费用,请求第六被申请人承担连带赔偿责任。

二、当事人争议要点

申请人认为:

回购股权的条件提前成就。被申请人以自己的行为明确表示不履行合同义务,实际上也不可能在履行期限届满前完成上市任务。根据《合同法》第 108 条的规定,申请人请求被申请人回购股权的条件提前成就。

被申请人以不可抗力抗辩其无须履行回购义务没有任何事实与法律依据。

国家因监管需求作出政策变化实属正常,被申请人所称的《适当性管理办法》的出台不属于不可抗力,作为目标公司的管理者,被申请人应该预见到各种商业风险、政策变化,并据此进行有效的公司业务运营与调整,被申请人不能将目标公司运营失败及不能上市的原因归咎于国家政策变化与调整。

根据《补充协议》第 11 条之约定,只要出现目标公司不能在 2019 年 12 月 31 日前完成上市任务的情形,且其未能上市不论因为何种原因或是因不可抗力所导致,只要不是申请人原因所造成,被申请人就应当履行回购义务。尽管 X 项目受《适当性管理办法》出台影响而中止,但目标公司的经营和上市均不会受到《适当性管理办法》出台的影响。

被申请人认为:

回购条件尚未成就。从回购时间上来说,截至庭审之日,并未到达协议约定的 2019 年 12 月 31 日,因回购条件尚未成就,被申请人不应履行回购义务。

被申请人因不可抗力应当免责,无须承担回购义务。《适当性管理办法》的实施在协议订立时不能预见、不能避免并不能克服,为法律规定的不可抗力情形。运营 X 项目是案涉《增资协议》与《补充协议》的目的,在合同履行过程中由于不可抗力的原因,即受《适当性管理办法》实施的影响目标公司不再具备开展项目的相关资质,该项目无法达到办法要求的条件而被中止,导致合同无法继续履行、合同目的无法实现,被申请人应当免责,无须承担回购义务。同时,根据《合同法》第94条的规定和涉案协议第9.2.3条"因不可抗力造成本协议无法履行的,本协议可以解除"的约定,涉案协议理应解除。

公司未能上市的原因在于申请人。申请人的一票否决权致使公司治理及经营陷入僵局,原股东(被申请人)被剥夺了公司经营权,公司未能上市、合同目的无法实现的原因在于申请人。

三、仲裁庭意见

对于回购条件是否成就、《适当性管理办法》的出台是否构成不可抗力、申请人是否存在过错、协议是否显失公平、目标公司对于回购股权是否应当承担连带责任等双方争议的焦点问题,仲裁庭均作了详尽的分析,最终对被申请人的抗辩理由均不予支持,对申请人的仲裁请求全部予以支持。以下简要述之。

(一)回购条件是否成就

庭审中双方确认,第一被申请人分别于2018年5月和7月通过电子邮件告知申请人,目标公司创始团队和研发团队人员相继离开公司,拟注销目标公司。另据庭审核实,目标公司在2018年度既无利润亦无营业收入,目前对IPO也无实质性安排和操作,公司在2019年12月31日前实现首次公开发行股票并上市确属无法实现。根据《合同法》第108条"当事人一方明确表示或者以自己的行为表明不履行合同义务的,对方可以在履行期限届满之前要求其承担违约责任"的规定,仲裁庭认为,尽管协议约定的2019年12月31日期限尚未届满,但申请人在期限届满之前要求被申请人履行回购义务的做法符合《补充协议》约定及相关法律规定,并无不妥,仲裁庭予以支持。

(二)是否构成不可抗力

仲裁庭认为,案涉《增资协议》《补充协议》并未明确约定合同目的是投资X项目。从《增资协议》《补充协议》的内容及其性质看,作为投资者,申请人系投资于目标公司即第六被申请人,其目的是通过目标公司上市或所持股权被收购实现退出,以获得经济收益。经核实,目标公司工商登记的经营范围包括软件系统技术开发、信息系统技术开发、软件产品技术开发等,并未局限于某个具体项目。被申请人主张的"在本案中,申请人投资目标公司的目的非常明确,即以目标公司的 X 项目申请政府资金扶持,根据涉案协议约定,双方分工明确,由目标公司原股东负责按政府的批复承建 X 项目,由申请人负责运营并完成资本运作"缺乏证据支持,不能成立。因此,即使认定 X 项目系由于不可抗力的原因,即受到《适当性管理办法》实施的影响而中止,也无法认定目标公司的经营受到了不可抗力影响而无法实现《补充协议》约定的上市退出目的。本案中,市场监管行为及政策的变化,并未对目标公司的正常经营及《增资协议》《补充协议》的履行构成不可抗力。

(三)申请人是否存在过错

仲裁庭认为,首先,协议约定申请人介入公司经营管理和经营决策的权利是缔约各方经平等协商达成的合意,为当事人的真实意思表示,理应得到各方信守。其次,该等条款普遍见于投资协议之中,其本身不能视为对被申请人实际经营权的剥夺,也不必然推导出申请人滥用该等条款所赋予的权利、侵害被申请人合法权益的结论。最后,本案中,被申请人未能提供足够的证据证明申请人具有导致目标公司经营受到实质影响等情形的存在,故其有关"是投资人的原因使合同目的无法实现"的主张无法成立。

四、评 析

本案涉及股权回购纠纷,申请人作为投资方,因目标公司经营业绩不佳、创始团队和研发团队人员相继离开、实际控制人通知拟注销公司等原因,认为已触发《补充协议》中的回购条款,遂主张被申请人回购股权并支付违约金。被申请人以回购条件尚未成就、构成不可抗力、申请人存在过错、协议显失公平等为由拒绝回购。对于双方争执的焦点问题,仲裁庭在裁决书中一一作了分析,以下主要围绕"不可抗力"进行讨论。

不可抗力作为一种法定的民事责任免责事由,在各国法律及一些国际条约中均有规定。《民法总则》第 180 条(《民法典》第 180 条)规定:"因不可抗力不能履行民事义务的,不承担法律责任。法律另有规定的,依照其规定。不可抗力是指不能预见、不能避免且不能克服的客观情况。"根据该条规定,关于不可抗力的构成要件,简言之,即属于不受当事人意志所左右的客观情况,当事人在缔约时对于该情况的发生不能合理预见、不能避免、不能克服。

本案中,被申请人认为由于不可抗力的原因,即受《适当性管理办法》实施的影响,目标公司不再具备相关资质,X项目被迫中止,案涉协议无法继续履行,合同目的无法实现。那么《适当性管理办法》的实施是否真的构成不可抗力事件?现对不可抗力的构成要件和不可抗力的效力试作分析如下。

(一)结合不可抗力的构成要件分析

从能否合理预见来看,我们知道,国家法律的颁布实施、政策的出台通常不是一蹴而就的,往往要经过一段时间的酝酿,在相关领域或行业内广泛征求意见并充分讨论。就《适当性管理办法》而言,在过去的十多年间,我国资本市场迅猛发展,呼吁借鉴境外资本市场经验,加大对投资者的保护力度,已经在我国资本市场中谈及多年。2014年至2015年,我国股市经历了一轮轰轰烈烈的牛市行情,各类高杠杆工具野蛮生长,股市泡沫膨胀,最终于2015年6月暴发股灾。致力于投资者保护、系统性规范资本市场健康发展的《适当性管理办法》正是在这种背景下催生的。本案《增资协议》《补充协议》签署于2015年6月,而《适当性管理办法》于2016年5月经审议通过、2016年12月发布、2017年7月施行,在发布前业界已有广泛的讨论和研究。目标公司作为一家从事证券期货投资产品销售或服务的金融服务公司,一般而言对于行业的政策动向应该是较为关注并相对敏感的,因此,《适当性管理办法》的出台与实施能否被认定为其在签订协议时无法预见是值得商榷的。

从能否避免及克服来看,不可抗力的"不能避免且不能克服"性表明事件的发生和造成的损害具有必然性,如果事件的发生能够避免或虽然不能避免但能够克服,那么也就不存在履行合同不可克服的障碍。本案中,即便《适当性管理办法》的出台和实施为被申请人签约当时所不能预见,但是否必然成为被申请人履行协议不可克服、合同目的不能实现的障碍呢?亦未见得。

从协议的内容来看,申请人作为投资机构,其签约目的很明确,即通过向目标公司增资获得股权,在公司上市后或所持股权被收购后实现退出,以获得经济收益。被申请人签约的目的是通过引进申请人,为目标公司注入经营所需资金,而其合同项下主要义务则是通过妥善经营,在约定的期限内实现公司上市。正如仲裁庭所言,无论是从协议的约定还是从被申请人的举证都不能使被申请人提出的"申请人投资目标公司的目的非常明确,即以目标公司的X项目申请政府资金扶持,根据涉案协议约定,双方分工明确,由目标公司原股东负责按政府的批复承建 X 项目,由申请人负责运营并完成资本运作"的主张得到支持。因此,《适当性管理办法》的出台和实施并不必然使被申请人履行合同不能,即并不必然导致目标公司不能经营和无法上市。即便 X 项目对目标公司的经营影响确实重大,但无论是从《适当性管理办法》获得通过的 2016 年 5 月,还是正式发布的 2016 年 12 月到开始实施的 2017 年 7 月,被申请人都有足够的时间按照《适当性管理办法》的要求对公司经营与项目运作进行有效的调整,并非不能克服。

(二) 结合不可抗力的效力分析

《合同法》第 117 条第 1 款(《民法典》第 590 条第 1 款)规定:"因不可抗力不能履行合同的,根据不可抗力的影响,部分或者全部免除责任,但法律另有规定的除外。"第 118 条(《民法典》第 590 条第 1 款)规定:"当事人一方因不可抗力不能履行合同的,应当及时通知对方,以减轻可能给对方造成的损失……"第 94 条(《民法典》第 563 条)规定:"有下列情形之一的,当事人可以解除合同:(一)因不可抗力致使不能实现合同目的……"

通过上述规定可知,不可抗力是正常履行合同的一种障碍,"不能履行"可分为全部不能履行、部分不能履行以及不能如期履行三种情形。不可抗力事件的发生,虽然致使合同的履行受到影响,但合同关系并不因此而当然归于消灭。当不可抗力事件发生时,当事人应及时通知对方,以减轻可能给对方造成的损失,并根据合同履行受不可抗力影响的程度,依据《合同法》第 94 条(《民法典》第 563 条)的规定解除合同,或者依据《合同法》第 77 条(《民法典》第 543 条)的规定与对方协商变更合同。

本案中,倘若确如被申请人所言, X 项目为目标公司的主营项目,《适当性管理办法》的出台和实施构成不可抗力,致使上市进展受阻,合同无法履行,被申请人也完全可以依据法律规定和合同约定,及时将此情况通知对方。但根据被申请人陈述,其于 2018 年 3 月始向政府提交项目建设情况汇报,提出 X 项目因目标公司不符合《适当性管理办法》所规定的销售证券期货产品的资质而受到影响,这显然有违《合同法》第 118 条(《民法典》第 590 条第 1 款)有关"及时通知"的规定。同时,根据合同不能履行的程度,被申请人可以要么提出解除合同,要么与申请人进行交涉,变更合同,适当调整回购条件。但从本案查明的事实来看,被申请人并未在《适当性管理办法》出台的合理时间内解除合同,亦未向申请人提出变更合同,而是直至申请人提起本案仲裁后的2019年(协议所要求的实现上市的最后一年)1月才向申请人发出解除合同通知。

不可抗力作为一项法定免责事由是民法公平原则的体现,现代商业活动交易双方将不可抗力条款纳入合同当中是十分必要的。由上述评析可知,某一事件是否构成不可抗力,以及不可抗力事件发生后,是可以完全免责,还是部分免责抑或不能免责,都需要结合具体的事件类型以及与损害发生的因果关系进行判断。因此,不可抗力不是"万金油",也不见得就是"免死金牌",不可动辄将"不可抗力"当作违约的挡箭牌。

(本案例由深圳国际仲裁院周毅先生编撰)

案例7 邻避事件是否构成不可抗力

——A 水务工程有限公司、B 工程有限公司与
C 水务工程建设管理中心、D(集团)股份有限公司
采购合同争议仲裁案

仲裁要点:对于涉及环境工程的采购合同,在双方当事人未对不可抗力作出特别约定的情况下,"村民反对"等邻避事件并不属于不可预见的情况,不构成不可抗力,一方当事人以"村民反对"等邻避事件构成不可抗力为由主张免责的,仲裁庭不予支持。

一、案 情

为新建污泥处理厂,第一被申请人 C 水务工程建设管理中心作为招标人对外公开招标本案项目。由第一申请人 A 水务工程有限公司、第二申请人 B 工程有限公司(二申请人以下合称"申请人")以及第二被申请人组成的工程联合体作为投标人,对项目进行投标并中标。2010年2月8日,投标人作为卖方,招标人作为买方,双方签订了《采购合同》,约定依照标书由卖方提供合同项下的设备及服务,由买方购买上述设备及服务,共同完成项目。

《采购合同》约定了各方的权利义务。卖方中的三家分工如下:第一申请人负责项目的总体协调及机械、电气自控设备的供货;第二申请人负责项目基本设计、项目管理、项目服务、项目性能保护、项目运行、运行培训及运行指导;第二被申请人负责设备安装和辅助设备供货。第一被申请人除付款义务外,还负责对项目工程提供安装场地。项目合同的履行期限为一年半。

2010年10月,按照计划,第二被申请人进场施工,平整场地。由于项目现场村民的围堵和上访,被迫停止施工。2010年11月15日,项目各相关方

召开项目工程设计联络会议,形成《会议纪要》,确认现场施工停工。停工导致项目场地无法平整,设备无法安装而只能另行存放,由第一申请人代替第一被申请人垫付仓储费用。尽管如此,项目当时只是暂停,当地市政府努力解决当地村民围堵和上访问题,希望尽快恢复施工。申请人根据第一被申请人的指示,继续将项目设备运至指定地点。

2014年9月19日,由于村民反对在当地建设项目的问题无法得到解决,第一被申请人通知项目各参与方,取消项目在原场址建设的计划,决定该项目未来将与另一项目合建,并要求各相关单位在10月底之前报送结算资料。

2015年11月26日,申请人向第一被申请人发送"关于项目《采购合同》终止及催款函",主张合同解除并要求支付有关款项。项目建设直到本案申请仲裁时未再恢复。

申请人依据《采购合同》中的仲裁条款于2016年9月向华南国仲提起仲裁,主张被申请人一方迟延履行债务致使不能实现合同目的,请求确认合同解除、第一被申请人支付合同剩余款项及赔偿损失等。

二、当事人争议要点

申请人认为:

申请人诉请因被申请人一方迟延履行债务致使不能实现合同目的,根据合同约定,申请人要求解除《采购合同》、第一被申请人支付合同剩余款项及赔偿损失、确认对保管设备不再承担保管义务及第一被申请人承担其因实现债权发生的费用。就违约责任,第一被申请人、第二被申请人无任何免责事由。

被申请人认为:

本案存在不可抗力情况。S市政府《关于研究水务工程建设有关问题的会议纪要》记载:"七、关于L污泥处理厂工程停工退场问题。(一)因当地村民反对项目选址及建设,L污泥处理厂项目被迫停止施工,会议同意该污泥处理厂设备及安装单位退场,工程暂停。"由此可知,合同不能得到履行是因为当地村民的反对。

《采购合同》"专用合同条款"第22条(通用条款第29.2条)对不可抗力约定如下:"不可抗力系指那些无法控制和不可预见的事件,但不包括双方的违约和疏忽。这些事件包括但不限于战争、严重火灾、洪水、台风、地震、流行病、动乱、防疫限制和禁运。"因当地村民反对导致本案合同不能得到履行,是不能预见、不能避免及不能克服的情况,所以当地村民反对属于不可抗力。

三、仲裁庭意见

本案双方对于项目因场地所在地居民反对导致项目在原场址建设的计划最终取消的事实没有分歧。第一被申请人主张,因当地村民反对导致本案合同不能得到履行,该情形是不能预见、不能避免及不能克服的,所以当地村民反对属于不可抗力,第一被申请人因此不应承担违约责任。

查《采购合同》"专用合同条款"第22条(通用条款第29条)对不可抗力约定如下:

"29.2 不可抗力系指那些无法控制和不可预见的事件,但不包括双方的违约和疏忽。这些事件包括但不限于战争、严重火灾、洪水、台风、地震、流行病、动乱、防疫限制和禁运。"

"29.4 受阻方应在不可抗力事件发生后十四(14)天内,以书面形式将不可抗力的情况和原因通知另一方,并附上由有关当局出具的证明。"

仲裁庭认为:首先,"村民反对"不在上述条款中列明的不可抗力事件之列。其次,虽然上述规定明确不可抗力事件"包括但不限于"列明的那些事件,但随着改革开放和大规模经济建设,特别是近年来,居民反对在当地建设诸如核电、化工和垃圾处理等项目的媒体报道远非罕见,因此,"村民反对"不属于不可预见的事件。最后,没有证据显示2010年11月15日项目施工因村民反对而暂停后14天内,第一被申请人曾提出不可抗力问题,也没有见到有关当局出具的不可抗力证明文件。相反,在各方参加的例会上,第一被申请人要求申请人继续提供设备。

基于上述分析,第一被申请人关于合同履行过程中发生不可抗力的主张,仲裁庭难以认同。

四、评 析

本案第一被申请人据以主张不可抗力的事件是在本案项目施工过程中遇到"村民反对",而后政府决定取消原址建设计划。

不可抗力是法定免责事由,合同各方也可以对不可抗力事项作出自主约定。若合同中约定的不可抗力事项与法律规定的不可抗力在内涵和外延上是一致的,此种情况不存在争议,发生了合同不可抗力条款约定的事项直接产生不可抗力条款的法定后果。

实践中,部分合同关于不可抗力的约定存在突破法定不可抗力规定的情形,扩大或限缩了"不能预见、不能避免且不能克服的客观情况"的内涵和外延。合同约定的不可抗力范围小于法律规定的,当事人仍可以直接援引法律规定的不可抗力条款免责;合同约定的不可抗力范围超出法律关于不可抗力规定的部分,视为合同免责条款,接受法律对合同条款的规制。此外,合同中是否约定不可抗力条款不影响直接援用法律规定的不可抗力。可见,即使在合同有约定的情况下,某一约定发生法定的不可抗力效力仍应当符合法律规定的不可抗力的内涵和外延。

本案中,《采购合同》约定"不可抗力系指那些无法控制和不可预见的事件,但不包括双方的违约和疏忽。这些事件包括但不限于战争、严重火灾、洪水、台风、地震、流行病、动乱、防疫限制和禁运",该约定未突破法律对不可抗力"不能预见、不能避免并不能克服的客观情况"之内涵与外延的规定。第一被申请人主张的"村民反对"不在上述条款中列明的不可抗力事件之列。另外,关于核电、垃圾处理等市政工程建设遭到当地居民反对的报道屡见不鲜,可见"村民反对"不能认定属于"不能预见"的不可抗力事件。

此外,由于相对方不一定知悉发生不可抗力一方的情况,法律规定了对不可抗力事件的通知义务,要求发生不可抗力事件一方在合理期限内告知相对方,以便相对方可以及时开展调查、采取措施,最大限度减少损失。案涉合同就不可抗力事件也约定了"十四(14)天内"通知并附上由有关当局出具的证明。

学界通说认为,就发生不可抗力的一方对相对方的通知义务属于不真正义务。不履行通知义务的法律后果,在合同有约定的情况下,从其约定;在合同未作约定的情况下,无通知则无权援引不可抗力条款免除其责任。本案中的合同未就不履行、不当履行不可抗力事件通知义务的后果作出约定。第一被申请人未在"村民反对"停工后14天内为通知义务(要求申请人继续履行合同),其无权主张不可抗力从而获益。

(本案例由深圳国际仲裁院李佳霖女士编撰)

案例8 国际货物买卖合同项下海运运力不足是否构成不可抗力

——A公司与B公司国际货物买卖合同争议仲裁案

仲裁要点:国际海运货物出口地区出现运力不足是市场中的常见现象,不属于国际货物买卖合同当事人无法预见的客观情况,不构成不可抗力,卖方以海运运力不足构成不可抗力为由主张免除迟延交货责任的,仲裁庭不予支持。

一、案 情

2009年12月18日,申请人A公司(买方)与被申请人B公司(卖方)签订《采购合同》(以下简称"合同"),主要约定:(1)申请人向被申请人采购一批卷筒纸浆,被申请人通过分批船运的方式将货物交付申请人。(2)被申请人须按时交货,如有迟延,除因不可抗力外,应支付相应违约金。具体计收标准为:每迟延7日,需按迟延交付货物总价款的2.5%支付违约金,不足7日的按7日计算。违约金金额最高不超过迟延交付货物总价款的10%。如被申请人超过10周仍未能交付货物,申请人则有权解除合同。合同解除后,被申请人仍应依前述标准支付违约金。(3)合同中的"不可抗力"是指战争、严重火灾、洪水、台风、地震、港口罢工以及其他无法合理预见致使货物无法交付的事件。如遇不可抗力事件,合同履行日期应予延长或解除合同。不可抗力事件发生后,卖方应立即传真将事故通知买方,并于事故发生后14天内将事故发生地主管机构或商会出具的事故证明书用空邮寄交买方为凭。(4)合同自双方授权代表签字之日起生效。(5)合同原则上受中国法律管辖,中国法律无相关规定时,适用一般性的国际商业惯例。合同还约定,第二批货物的装船时间最迟不得晚于 2010 年 1 月 20 日,但本案被申请人实际装船日期为 2010 年 2 月 28 日。申请人认为,被申请人迟延交货已构成违约,应支付相应违约金,双方由此产生争议。协商不成后,申请人遂于 2011 年依合同中的仲裁条款向华南国仲申请仲裁,请求被申请人支付迟延交货违约金等。

二、当事人争议要点

申请人认为:

申请人认为,其与被申请人之间存在合法有效的《采购合同》,被申请人应依约履行交货义务,但在合同实际履行过程中,被申请人存在交货迟延,其行为已构成违约,故应承担违约责任,按合同约定支付违约金。

被申请人认为:

被申请人自始至终未收到任何有申请人签字的正式《采购合同》文本,合同未成立,故不应受该合同条款约束,而应按国际纸浆行业的贸易惯例解决本案争议。

被申请人一直积极履行交货义务,纸浆按时生产完毕后,即向船运公司交付该批货物。但彼时 M 国西海岸至中国的集装箱行业普遍出现运力不足情形,本案船运公司亦因缺少货柜而无法及时将纸浆运出,故第二批货物出现交货迟延。被申请人认为,迟延交货非因其主观行为所致,而是由于不可预知的跨洋运输问题引发,系不可抗力,故被申请人不应承担违约责任。

三、仲裁庭意见

(一)关于本案合同的效力及法律适用

1.关于本案合同的效力

涉案合同之效力条款明确约定:"合同自双方授权代表签字之日起生效。"本案中,被申请人在合同上签字盖章完毕即将合同回传给申请人,嗣后申请人亦在该合同上签字盖章予以确认。双方当事人作为完全民事行为能力主体,在合同文本上签字盖章的行为应视为其真实意思表示,且本案并不存在合同无效情形,故根据前述条款之约定,涉案合同自申请人签字盖章时起成立并生效。

至于合法有效的合同文本是否交回被申请人留存,与合同效力本身并无直接关联,不影响对本案合同效力的认定,双方当事人应当受此约束。

2.关于本案的法律适用

本案中,双方当事人于争议解决条款中约定,合同原则上受中国法律管辖,中国法律无相关规定时,适用一般性的国际商业惯例。本案争议的焦点主要为被申请人之违约责任,《合同法》及相关司法解释均已对此作出规定,故根据前述约定,本案争议应适用中国法律解决而非国际商业惯例。综上,对于被申请人提出的本案争议应适用国际纸浆行业贸易惯例解决的主张,仲裁庭不予支持。

(二)被申请人是否应承担违约责任

本案中,被申请人旨在通过不可抗力条款进行抗辩,以对其迟延交货的行为予以免责。对此,仲裁庭认为,货物出口地区普遍出现运力不足的情形在合同订立之时是双方当事人完全能够也应当预见的因素,并不属于行业内的突发事件,不构成不可抗力。被申请人迟延交付货物的行为违反双方约定的合同义务,已构成违约,且不具免责情形,应承担违约责任。虽然被申请人辩称其一直就迟延装船问题与申请人保持沟通,但申请人未明确表示认可被申请人不构成违约或放弃追究被申请人的违约责任,故被申请人仍应按合同约定对其迟延交货的行为承担违约责任,仲裁庭对于被申请人的免责主张不予支持。基于上述意见,仲裁庭裁决支持了被申请人向申请人支付迟延交货违约金的仲裁请求。

四、评析

(一)关于本案的法律适用

本案系国际货物买卖合同纠纷。在涉外民商事争议解决中,适用法的确定至关重要,不同的适用法可能直接影响案件当事人的责任分担、利益调整,事关争议的最终结果。例如,如果本案当事人明确约定有关合同的一切争议适用英国法,而英国法上并无不可抗力的概念,与之相似的应为合同受阻(frustration)。通常而言,受合约严守原则的影响,在英国法上,合同受阻事件很难成立,故合同一方当事人难以据此免责。

在国际商事仲裁中，一般会依据当事人意思自治原则确定争议案件的适用法。本案中，申请人与被申请人在合同中明确约定合同有关争议适用中国法律，且案件争议主要焦点为违约责任问题，因此仲裁庭在实体上可适用《合同法》等有关民商事法律审理案件。

(二) 本案被申请人是否可以通过主张不可抗力进行免责

本案争议的焦点在于，被申请人一方是否需要承担违约责任。在确定本案实体审查所适用的法律之后，即可据此作出判断。根据涉案合同约定，被申请人有及时交付货物的义务，但其在交付货物时却有延迟，构成违约，最终是否需对此承担责任还需审查其是否具有合同约定的或法定的免责事由。

被申请人意在通过主张不可抗力进行抗辩。本案中，双方当事人既在合同中明确列举了部分不可抗力事件的具体情形，如"战争、严重火灾、洪水、台风、地震"，同时又通过概括性表述如"其他无法合理预见致使货物无法交付的事件"，对不可抗力事件作出兜底性约定。显然，被申请人主张的运力不足不属于前述具体情形，而属于后者概括性约定，至于其是否构成不可能抗力事件，则需援引相关法律规定予以审查。

我国《合同法》第117条第2款(《民法典》第180条第2款)规定："本法所称不可抗力，是指不能预见、不能避免并不能克服的客观情况。"据此，构成不可抗力需同时满足三个要件，即主观层面上的不能预见，客观层面上的不能避免和不能克服。故判断某一事件是否构成不可抗力时，应从上述要件着手。

1.国际货物买卖中，海运运力不足是否"不能预见"

不可抗力中的"不能预见"，是指当事人在订立合同之时，无法合理预见该客观事件的发生，其判断应以一般的善意、理性公众的认知水平为标准。如果争议合同涉及某一特定领域或专业，公众的认知水平还需结合特定行业的特点加以考量。本案中，被申请人作为一名长期从事国际货物贸易的、善意的、理性的交易主体，其应知晓货物运输对于合同的履行至关重要，应有能力对出口地区的运输行情作出合理的判断及预估。例如，航运紧张的周期、所对接航运公司的规模及商业信誉等，并应在订立合同时将前述因素纳入理性考量之中，合理地约定货物交付时间，而不至于将自己陷于不利境地。被申请人所主张的运力不足，对于一位合格的合同主体而言，并非无法预见。

2.国际货物买卖中，运力不足是否"不能避免"且"不能克服"

不可抗力中的"不能避免"，是指即使当事人对于客观事件已尽到合理的注意义务且在能力范围内已作出最大努力,仍无法阻止客观事件的发生,其强调对于事件的发生,当事人主观层面上不具有可非难性。本案中,被申请人对于其应当且能够预见的事件没有预见,属于未尽到合理的注意义务。如其能够合理分析当期运力情况,而后理性选择船运公司,统筹安排货运,迟延交货的行为完全可以避免。

不可抗力中的"不能克服",是指即使当事人对于客观事件已尽到最大程度的注意义务,仍无法阻止其发生,并因此而导致合同的部分或完全不能履行。相较于不能避免,不能克服更强调客观事件的发生不以人的意志为转移,并且当事人无法完全履行合同义务系由客观事件所致,其更注重二者之间的因果关联。本案中,被申请人迟延交货是由于其未能理性预估当地船运情况而后合理安排货运所引发,而非因某一客观事件造成。

综上,被申请人所主张的运力不足,不能成立不可抗力。

本案仍需注意的是,即使运力不足成立不可抗力,被申请人也应按照合同的约定以及《合同法》第118条(《民法典》第590条第1款)的规定履行不可抗力的通知以及证明义务。在出现不可抗力事件后,被申请人应及时通知申请人,尽最大可能减少申请人可期待利益损失,同时还应当于合理期限内提交与案件相关且有证明力的证据。但本案中,被申请人只是声称一直与申请人保持联络,并未将其认为己方遭遇不可抗力事件正式通知申请人,且被申请人仅提供一篇证明海运运速缓慢的新闻作为发生不可抗力的证据,其关联性不强,证明力较弱,无法据此认定。

结合上述分析判断,本案被申请人未能及时交货有违合同约定,且不存在不可抗力之免责事由,理应承担相应的违约责任。

(本案例由深圳国际仲裁院赵佳慧女士编撰)

案例9 涉外货物买卖合同项下供货商欺诈及无法取得出口许可证是否构成不可抗力

——A公司与B公司涉外货物买卖合同争议仲裁案

仲裁要点：第一，在涉外货物买卖合同履行过程中，卖方先以供货商欺诈构成不可抗力为由表示其无法履行供货义务，其后又与买方达成补充协议并重新约定履行期限的，应视为卖方已获取其他货源，可以继续履行合同，并放弃以不可抗力为由免除承担违约责任的抗辩权。第二，在CIF价格条件下，卖方通常负有办理出口许可证的义务，无法取得出口许可证不符合不可抗力"不能预见"的构成要件。

一、案 情

2010年1月12日，申请人A公司（买方）和被申请人B公司（卖方）在S市签订了案涉《销售合同》。双方在合同中约定：申请人向被申请人购买F国铬矿，数量为1 000公吨（可增减10%，卖方有选择权），货物单价按每公吨铬矿中Cr_2O_3的含量40%~55%不等而由最低价245美元/公吨到最高价275美元/公吨，价格条件为CIF L港，付款方式为D/P，最迟装运期为2010年1月31日前，不允许部分装运。

2010年1月20日，被申请人发电邮给申请人，通报其供货商出了问题，且出口文件仍未取得。同日，申请人电邮回复：装运应如期进行，不用担心。2010年1月25日，被申请人发电邮给申请人，称其供货商因诈骗被F国国家调查局于1月23日拘捕了，同时被申请人宣布在不可抗力的情况下不能履行合同，但表示仍会努力寻找其他来源的铬矿。同日，申请人电邮回复：还有很长的时间才是交货时间，并指出这不是一个不可抗力的问题。

2010年1月26日,被申请人以快递方式致函申请人:其已尽最大努力按时将货物发送,但现已被这个不能预知的欺诈耽搁了。2010年1月27日,申请人函复被申请人:理解被申请人函件所述的意外事件。可能F国的规范不同于Y国或其他西方国家。被申请人仍有一段时间交付1 000公吨铬矿,希望被申请人尽最大努力按时履行合同。如果被申请人确有困难,双方可以进行友好协商。

2010年2月5日,被申请人发电邮给申请人:被申请人仍在努力安排尽早装运1 000公吨铬矿,被申请人方有若干选择。

2010年2月25日,申请人和被申请人以传真方式签署了一份对《销售合同》进行修改的《补充合同》,将装运期修改为2010年3月31日前。

2010年3月22日,被申请人发电邮给申请人,称已有503.949公吨铬矿在其F国北部仓库;另外,由于F国5月份开始进入雨季,这使其更难完成另外500公吨货物的装运。

2010年3月31日,申请人发电邮给被申请人提出如下建议:将装运期延长至4月20日,允许分批装运,其他条款不变。如被申请人不接受该条件,申请人将诉诸法律。

2010年4月6日,申请人致函被申请人:同意按CIF L港USD 260/mt (Cr2O3:40%最小)的价格、装运期4月20日的条件接受被申请人600公吨货物,其他条款不变。

2010年4月9日,申请人致函被申请人,提出如下方案:被申请人继续执行《销售合同》,价格为USD 260/mt,CIF L港1 000公吨,装船期为2010年4月20日。若被申请人在4月12日前无正式答复,申请人将诉诸法律。

2010年4月12日,申请人以传真方式致函被申请人,指出在双方签订合同时铬矿的价格是USD 245/mt(Cr2O3:40%~42.99%),而4月10日在亚洲金属网同样质量铬矿的价格是USD 305~325/mt,且1 000公吨铬矿加工成7 500公吨高碳铬铁的价格是9 100~9 400元/公吨,申请人向被申请人索赔以上两项损失共计20万美元。

2010年4月13日,被申请人回复申请人:书面合同中未提及间接损失的赔偿责任,20万美元的间接损失索偿不可能成功,并提出以18 000美元作为对申请人的补偿。如申请人对此争议不作协商,而不理智地去仲裁或诉讼,这会令申请人付出很多的努力及代价。

2010年4月14日,申请人回复被申请人,重申其在4月12日提出的索赔是有理据的,为表示诚意,申请人愿意作出让步,将索赔金额减为15万美元。

2010年4月16日,被申请人函复申请人:被申请人在2月初宣告无法提供1 000公吨铬矿时,申请人可以通过其他途径购买铬矿,当时价格并没有上涨,申请人不会遭受任何损失。且被申请人可以依赖不可抗力作为抗辩依据。被申请人提议以18 000美元作为补偿,以友好的方式结束双方的关系。申请人与被申请人多次协商、调解,最终无法达成和解。

因此,申请人依据《销售合同》中的仲裁条款于2011年向华南国仲申请仲裁,请求被申请人赔偿其损失15万美元等。

二、当事人争议要点

申请人认为:

2010年1月12日,申请人与被申请人签订本案《销售合同》。合同约定的最迟装运期为2010年1月31日前,后应被申请人一再要求,申请人同意修改合同,最迟装运期改为2010年3月31日前。在申请人预计被申请人无法按期交付1 000公吨货物的情况下,主动提出可分批装运及修改部分合同条款,但遭到被申请人的拒绝,使申请人当时确定被申请人有能力履行合同。然而临近装船期被申请人才告知申请人只有近600公吨货物,在申请人同意先交付这600公吨货物时,被申请人又提出要涨价,申请人本着长期合作的目的,同意了被申请人的涨价要求,但要求必须按时交货。但之后被申请人要求变更装船期,还要求按当时的市场价格进行结算,并称如果申请人不同意,在600公吨货物交付后中断与申请人的合作。至此,申请人认为被申请人是有意制造各种理由拒不履行合同。所以申请人拒绝了被申请人的不合理要求,产生纠纷。

纠纷发生后,申请人与被申请人协商,被申请人同意赔偿申请人的损失。申请人随后依据合同价格和2010年4月15日左右(为交货后到港日期)亚洲金属网公开价格的最低差额计算,单矿价差有6万美元。而且申请人通常的做法是用铬矿来换购铁合金厂的高碳铬铁,申请人此批货的换货成本与4月份铁合金厂的出厂价有很大的差别,此价格差额有亚洲金属网的公开价格为证。申请人据此推算出其损失在20万美元左右,后改为15万美元。而被申请人只同意赔偿申请人18 000美元。申请人与被申请人所签订的合同,因被申请人的原因造成合同无法履行,申请人曾与被申请人多次协商,还经第三方机构从中调解,但无法达成协议。被申请人承认有错,但赔偿金额与申请人损失相距甚远。

被申请人认为:

被申请人于2010年1月26日已正式向申请人宣布,交货期将推迟或交易取消。申请人是一家经验丰富的铬矿贸易公司,他们可以预见被申请人不能如期交付货的后果,应及时作出适当安排。

申请人从来没有提供任何文件证明他们如何损失20万美元。与此同时,被申请人根本无法预见申请人有如此巨额的损失。合同的总销售价只有24.5万美元,一项矿产贸易正常情况下盈亏幅度低于5%。因此,20万美元的损失完全不合理及不符合逻辑。

被申请人到2010年6月底前仍不能从管理当局取得任何有效的出口许可证,这是不可抗力的原因,导致被申请人不能按期交货。

被申请人仍在对F国供货商未能按时装运1 000公吨铬矿之事宜进行法律诉讼,被申请人没有任何意图欺骗申请人。

申请人拒绝与被申请人以任何适当的方式进行协商,提出巨额赔偿,被申请人无法找到争议的解决办法。

三、仲裁庭意见

本案系争的《销售合同》性质是货物买卖合同,申请人的营业地在中国内地,被申请人的营业地在香港特别行政区,香港特别行政区和内地均属于中华人民共和国的行政区域,但实行不同的法律制度,因而本案争议的解决存在区际法律适用问题。双方当事人在《销售合同》中没有约定处理合同争议所适用的法律,根据《合同法》第126条第1款的规定,本案应当适用最密切联系原则确定处理合同争议所适用的法律。仲裁庭注意到,本案系争的《销售合同》是在内地S市签订的,合同中约定的到货港为内地L港,且双方当事人在仲裁条款中约定的仲裁地为S市,据此判断,内地与本案系争合同有最密切联系。因此,仲裁庭认为,处理本案合同争议应当适用内地的法律。

本案争议焦点之一是被申请人应否对其未交付《销售合同》项下的货物承担违约责任。被申请人在答辩意见中提出两点原因作为其主张不可抗力抗辩的理由:一是供货商欺诈;二是到2010年6月底前仍不能从管理当局取

得任何有效的出口许可证。对此,仲裁庭认为,被申请人主张的两点不可抗力抗辩理由均不能成立,理由如下:

1.关于被申请人的供货商欺诈

本案中,被申请人已于2010年1月25日发电邮给申请人,通报其供货商因诈骗被F国家调查局于1月23日拘捕的事件,并宣布在不可抗力的情况下不能履行合同,但同时又表示仍会努力寻找其他来源的铬矿。经过协商,双方当事人又于2010年2月25日以传真方式签署了一份《补充合同》,将装运期修改为2010年3月31日前。由上述事实可知,尽管被申请人在2010年1月25日的电邮中宣布因不可抗力不能履行合同,但其后双方协商签订了《补充合同》,表明已被拘捕的供应商并非被申请人的唯一货源,被申请人的此番行为,使得任何一个处于与申请人相同地位的第三方,都有合理的理由相信被申请人有能力找到替代的货源来履行交货义务,只不过装运期需要延长至2010年3月31日前。因此,仲裁庭认为,被申请人所称的供货商欺诈事件,不能构成妨碍其履行合同项下交货义务的不可抗力事件。退一步而言,假定被申请人宣称的此项不可抗力理由成立,被申请人其后与申请人签订《补充合同》的行为,也应当视为其放弃了以不可抗力为由要求免除不履行合同义务的责任的权利。

2.关于被申请人声称不能从管理当局取得任何有效的出口许可证

仲裁庭认为,在CIF价格条件下,卖方通常负有办理出口许可证的义务,除非宣布实施出口许可证制度的时间是在当事人签订合同之后,否则卖方没有理由将其在签约时已经预见到的、应当办理出口许可证的义务作为不可抗力事件。而在本案中,被申请人没有提供任何证据证明F国管理当局是在双方当事人签订本案系争合同之后才宣布实施出口许可证制度的。因此,被申请人声称不能从管理当局取得任何有效的出口许可证的理由,根本不能成为不可抗力事件,因而也不能作为其免责的理由。

基于上述分析,仲裁庭认为,被申请人所主张的两项不可抗力理由均不能成立,因此,被申请人应当对其未履行合同项下交货义务的行为承担违约责任。

四、评 析

可以看出,本案中被申请人是否应当承担违约责任的关键,在于被申请人主张的供货商欺诈和无法取得出口许可证是否构成不可抗力。

我国有关不可抗力的法律规定,存在于《民法总则》第 180 条,《合同法》第 94 条、第 117 条、第 118 条以及《民法典》第 180 条、第 563 条、第 590 条等。不可抗力是指不能预见、不能避免且不能克服的客观情况,是法定的民事责任免责事由之一。虽然目前法律及司法解释没有对不可抗力的定义作更多的解释,但是从《民法总则》第 180 条(《民法典》第 180 条)可以解读出不可抗力的构成:不能预见、不能避免、不能克服、客观情况。首先,这是一种非当事人行为所派生且不以当事人的意志为转移的客观情况,这种客观情况可能由自然原因也可能由社会原因造成。其次,这种客观情况不是一个理性人所能合理预见的。再次,这种客观情况无法回避。最后,债务人在履行合同义务时因该客观情况的发生而无法正常履行义务。值得注意的是,不能预见、不能避免、不能克服三个要件属于并列关系,不可择一。

是否构成不可抗力,不能一概而论,而要放在某一具体的民事义务履行情形中进行具体判定。也即发生的这一客观情况是否导致特定情形中一方当事人的民事义务履行不能。具体到本案,当事人所主张的理由不构成不可抗力,主要是因为不具有"不可预见性"。

本案中,被申请人主张构成不可抗力的理由有两点:一是供货商欺诈;二是无法取得出口许可证。

被申请人主张的供货商欺诈,仲裁庭认定该理由不成立的关键在于,被申请人在声称供货商诈骗被拘捕后仍然与申请人签订了《补充合同》,且只延长了装运期。对于能否预见不可抗力事件的发生,应当以当事人签订合同时这一时间节点来判断。本案中,虽然被申请人声称出现了供货商因诈骗被拘捕的情况,但这发生在双方签订《销售合同》之后签订《补充合同》之前,被申请人的供应商诈骗被拘捕并非其在签订《补充合同》时所不能预见的客观情况。此时,被申请人再来主张出现了供货商诈骗这一不能预见的客观情况,实属不合理。也正是因为被申请人签订了《补充合同》,让申请人有理由相信供货出现的问题并非被申请人无法克服,否则被申请人不会继续与之签订《补充合同》。因此,供货商诈骗问题在本案中并不是不能预见的客观情况,不具备不可抗力的构成要件。

被申请人主张的无法取得出口许可证,也不存在不可预见性。正如仲裁庭所指出的,在 CIF 价格条件下,办理出口许可证通常是卖方的义务,这一义务是被申请人在订立合同时便能预见的。当事人将无法履行合同义务本身作为不可抗力的抗辩理由是不明智的,因为合同义务在订立合同时便已明确,不存在不可预见性。当事人要想主张不可抗力,应当从举证阻却自己履行义务的客观事件着手。本案仲裁庭所述"被申请人没有提供任何证据证明F国管理当局是在双方当事人签订本案系争合同之后才宣布实施出口许可证制度的",正是指明,被申请人仅主张自己无法履行办理出口许可证的义务,没有举证其在履行该义务时确实受到无法预见、无法避免的事由阻却。可以看出,对于明确的合同项下义务,如果当事人单纯以无法履行该义务为由主张不可抗力,而无法进一步举证阻却其履行该义务的事由,则不可抗力的抗辩理由难以成立。有关不可抗力的"不可预见性",在其他案例中也有体现。例如,在吴美亮、刘雪生等股权转让纠纷案中,当事人主张因政策变更导致采矿权证未能办理,属于不可抗力,而最高人民法院对此认为:案涉合同不仅约定了取得采矿权证为履行前提条件,还约定了如果不能如期办理采矿权证各方权利义务如何处理。由此看出,各方当事人对于采矿权证可能无法如期办理是有预见的,因此当事人所主张的未取得采矿权证属于不可抗力的理由不能成立。①

本案中,无论是被申请人主张的供货商欺诈还是无法取得出口许可证,都不具备"不可预见性"这一要件。对于不可预见性,除了关注一个理性人能否合理地预见客观情况的发生,还应当关注不可预见性的时间节点,即是否在合同签订之时。

(本案例由深圳国际仲裁院黄瑜女士编撰)

---

① 参见最高人民法院(2016)最高法民终90号民事判决书。

案例10 租赁合同项下道路工程建设是否构成不可抗力

——A商业有限公司与B房地产开发有限公司
租赁合同争议仲裁案

仲裁要点：在当事人约定了不可抗力条款的情形下，应首先确定该约定有无法律效力，如果无效，则不可抗力回归到法律的界定，依法律规定发生效力。如果有效，则依据双方约定的不可抗力条款。对当事人是否可依不可抗力条款主张权利，依然要依据不可抗力认定规则进行确认。本案中，仲裁庭首先认可了合同约定的不可抗力条款有效，继而对被申请人是否可依不可抗力条款抗辩作出认定。作为一家房地产开发公司，被申请人对房屋开发过程中的影响因素应当有较为清楚的认识，涉案合同也是在城轨工程开工3年后才签订的，因此不满足不可抗力要求的不能预见。但城轨工程延期及道路升级改造客观上是影响合同迟延履行的重要因素，因此被申请人违约赔偿的范围应以申请人的直接经济损失为限。

一、案 情

2012年4月23日，申请人A商业有限公司与被申请人B房地产开发有限公司签订了一份《房产租赁合同》，约定申请人租赁被申请人XL广场房地产项目用于购物中心的经营，租赁面积约为18 543平方米；申请人应当在本合同签署后30日内，向被申请人支付1 112 580元作为申请人在本合同项下的租金(含管理费)保证金；租赁场地交付日期为2015年11月1日，被申请人应确保在交付日前租赁场地满足本合同第10条约定的交付条件；租金按固定租金(含管理费)加营业额提成方式收取，首个12个月租期的固定租金为30元/月/平方米、营业额扣点比例为3.5%，以后逐期递增。《房产租赁合同》第29条约定:《房产租赁合同》项下的不可抗力仅包括项目所在地发生的地震、塌方、陷落、洪水、台风等自然灾害,非因申请人原因而发生的火灾、爆炸、战争、社会动乱或动荡,法律法规变化,政府征收征用租赁物业所在建设用地、铁路公路修建等任何不能预见的情况;如发生不可抗力,以至于任何一方的合同义务因这种事件的发生而无法履行,此种合同义务在不可抗力持续期间应予中止,履行期限应自动延长,延长的期间为中止的期间,双方均不承担违约责任。但是,在一方延迟履行义务之后发生不可抗力的,则该方的违约责任不能免除;如遇不可抗力,各方应立即与对方协商,寻求公平的解决办法,采取一切合理措施将不可抗力所带来的后果减至最低限度;双方特别约定,因不可抗力导致申请人无法继续经营的,双方应当就是否继续履行合同进行商议。如在不可抗力事件发生后30日内申请人既无法继续经营,双方也无法达成一致意见的,则任何一方均有权终止合同。《房产租赁合同》因此而终止的,双方互不承担违约责任;因不可抗力致其中一方不能履行其在《房产租赁合同》下的全部或部分义务,该方应在不可抗力发生后14日内书面通知另一方并提交相关的证据,双方应尽可能利用合理方法在可能的范围内减轻各自的损失。如有不可抗力事件发生,任何一方无须对因此而停止或延迟履行义务致使另一方遭致的任何损害、费用增加或损失承担责任。上述停止或延迟履行义务不应被视为违约。声称遭遇不可抗力事件而不能履行义务的一方应采取适当方法减少或消除不可抗力事件的影响,并应努力在尽可能短的时间内恢复履行受不可抗力事件影响的义务。

合同签订生效后,申请人依约于2012年5月23日向被申请人汇付了租金(含管理费)保证金1 112 580元,被申请人随后出具了收款收据。

2015年5月28日,被申请人致函申请人,内容如下:"现因ZT工期延续影响,导致我司项目无法按约在2015年11月1日交付租赁场地予贵司,预计可交场日期为2016年12月15日,特此提前书面告知,望理解。"该函附有两个附件:一为ZT局GH城际GZH-7标项目经理部致被申请人的GH城际函〔2015〕09号《关于GH城际C站施工工期说明》;二为被申请人制作的《XL天地广场二期施工大节点安排》。但被申请人未于2016年12月15日将案涉租赁场地交付申请人。

2017年4月10日,申请人致函被申请人,内容如下:"我司曾于2015年5月28日收到贵司预计2016年12月15日交付租赁场地予我司的函。根据贵我双方于2012年4月23日签订的《房产租赁合同》第11.2条的约定,贵司应在交付日前15日书面通知我司对租赁范围进行验收,但至今我司未收到过贵司的任何相关书面通知。因现已逾2016年12月15日近4个月,为保证双方对交接场地工作进行有效安排及展开,请贵司在收到本函的5个工作日内书面回复贵司预计的新的交场日。"

被申请人收到该函件后,于2017年4月13日回函如下:"关于新的交场日安排的问题,自2016年1月起,贵我双方都秉着积极的态度进行多次会议沟通,期盼通过双方友好沟通与协商共同解决问题,唯因个别工程事项,如二次消防报建、负二层排水方案等贵我双方至今仍未能达成共识。"

2017年9月13日,申请人再次致函被申请人,内容如下:"根据贵我双方签订的《房产租赁合同》第1.7条、第11.1条的约定,贵司应在2015年11月1日前向我司交付租赁场地,同时,《房产租赁合同》第11.2条的约定,贵司应在交付日前15日书面通知我司对租赁范围进行验收,但至今我司未收到过贵司的任何相关书面通知,贵司也并未依约向我司交付租赁场地。对此我司已多次致函给贵司,要求贵司告知实际交场日,但贵司均未对此予以明确。鉴于贵司向我司交付租赁场地的时间已经严重拖延,请贵司务必于收到本联系函后5日内,将实际交付租赁场地的时间以函件形式告知我司。对此,我司将保留依据《房产租赁合同》第25.2.2条之约定与贵司解除《房产租赁合同》并追究贵司相关违约责任之权利。"被申请人于2017年9月29日对该函件回复如下:"(1)尽管贵司所承租场地原定于2015年11月1日交付,但由于受GH城轨修建的影响导致我司项目施工延误,且目前我司项目与CP大道接壤处的C站主体工程迟迟未验收,其上方道路和市政管网亦未完成恢复工程,导致我司项目的市政供水及排污工程无法接入,相关测试和验收工作延误,致使我司项目至今无法完成整体验收。根据贵我双方签订的《房产租赁合同》第29.1条、第29.2条的约定,铁路公路修建等不可预见、不能避免并不能克服的客观情况属于不可抗力;因发生不可抗力事件以致任何一方的合同义务无法履行的,此种合同义务在不可抗力持续期间应予中止,履行期限应自动延长,延长的期间为中止的期间,双方均不承担违约责任。为此,我司对不能如期交场给贵司深表歉意,但不应对上述不可抗力导致的交场延误承担任何违约责任。(2)虽然《房产租赁合同》第10条"交付条件"第10.3款约定我司需按《工程项目分工表》规定的标准和要求完成租赁范围内所有的工程,但是,根据《工程项目分工表》的具体分工约定以及现实情况,部分工程必须是由贵司进场后先行完成应由贵司负责的部分,我司方能开展下一步的施工工序。如若由于贵司的原因延误我司下一步的工程施工进度并最终影响交付的,我司不承担因此导致的迟延交付责任。(3)因客观原因影响交付的问题,我司一直有与贵司代表保持沟通,且在工程通报会议上汇报进展情况并作会议记录后供双方存档。综上,待 GH 城轨 C 站完成验收后,我司将加紧项目验收进度,尽快交付场地。望能够得到贵司的信任与谅解!"

2017 年 10 月 23 日,申请人向被申请人发出《解约告知函》,决定解除双方所签订的《房产租赁合同》,同时要求被申请人退还租金保证金并承担包括但不限于违约金、设计费、工程费等损失。被申请人于 2017 年 10 月 24 日收到《解约告知函》,并于 2017 年 10 月 26 日复函如下:"(1)自双方于 2012 年 4 月 23 日签约至今,我方仍秉持公开透明的沟通,积极盼望与贵司合作并取得成功;同时,在现阶段我方已根据合同约定并按贵司设计要求,投入巨资并完成整体的土建及机电设备工程,我方仍保持双方合作的原则。(2)就贵司 2017 年 10 月 24 日的来函,关于交场安排一事,我方最近与有关部门深入沟通并了解所知,CP 大道的城轨工程预计在 120 天内全程竣工验收,届时 [XL 项目] 的排污管道工程亦将可接驳入路面市政并全面推进验收工作。还望贵司能理解我方目前项目所遇到的一系列不可抗力状况。(3)故此,我方望贵司能尽快安排时间,以便双方最高层领导见面沟通,化解当中误会,以增进彼此的认识与感情,顺利履行租赁合同,携手达至双赢。"

在上述函件之后,双方仍有函件往来,申请人坚持其解约决定,被申请人则以不可抗力为由,要求继续履行合同。

2018 年 7 月,申请人根据《房产租赁合同》中的仲裁条款向华南国仲提起仲裁,请求被申请人依《房产租赁合同》的约定返还全部租金保证金、向申请人支付延期交付租赁场地的违约金并赔偿申请人的全部经济损失等。被申请人则提出了请求申请人支付违法解除合同的违约金、赔偿损失等仲裁反请求。

二、当事人争议要点

(一)关于本请求

申请人认为:

(1)2012 年 4 月 23 日,申请人与被申请人签订的《房产租赁合同》中约定,租赁场地交付日期为 2015 年 11 月 1 日。但被申请人直至 2017 年 10 月 23 日仍未依约向申请人交付租赁场地,已经严重违反租赁合同约定,申请人有权解除合同。

(2)根据《房产租赁合同》第 25.2.2 条的约定:被申请人延迟交付租赁场地的,每逾期一日,须向申请人按照免租期届满后第一个计租年租金总额(按照 30 元/月/平方米×全部计租面积×12 个月)的万分之五支付违约金。被申请人逾期交付租赁场地达 60 日的,申请人有权解除合同,被申请人除承担合同解除前的违约责任外,还应按照因被申请人原因导致合同解除的约定承担违约责任。被申请人应当向申请人返还全部租金保证金、向申请人支付延期交付租赁场地的违约金并赔偿申请人的全部经济损失。

被申请人认为:

(1)租赁物业迟延交付受 GH 城轨 C 站修建及 CP 大道升级工程直接影响。城轨因施工现场地质复杂、施工难度大,施工工期较原计划多次延长,涉案项目的供水与排水管网与 CP 大道市政管网相接,CP 大道升级改造工程于 2017 年 7 月中旬启动,因此造成涉案项目无法正常施工,导致延迟交付。根据《房产租赁合同》第 29.1 条和第 29.2 条的约定,铁路公路修建属不可抗力事件,因不可抗力事件发生导致一方无法履行合同义务的,合同履行期限相应顺延,且双方互不承担违约责任,故被申请人对此不承担责任。

(2)申请人所举证的损失存在明显瑕疵。《A 公司 CP 店冷柜/冷库设备设计合同》的签署日期为 2018 年 1 月 2 日,晚于申请人 2017 年 10 月 24 日单方书面解除合同的日期,且未举证其已经支付该合同项下款项。对《A 公司 CP 店环境设计合同》和《建设工程设计合同》的二期合同款支付也晚于申请人要求解除合同的日期,其损失无法证明。

(二)关于反请求

被申请人认为:

(1)申请人要求解除《房产租赁合同》之时,GH 城轨 C 站已基本完工,故因该不可抗力影响而导致租赁物业延迟交付的原因即将归于消灭,申请人并未取得解除权,其在《房产租赁合同》可继续履行的情况下,单方解除《房产租赁合同》,已构成严重违约。

(2)申请人未按照《工程项目分工表》的约定配合被申请人施工,对涉案项目延误存在过错。

申请人认为：

(1)按照《房产租赁合同》第25.2.2条之约定,申请人有权在被申请人逾期交付租赁物业达60日时行使约定解除权。被申请人的最终交场日期仍具有极大的不确定性,申请人按时使用租赁物业的合同目的根本无法实现,因此申请人享有《合同法》第94条的法定解除权。

(2)GH城轨C站修建不属于不可抗力因素。城轨于2009年5月8日启动修建,双方当事人均已知悉该情况,不满足不可抗力所要求的不能预见,且GH城轨C站修建工程与涉案租赁物业的修建工程互相独立,城轨的修建进程不影响涉案项目的进度。城轨修建即使属于不可抗力,因被申请人未按照合同约定程序履行不可抗力通知义务,不能适用不可抗力抗辩。

(3)申请人对排水点位设计的明确和对消防分区变更的要求,并不会对项目交场时间造成任何影响。

(4)被申请人要求申请人支付违约金及损失的请求没有事实和法律依据,对损失证明的证据不足。

三、仲裁庭意见

(一)关于GH城轨工程延期及CP大道升级改造工程对案涉租赁场地延迟交付是否构成不可抗力问题

《房产租赁合同》第29.1条"《房产租赁合同》项下的不可抗力仅包括项目所在地发生的……社会动乱或动荡,法律法规变化,政府征收征用租赁物业所在建设用地、铁路公路修建等任何不能预见的情况"的约定,系出于双方自愿,且不违反法律的强制性规定,故为合法有效约定。据此,被申请人抗辩所基于的GH城轨工程延期及CP大道升级改造工程属于合同所约定的不可抗力因素。然而,合同所约定的不可抗力因素与该等因素本身是否构成合同一方延迟履行义务的不可抗力,则属于不同层面的问题。

GH城轨工程于2009年5月8日开工建设,而《房产租赁合同》于2012年4月23日签订,凭借对GH城轨工程的考察,被申请人有可能预见该工程延期,不符合不可抗力所要求的不能预见。被申请人抗辩称GH城轨工程直接占用涉案项目施工场地,但未提出充分的证据证明,且在明知该事件会影响合同正常履行的情况下,未及时通知申请人,违反了《房产租赁合同》第

29.5 条的约定以及《合同法》第 118 条规定的合同当事人因不可抗力不能履行合同的通知义务,因此被申请人的抗辩理由不成立。

与此同时,GH 城轨工程延期及 CP 大道升级改造确实对涉案项目造成影响,且双方在多次磋商后,申请人也给予了一定的宽限期,故迟延交付的责任不能全部归咎于被申请人,被申请人违约赔偿的范围应以申请人的直接经济损失为限。

(二)关于申请人 2017 年 10 月 23 日解约行为是否已发生合同解除效力的问题

根据《房产租赁合同》的约定,案涉租赁场地的交付时间为 2015 年 11 月 1 日,至申请人发出《解约告知函》的 2017 年 10 月 23 日,已迟延近 2 年时间,根据《房产租赁合同》的约定,逾期交付 60 日的,承租人即有权解除合同。申请人享有约定解除权。

申请人租赁案涉场地是为了经营商业中心,而随着近年网络商业的迅速发展,实体店经营市场行情多变莫测,故面对迟延交付近 2 年,且仍处于不确定状态的情况,应视为构成申请人合同目的实现的实质性障碍。据此,申请人的解约行为也符合法律规定。

当出现影响租赁场地建设事件后,被申请人未依法、依约及时进行书面通知和提交相关证明,致使其抗辩缺失了合法、合约性基础。

仲裁庭认为,案涉《房产租赁合同》已于 2017 年 10 月 24 日申请人《解约告知函》寄送到达被申请人时解除。

基于以上意见,仲裁庭支持了申请人返还租金保证金、赔偿申请人直接经济损失等仲裁请求,驳回了延期交付租赁场地违约金的仲裁请求以及全部仲裁反请求。

四、评 析

本案属于房屋租赁合同纠纷,涉及不可抗力的认定以及损害赔偿的问题。根据《民法总则》第 180 条第 2 款(《民法典》第 180 条第 2 款)的规定,不可抗力是指不能预见、不能避免且不能克服的客观情况。我国学界通说认为,不可抗力是指可认知而不可预见其发生的非该事业内在的事件,其损害效果,虽以周到之注意措施,尚不可避免的。① 换言之,凡属于外来的因素而发生,当事人以最大谨慎和最大努力仍不能防止的事件为不可抗力。② 关于不可抗力的认定问题,我国法一般要求四点,即须满足客观情况、不能预见、不能避免和不能克服。首先,不可抗力是一种"客观情况",它必须独立存在于人的行为之外,既非当事人的行为所派生,亦不受当事人意志所左右。其次,"不能预见"是指债务人在订立合同时不能够合理地预见到该客观情况的发生。再次,"不能避免"是指该客观情况的发生具有必然性,是无可回避的。最后,"不能克服"是指该客观情况无法抗拒,即指债务人在履行其债务时,因该客观情况的出现,无法正常地履行其债务。但对不可抗力要求的不能预见、不能避免和不能克服是否需要同时具备,我国学者间存在分歧。有学者持肯定看法③,其理由基于对我国现行法律相关法条的文义解释,《民法总则》第 180 条第 2 款(《民法典》第 180 条第 2 款)中使用的"且"或《合同法》第 117 条第 2 款④(《民法典》第 180 条第 2 款)所使用的"并"均可表明。也有学者持反对态度,认为要求不可抗力同时具备不能预见、不能避免和不能克服三项要素,有时会出现不适当的结果,宜视个案变通。⑤

理论上,假如当事人于合同中约定的不可抗力超出了法律规定的不可抗力的外延,实质上也相应地改变了其内涵,则超出部分应称为不可抗力条款。其与通常意义上法律规定的不可抗力的区别在于,不可抗力作为法定的免责事由会确定地发生法律效力,而不存在无效的危险;而不可抗力条款作为约定的免责条款或其他条款却存在无效或被排除的风险。同时,假如当事人各方在合同中将不可抗力约定为延期履行、降低价款、解除合同的事由,不涉及免除当事人的民事责任,此种不可抗力条款虽然已经成为合同条款,但非免责条款,因此无免除当事人所负民事责任的效力。⑥ 在当事人约定了不可抗力条款的情形下,应首先确定该约定有无法律效力,如果无效,则依法律规定发生效力;如果有效,则依据双方约定的不可抗力条款。本案中,双方当事人

---

① 参见史尚宽:《民法总则》(上中下册合订),荣泰印书馆 1954 年版,第 354 页。
② 参见韩世远:《合同法总论》(第四版),法律出版社 2018 年版,第 480 页。
③ 参见韩世远:《合同法总论》(第四版),法律出版社 2018 年版,第 483 页。
④ 《合同法》第 117 条第 2 款规定:"本法所称不可抗力,是指不能预见、不能避免并不能克服的客观情况。"
⑤ 参见崔建远主编:《合同法》(第五版),法律出版社 2010 年版,第 299 页。
⑥ 参见崔建远:《不可抗力条款及其解释》,载《环球法律评论》2019 年第 1 期。

在合同中就不可抗力相关事项作出约定,城轨建设显然属于合同中约定的不可抗力事由。但被申请人是否可以基于此事项主张合同中约定的不可抗力发生时的权利,尚需证明其是否符合不可抗力条款的约定。

不可抗力中的不能预见,是双方当事人在是否构成不可抗力中的争议点之一。随着科学技术的发展,人类有了更强的预见能力,不能仅仅从客观上判断当事人是否可以预见,否则极易出现许多事件都是可预见的情况。对不能预见应结合个案案情,区分事后分析与合同签署时当事人的状态,尽量要求当事人在合同签署时能够合理预见。假如当事人在合同签署时无法合理预见不可抗力事件,则满足不可抗力中不能预见的要求。具体到本案,被申请人 B 房地产开发有限公司作为一家房地产开发公司,对于房屋开发过程中的影响因素应当有较为清楚的认识,合同也是在城轨工程建设 3 年后签订的,理应对城轨建设有合理的预见,其辩称城轨工程延期为不能预见,不具有说服力。不满足不可抗力,仅仅意味着当事人无法依不可抗力条款主张相应的权利,并不影响该事件对合同履行造成影响的认定,债务不履行因该事件无法全部归责于违约方的,违约方依然可能获得救济。

(本案例由北京大学法学院民商事争议解决方向硕士研究生张帅龙先生编撰)

专题二
不可抗力与商业风险的区分

案例 11　投资合同项下如何区分不可抗力与商业风险

——自然人甲与 A 整形医院有限公司投资合同
争议仲裁案

仲裁要点:因涉案电影含有部分暴力场景,不符合国家政策及扫黑除恶专项行动的规定,所以未能按照合同约定的时间上映,给投资人造成了经济损失。关于上述情形是否属于不可抗力的问题,仲裁庭认为,案涉电影未能及时上映,存在策划、拍摄、制作方面的问题而不符合上映的监管要求,系被申请人未履行其在合同项下的义务,并非不可抗力因素影响,故被申请人应当承担违约责任。

一、案　情

申请人自然人甲(乙方)与被申请人 A 整形医院有限公司(甲方)于 2017 年 1 月 11 日签订了《投资合同》。《投资合同》前言称,近几年来中国电影市场呈现爆发式增长态势,网络大电影进入高速增长期。《投资合同》第 1 条(合作原则)第 1 款约定,本合同各项条款应遵守《著作权法》《著作权法实施条例》《公司法》等法律法规。《投资合同》第 2 条第 1 款第 1 项第 1 目约定,电影片名为《WY 公主》(暂定名);第 2 条第 1 款第 1 项第 7 目约定,预计开机时间为 2017 年 3 月(具体以演员档期为准),预计发行、上映时间为 2017 年 7 月(具体以发行档期为标准上映时间,如因制作原因无法上映,应当按照申请人前期投资 20%股份金额赔偿申请人),预计收益分成时间为 2018 年 1 月底前;第 2 条第 2 款约定,就电影《WY 公主》(暂定名)的投资入股,总投资额 180 万元,总计 100 股,乙方的投资额为 9 万元,拥有 5 股;第 2 条第 4 款第 2 项第 1 目约定,被申请人负责电影《WY 公主》(暂定名)的策划、拍摄、制作和发行的全部工作,保证作品的艺术水准和质量,有权制订全部工作方案,并就方案的合法性、可行性以及具体实施对乙方负责,保障申请人投资及收益的安全;第2条第4款第2项第5目约定,被申请人有义务协调与政府行业主管部门及电影拍摄、制作、发行有关方面的关系,保障影视作品如期、成功向公众推出。

《投资合同》签订后,申请人向被申请人支付了合同项下的投资款9万元。2019年4月9日,《WY公主》网络电影预告片在T视频播出,2019年5月,电影《WY公主》在LTV上映,LTV是J国L公司推出的全球播放首发地在TH国的线上视频服务APP,系境外播放平台。

后双方发生争议,申请人依据《投资合同》中的仲裁条款于2019年1月向华南国仲申请仲裁,请求裁决解除《投资合同》、被申请人向申请人退还投资款并赔偿损失等。

二、当事人争议要点

申请人认为:

申请人签约后及时向被申请人支付了约定的投资款,但时至申请仲裁时该部电影仍未制作完成,更未发行、上映,被申请人已严重违反合同约定。申请人多次与被申请人沟通协商履约事宜,但被申请人均以申请人应自担投资风险为借口推诿,拒绝承担违约责任。

1.案涉电影未在约定时间内制作完成

申请人确认涉案电影已于2017年3月杀青。但杀青并不代表已制作完成,后期还有平台公映要求的一系列复杂的配音、剪辑、特效等工作需要完成。而根据之前开庭时涉案电影导演的陈述,该部电影因为有较多的暴力因素,不符合平台公映的要求,多次返工剪辑重新制作。

2.案涉电影未在国内电影市场合法上映

证明电影上映的标准是广电部门审批通过的回执以及网络放映平台审核通过确认放映的通知。但被申请人至今无法提交,可见电影并未合法上映;经百度查询,LTV是J国L公司推出的全球播放首发地在TH国的线上视频服务APP,系境外播放平台。而双方合同约定的是面向国内电影市场,在国内平台上播放。两者的政府管制、平台要求、市场体量、预期收益均完全不同,在境外APP上播放并不符合双方的约定。可见,案涉电影并未依照合同上映播出。

被申请人认为：

1.案涉电影延迟上映系因不可抗力

合同签订后,电影《WY公主》于2017年2月开机,3月杀青,电影成片早已制作完成,被申请人并不存在合同所述"不按本协议约定拍摄时间开始拍摄或无限期推迟拍摄"的行为。

2018年年初,AQ平台以影片含有政策风险为由,建议暂不上线。根据《投资合同》第3条第4款的约定,"本协议若因双方以外的自然灾害或其他不可预见、抗拒并克服的情形致使工作进度受阻,不属于违约行为,由此造成的经济损失由双方协商解决",电影未上映是政策因素所致,不是被申请人的制作原因,不属于违约行为。案涉电影确实是由于国家政策及当时恰逢扫黑除恶专项行动的影响,未能及时上映,属于合同约定的不可抗力因素,不属于违约行为。并且被申请人也一直在积极地履行合同,一直在努力与平台沟通并配合整改,同时联系公司沟通相关宣发事宜,争取电影早日上线。2019年4月9日,《WY公主》网络电影预告片在T视频播出,2019年5月在LTV上映,被申请人并未违反合同约定,不应当承担违约责任。

2.申请人应自负投资风险

申请人与被申请人基于双方真实意思表示签订《投资合同》,涉案9万元款项实为投资款。投资具有不确定性和风险性,电影有没有按时上映、上映后有没有盈利,这属于投资风险,申请人要求被申请人返还投资款没有事实和法律依据。何况,被申请人在收到投资款后,就把投资款用于涉案电影的投资,此笔款项不受被申请人控制,故申请人的请求没有现实基础。

三、仲裁庭意见

综观申请人提交的证据和庭审辩论的观点,其请求裁决解除合同的理由为被申请人根本违约致使申请人的合同目的不能实现。仲裁庭结合法律规定和本案事实予以分析认为：

(1)《合同法》第94条第4项规定,当事人一方迟延履行债务或者有其他违约行为致使不能实现合同目的,当事人可以解除合同。通常来说,因合同目的不能实现而解除合同适用于迟延履行、不能履行、不适当履行、拒绝履行等违约形态。

(2)案涉电影未能及时上映,因存在策划、拍摄、制作方面的问题而不符合上映的监管要求,不是因为不可抗力的因素,被申请人没有尽到合同义务,属于不适当履行。

(3)《投资合同》第2条第1款第1项第7目约定,预计开机时间为2017年3月,预计发行、上映时间为2017年7月,预计收益分成时间为2018年1月底前。至本案申请人申请仲裁之日,网络电影《WY公主》仍未正式上映,已经严重超出申请人的合理预期,构成迟延履行。

(4)网络电影《WY公主》在LTV的App上映,该App平台是J国的平台,可以全球观看;但是,中国的观众需要登录该网站并支付费用才能观看,因为国内对网络有所管制。由此可见,即使网络电影《WY公主》已在境外上映,但不便境内观众观看,不能有效吸引境内大量观众,投资收益会大大降低,不符合订立合同的宗旨和预期。此外,网络电影《WY公主》未能在境内上映,至少也说明其尚不符合在境内上映的要求,此亦构成被申请人不适当履行合同。

基于以上意见及本案证据,仲裁庭裁决支持了申请人的解除《投资合同》、被申请人向申请人退还投资款并赔偿损失等请求。

四、评 析

本案中,被申请人主张以不可抗力作为其不负违约责任的事由,该事由具体为"案涉电影确实是由于国家政策及当时恰逢扫黑除恶专项行动的影响,未能及时上映"。本案仲裁庭则认为,"案涉电影未能及时上映,因存在策划、拍摄、制作方面的问题而不符合上映的监管要求,不是因为不可抗力的因素,被申请人没有尽到合同义务,属于不适当履行"。对此,编者有以下拙见:

(一)不可抗力条款的效力

《民法总则》第180条第2款及《合同法》第117条第2款(《民法典》第180条第2款)明文规定了不可抗力。其效果为,无论当事人是否在合同中约定,都不影响不可抗力作为(不负责任)事由的法律地位及作用。

之所以将不可抗力称为"不负责任事由",是因为在以过错责任作为归责原则的大背景下,因不可抗力致使合同履行不能的,债务人对此并无过错,因此不负违约责任,而非本应承担责任但被法律免除。因此,崔建远教授认为,将不可抗力称作"不负责任条件"或"不负责任事由"而非"免责条件"较为贴切。① 而在以无过错责任作为归责原则的情形下,原则上,即使债务人没有任何过错,只要出现了合同履行不能的情况,债务人都要承担违约责任,即使有不可抗力发生,也仍需负责。只是法律出于伦理、风险分配等考量而"特赦":因不可抗力致使合同履行不能的,债务人免除责任,故而将其称作"免责事由"。在我国法律体系中,通常将二者合并统称为"免责事由",因此本文也遵循该习惯。

在我国法律实践中,不可抗力在合同关系中主要有两种存在方式:一种是由法律直接规定的、因不可抗力致使合同不能履行时债务人免于承担责任,称为"不可抗力免责条件";另一种是法律规定之外的、当事人之间约定的不可抗力免责事由,称为"不可抗力条款"。其中,不可抗力免责条件的效力,因由法律直接设定,当然发生免责的效果;而对于当事人之间约定的不可抗力条款的效力,则有待于讨论。

编者认为,如果不可抗力条款中约定的不可抗力在其内涵及外延方面与法律规定的不可抗力完全重合,并且具有免除当事人违约责任的约定,那么此种不可抗力条款便可以发生同法定免责事由一样的效果。反之,如果不可抗力条款中约定的不可抗力的范围超出了法律规定的不可抗力的范围,则需要考虑以下因素:第一种情况,假设超出法定范围的约定不可抗力事项是基于客观原因,即当事人无过错,则应类推适用法定不可抗力的规定,债务人同样免负责任;第二种情况,假设约定的不可抗力实际上系出于债务人的过错,则不得类推适用上述规定,债务人必须承担民事责任。

本案中,被申请人主张根据《投资合同》第3条第4款的约定,"本协议若因双方以外的自然灾害或其他不可预见、抗拒并克服的情形致使工作进度受阻,不属于违约行为,由此造成的经济损失由双方协商解决",此条款的性质属于当事人约定的不可抗力条款。至于其效力,"双方以外的自然灾害"以及"其他不可预见、抗拒并克服的情形"可以涵盖在《民法总则》《合同法》以及即将施行的《民法典》规定的不能预见、不能避免且不能克服的客观情况之内,因此其具有同法定免责条件相同的效力。

---

① 参见崔建远:《不可抗力条款及其解释》,载《环球法律评论》2019年第1期。

(二) 本案中的情形是否属于不可抗力

在合同法上,对于无正当理由而不履行合同义务的债务人追究违约责任,其道德上的正当性毋庸置疑。然而,若此种不履行行为系出于客观风险作用,又当如何处置?

首先要考察何谓客观风险。所谓客观风险,即偏离当事人交易决策预期,造成债务人违约或者标的物毁损、灭失的各种因素。① 客观风险往往不受当事人控制,是其自身之外的力量,包括造成债务人履行障碍的各种客观情势,典型的有不可抗力、情势变更和意外事件。这些因素既可以独立地发挥作用,直接致使债务人违约或者标的物毁损、灭失;也可以促使债务人在几经权衡后主动作出违约的选择。本案中,被申请人援引不可抗力作为免责事由,该主张能否成立,需要对商业风险与不可抗力进行界定。

何谓商业风险?有学者认为:"商业风险是指在商业活动中,由于各种不确定因素引起的,给商业主体带来获利或损失的机会或可能性的一种客观经济现象。"② 一方面,商业风险是一种客观经济现象,其存在与发挥作用的方式具有客观性;另一方面,商业主体对商业风险的判断具有一定的主观性,不同主体对于风险的认识及其后续采取的商业行动有所不同,基于主体不同的行动又会衍生出不同的影响与后果。有学者将市场价格的波动等(客观意义上的商业风险)看成引起商业风险的原因,因此,韩世远教授认为,这里所理解的商业风险只应是"主观意义上的商业风险"③。

何谓不可抗力?《合同法》《民法总则》中界定的不可抗力由三个要素构成,即不能预见、不能避免、不能克服。在文义上解释,要求三个"不能"同时具备方可构成不可抗力。尽管有学者大力主张界定不可抗力时不应过于严苛地要求三个"不能"同时具备,进而主张只要满足"不能预见、不能避免或者不能克服"中的一个或者两个要素即可构成不可抗力④,但 2020 年 5 月 28 日通过的《民法典》仍然延续了三个"不能"并存的规定,可以看出我国法律

---

① 参见孙学致:《过错归责原则的回归——客观风险违约案件裁判归责逻辑的整理与检讨》,载《吉林大学社会科学学报》2016 年第 5 期。
② 沈德咏、奚晓明主编:《最高人民法院关于合同法解释(二)理解与适用》,人民法院出版社 2009 年版,第 199 页。
③ 韩世远:《情事变更若干问题研究》,载《中外法学》2014 年第 3 期。
④ 参见崔建远:《民法总则应如何设计民事责任制度》,载《法学杂志》2016 年第 11 期。

对于合同严守理念的坚持与保障非违约方合法利益的态度。因此,区分不可抗力与商业风险,是决定不履行义务的债务人是否应当承担违约责任的重要标准。

本案中,直接造成电影无法如期上映的原因是否属于典型的不可抗力的范畴? 仲裁庭裁判排除或接受不可抗力规则适用的理由,立足于对债务人来说是否"不能预见""不能避免"与"不能克服"的主观状态的审查,即债务人是否履行了注意义务、是否采取了合理措施。① 一旦必要的审慎义务、注意义务的违反,或未采取合理措施的不作为,构成债务人无法避免或克服自然力量损害的原因,不可抗力规则的适用即被排除,债务人的过错转而成为债权人受损的主要原因,进而成为追究其违约责任的正当基础。

本案中,2018 年年初,AQ 平台以影片含有政策风险为由,建议暂不上线。被申请人认为,"电影未上映是政策因素所致,不是被申请人的制作原因","案涉电影确实是由于国家政策及当时恰逢扫黑除恶专项行动的影响,未能及时上映,属于合同约定的不可抗力因素,不属于违约行为"。案涉电影因存在暴力镜头片段,而导致其在扫黑除恶专项行动时期无法如期发行,是否属于不可抗力,分析如下:

1.案涉电影无法上映是否具有不可预见性

不可抗力具有的不可预见性要求当事人订立合同时无法预见,而且根据实际能力和当时的具体条件,根本不可能预见。② 在此有两点需要注意:其一,在订立合同时,如果当事人虽未预见,但风险的发生在客观上是可以预见的,那么应由该当事人自行承担不利后果。③ 其二,即使不可合理预见的障碍,如果通过合理的手段是可能克服的,其也不构成免责的理由。④ 例如,在"罗倩诉奥士达公司人身损害赔偿纠纷案"⑤中,法院认为"台风作为一种严重的自然灾害,确实是难以避免的。但是,在气象等相关科学高度发展的今天,台风是可以预见的,通过采取适当的措施,台风过境造成的影响也是能够

---

① 参见孙学致:《过错归责原则的回归——客观风险违约案件裁判归责逻辑的整理与检讨》,载《吉林大学社会科学学报》2016 年第 5 期。
② 参见韩世远:《情事变更若干问题研究》,载《中外法学》2014 年第 3 期。
③ 参见张建军:《情势变更与商业风险的比较探讨》,载《甘肃政法学院学报》2004 年第 2 期。
④ 参见〔德〕英格博格·施文策尔:《国际货物销售合同中的不可抗力和艰难情势》,杨娟译,载《清华法学》2010 年第 3 期。
⑤ 参见《最高人民法院公报》2007 年第 7 期(总第 129 期)。

减小到最低程度的",进而对该案被告提出的不可抗力作为抗辩事由的主张不予支持。

商业风险应在当事人的预料范围之内,即能够预见或应当预见客观情况可能发生变化。对于当事人的预见能力的判断,应坚持客观标准,即合同当事人在订立合同时所处的客观环境下,作为一个普通的从事经营活动的人员对所发生事件应当具有的认识能力。① 因此,商业风险是一种正常风险,决定于商品交换的价值规律,任何人作为经济交往活动中的当事人,都应该以一个理性人的标准对潜在的商业风险进行考虑。

我国电影行业暂不存在分级制度,院线电影和网络电影的上映都需要经过映前审查,涉及"黄赌毒"、血腥暴力等情节的电影难以过审是我国电影界周知的。当事人在订立电影投资合同时,应当预见到电影的情节、拍摄手法、镜头刻画可能会因违反政策无法上映,从而在电影拍摄、制作过程中应选择可以通过审查的方式摄制。这种因存在策划、拍摄、制作方面的问题而不符合上映的监管要求从而使得电影无法如期上映的情形,应当属于可以预见的商业风险。即使认为这种风险是无法预见的,制片方也可以在合理期间内通过对案涉电影进行删减、重拍等合理方式予以克服。因此,从不可预见性的角度分析,该情形属于可以预见的商业风险。

2.案涉电影无法上映是否具有不可抗拒性

不可抗拒性出自法国法,我国民法中将其称为"不能避免、不能克服"。王利明教授对此有如下解释:"避免"是使得事件不发生,"克服"是指消除损害后果。② 如果事件的发生能够被避免,障碍至此已经被"抗拒"了。如果事件的发生没有被避免,仍需要根据后续进展确定该障碍是否可以克服,从而确定是否构成不可抗力。不能避免和不能克服都为障碍的客观表现,对事件的避免本身可以被认为是对事件克服所作出的努力,具有外观可测性,编者在此将二者统称为"不可抗拒性"。

不可抗拒性并非绝对的、完全的不可抗拒,债务人经过努力,合同仍不能履行的,便满足不能克服的要求。然而,应以何种程度的努力为限?债务人通过努力克服障碍的方式只能是经济手段③,其他不被视作经济手段的一些

---

① 参见张庆东:《情事变更与商业风险的法律界定》,载《法学》1994年第8期。
② 参见王利明、崔建远:《合同法新论·总则》,中国政法大学出版社1996年版,第712页。
③ See Hüseyin Can Aksoy, *Impossibility in Modern Private Law: A Comparative Study of German, Swiss and Turkish Laws and the Unification Instruments of Private Law*, Springer, 2014, p.13.

行为,将不被考虑在内。例如,不道德的、违法的、犯罪的行为,都应该被排除在外。比如在法律或者政策构成不可抗力的时候,债权人不能期待债务人通过违反法律或政策的行为来履行其债务。①

本案中,《投资合同》第 2 条第 1 款第 1 项第 7 目约定,预计开机时间为 2017 年 3 月,预计发行、上映时间为 2017 年 7 月,预计收益分成时间为 2018 年 1 月底前。至本案申请人申请仲裁之日(2019 年 1 月 29 日),网络电影《WY 公主》仍未正式上映。被申请人主张由于国家政策及扫黑除恶行动致使案涉电影无法过审,然而在当事人约定的期间内,被申请人并未尽到最大努力确保电影上映,其可以采取的手段包括但不限于重新剪辑电影未过审片段、尝试在其他国内视频播放平台放映等,这些手段属于经济手段,并且不违反法律法规以及相关政策。因被申请人未能穷尽其可以使用的经济手段确保电影上映,未尽到其合理的努力,因此不能武断地认为该事由属于不能避免、不能克服的不可抗力。

综上所述,仲裁庭的仲裁决定事实认定正确,法律适用准确,裁判有理有据。本案情形因不满足不可抗力三个"不能"的要求,不构成不可抗力,被申请人不能以此主张免责。

(本案例由北京大学法学院民商事争议解决方向硕士研究生张弛女士编撰)

---

① See E.Allan Farnsworth, *Farnsworth on Contracts*, Aspen Publishers, 3rd ed., 2004, p.625.

案例 12 买卖合同项下核心配件价格上涨是否构成不可抗力

——A 科技股份有限公司与 B 数字技术有限公司采购合同争议仲裁案

仲裁要点：双方当事人在订立合同时，并未就不可抗力的情形在合同中做出明确约定，在发生合同标的物之核心配件价格上涨的情形时，债务人不可以不可抗力为由向债权人主张免责。因为核心配件价格上涨系正常的商业风险，属于订立合同的双方可预期的并自愿承担的一般风险。且债务人作为专业人士，也应对核心配件价格上涨具备一定程度的注意义务，亦可采取一定的措施如备料等方式予以避免与克服。因此，在买卖合同中核心配件价格上涨的情况下，债务人不可以此为由主张不可抗力免责。

一、案　情

2018 年 4 月 18 日，申请人 A 科技股份有限公司（买方）与被申请人 B 数字技术有限公司（卖方）共同签署了《采购合同》，主要内容为：

（1）供货产品名称、规格、数量及合同金额：被申请人向申请人出售规格为"HI3512 方案，含网络编码板，wifi 模块、成像模块，自行光圈镜头"的矿用摄像机编码板，数量 500 套，单价 440 元，总金额 22 万元。

（2）交付：被申请人根据申请人要求定制开发，开发完成后投产交付成品。本合同约定的开发项目承包期限为自合同签订生效之日起 6~7 周，其中研发周期为 2 周，生产周期为 4 周。被申请人承诺在申请人确认样品后 4 周内交货给申请人。

（3）验收方法及期限：被申请人须无条件配合申请人处理定制产品煤安

认证过程中遇到的问题,直至申请人的定制产品通过煤安认证、推向市场、入网测试等无任何问题为止;如申请人的定制产品未通过煤安认证,申请人有权要求被申请人全额退款。

(4)技术开发要求:按照申请人要求针对矿用本安型高清无线 wifi 摄像仪硬件定制开发(编码采用海思 HI3512 方案);被申请人在原理图设计完成后提供原理图 PDF 格式文档给申请人,申请人联系检测机构审核员初审基本没有问题后再投板;被申请人首次投板试产后免费提供 2 套样品用于测试、结构试验和煤安认证;产品认证完成后,起订量 500 套。

(5)结算方式及期限:合同签订后,申请人支付 5 万元预付款,开发设计完成并确认样品后批量生产前支付 10.4 万元,500 套交付至申请人 S 市指定地点 1 周并收到全额增值税专用发票后支付尾款。

(6)违约责任:申请人未能按时付款,每推迟 1 天按应付款的 0.5% 支付违约金;被申请人未能按时发货,每推迟 1 天按迟延发货部分货款的 0.5% 支付违约金;若被申请人无故单方面终止合同,则被申请人应及时退回申请人已支付合同款,并在接到申请人书面赔偿通知后 10 日内支付相当于合同金额 30% 的违约金。

2018 年 4 月 25 日,申请人向被申请人支付预付款 5 万元。2018 年 12 月 5 日,申请人向被申请人支付货款 10.4 万元。2018 年 6 月下旬,被申请人向申请人交付涉案矿用摄像机编码板样品 25 套,因为质量问题,申请人退回 11 套。2018 年 11 月 26 日,申请人方工作人员通知被申请人批量生产涉案矿用摄像机编码板 500 套。但由于涉案矿用摄像机编码板的核心配件 HI3512 已经停产,并且市场存货价格大幅上涨,双方就变更芯片型号以及减少交货数量等方案未能协商一致。双方因此发生纠纷,申请人根据《采购合同》中的仲裁条款于 2019 年 8 月向华南国仲申请仲裁,请求被申请人退还货款及支付违约金等。

二、当事人争议要点

申请人认为:

《采购合同》签署后,申请人已按照合同约定向被申请人支付 5 万元预付款,在 2018 年 11 月 20 日确认样品后,于 2018 年 12 月 5 日向被申请人支付货款 10.4 万元。但被申请人未按照合同约定向申请人提供《采购合同》约定的货物。被申请人不履行合同义务,已经严重违约,申请人有权要求解除《采购合同》,同时要求被申请人返还申请人已支付的预付款及货款,并向申请人支付违约金。

被申请人认为:

申请人请求退还的 15.4 万元货款中,有 5 万元是研发费用,10.4 万元是前期生产费用。因为被申请人已经为申请人研发了涉案产品,并已实际交付了 25 套样品,所以 5 万元的研发费用应当扣除。此外,被申请人为批量生产涉案产品而采购了 50 007.91 元的原材料,因为申请人取证时间长,申请人要求批量生产的涉案产品的配件 HI3512 芯片停产,导致本案的买卖合同无法履行,申请人违约行为造成被申请人采购的原材料浪费,所以 10.4 万元前期生产费用也应当扣除被申请人已支付的 50 007.91 元原材料费用,剩余的 53 992.09 元退还申请人更为合理。此外,申请人没有及时取证,没有按合同约定发出批量生产的指令,且申请人没有按合同约定的时间支付前期生产费用,申请人违约在先,造成涉案产品的配件 HI3512 芯片停产,直接导致本案买卖合同无法履行,申请人要求被申请人支付违约金没有事实依据。综上,被申请人认为核心配件 HI3512 停产是不可抗力,解除合同之后申请人应承担设计费用和相应的成本费用。

三、仲裁庭意见

仲裁庭认为,在合同履行过程中,被申请人未能在合同签订后 2 周内交付 2 套样品,迟延了近 2 个月才交货,导致申请人煤安认证的延误。申请人亦未在接受样品后及时办理煤安认证,而是耗时近 5.5 个月才取得煤安认证,又迟于 2018 年 12 月 5 日才向被申请人支付第二期货款,导致被申请人采购 HI3512 芯片的延误。由于 HI3512 芯片停产后市场存量减少导致价格上涨,2018 年年底的 HI3512 芯片价格已大幅高于合同签订时的价格。应该指出,被申请人作为承揽方,其在收到第一期货款(并非设计费)后未能及时采购芯片进行备料亦是一种疏忽。所以,双方在合同履行过程中互有过错,仲裁庭评判双方过错程度相当。申请人主张由被申请人承担违约责任,退还全部货款的理由不能成立,仲裁庭不予采信;被申请人关于 HI3512 芯片停产、价格上涨系不可抗力的抗辩,仲裁庭不予采信。在本案承揽合同项下,对于合同履行期间的原材料停产或价格上涨的情势变更事项,双方并无事先约定"固定价格"以及相应处理方法的,被申请人(承揽人)有权请求调整价款、变更合同履行方式,申请人(定制人)亦有权解除合同。所以,本案中,申请人以其合同目的不能实现请求解除合同的理由成立,仲裁庭予以支持。被申请人关于其不能履行合同、同意解除合同的理由亦成立,仲裁庭予以采信。

仲裁庭又认为,在解除合同情况下,因前期合同履行所造成的损失,过错方应向对方予以赔偿。被申请人在庭审及举证中主张的设计费、成本费用,以及已交付的25套样品(其中有11套有质量问题被退回)的费用,根据双方在合同履行过程中的过错程度,仲裁庭酌情认定申请人应承担被申请人前期合同履行过程中的设计费、成本费、已交付样品货款共计3.5万元整,被申请人应退还申请人货款11.9万元。

关于违约金的要求,仲裁庭认为,双方在前期合同履行过程中互有过错,过错程度相当,双方互不承担违约责任。《合同法》第97条规定:"合同解除后,尚未履行的,终止履行;已经履行的,根据履行情况和合同性质,当事人可以要求恢复原状、采取其他补救措施,并有权要求赔偿损失。"合同解除导致合同关系归于消灭,故本案合同解除的法律后果是返还货款及赔偿损失。对于前期合同履行过程中的损失,应按过错比例分担,申请人如有损失,可以请求赔偿损失,本案中申请人没有提出赔偿损失的请求。所以,申请人主张被申请人应支付迟延交货违约金的理由不能成立,仲裁庭最终裁决被申请人向申请人退还部分货款并支付律师费等。

四、评 析

本案主要争议焦点在于买卖合同中核心配件停产导致价格上涨是否属于不可抗力,因而可否适用《合同法》第117条第1款(《民法典》第590条第1款)的规定使出卖人免责。对此需厘清不可抗力之现存理论,予以判断。

(一)不可抗力之学说

对于不可抗力的认识,早期学界主要存在三种观点,即主观说、客观说和折中说。[①] 主观说认为不可抗力乃义务人纵尽最大之注意义务,亦不能避免之事故。客观说认为不可抗力由特定事业外部所生,而侵犯事业内部及于人

---

① 参见郑玉波:《民法债编总论》(修订2版),中国政法大学出版社2004年版,第263页。

命或物品之损害之事故。折中说认为不可抗力乃外部袭来之事变,纵尽交易观念上之一切方法,亦不能防止其发生损害。上述三种学说中,主观说与客观说均有偏颇之处,陷入了过分强调一方面而忽视另一方面的极端,因而我国法律采取折中说之观念。不可抗力,即不能预见、不能避免并不能克服的客观情况。

(二)不可抗力之构成

不可抗力的要素①可分为:(1)不可抗力须是一种客观情况,即独立于人的行为之外的事件。② (2)不可抗力属于不能预见的客观事实,即债务人在缔约之时不能合理地预见到该客观情况的发生。(3)不可抗力属于不能避免的客观事实,即客观事实必然发生,也即当事人已经尽到最大的努力,仍不能避免客观事实的发生。(4)不可抗力属于不能克服的客观情况,即当事人在事件发生之后,已尽到最大的努力,仍无法抗拒该客观事实的后果,正常履行债务。③ 不能预见、不能避免以及不能克服三个要件需要同时满足,方可构成不可抗力。

不能预见系基于客观现象之于人的认知能力的不可知性,从而使行为人在主观上不具有可非难性。因为每一个人的认知能力与预见能力是不同的,故需确立不能预见之主体判断标准,通说认为该主体应为一般公众,即善意一般人。④

不能避免与不能克服说明了不可抗力的客观性与必然性。必然性是由客观规律所决定的、不以人的意志为转移的、确定不移的趋势。⑤

(三)不可抗力之分类

我国立法未对不可抗力之范围作出明确规定,或因不可抗力之范围难以明晰,且社会生活发展变动速度较快,致使无法完全列举。但按照通常理解,不可抗力主要分为下述几类:

---

① 参见王洪亮:《债法总论》,北京大学出版社2016年版,第230页。
② 参见韩世远:《履行障碍法的体系》,法律出版社2006年版,第35页。
③ 参见韩世远:《合同法总论》(第三版),法律出版社2011年版,第373页。
④ 参见刘凯湘、张海峡:《论不可抗力》,载《法学研究》2000年第6期。
⑤ 参见刘凯湘、张海峡:《论不可抗力》,载《法学研究》2000年第6期。

1.自然灾害

自然原因引起的不可抗力事件,如水灾、地震、旱灾、台风、火山喷发等自然灾害是最为普遍的不可抗力情形。但需注意,并非一切自然灾害都构成不可抗力而成为免责事由。一些轻微的、并未给当事人的义务履行造成重大影响的自然灾害,不构成不可抗力。①

2.社会异常事件

社会异常事件并非是政府行为,而是社会中团体政治行为所导致的事件。常见情形有战争、武装冲突、罢工、骚乱、暴动等情况。这些事件除发动者或制造者之外的私法当事人难以预料,亦难以克服和避免。

3.国家干预行为

国家干预行为主要包括立法行为、司法行为和行政行为,如造成给付障碍的,即构成免责事由。如《海商法》第51条规定的"政府或者主管部门的行为、检疫限制或者司法扣押"即属于此类行为。② 但就国家干预行为是否构成不可抗力,尚存在一定的争议。英美合同法理论认为,当法律或政令的颁布使得履行合同成为违法行为时,当事人可以拒绝冒违法履约之风险,即使在当时情况下履约仍然是可能的。换言之,即使国家干预行为后来被证明是错误的或者无效的,只要当事人善意行事,当事人也可以获得免责。③ 但也有人反对将国家干预行为纳入不可抗力之范围。原因在于,首先,国家干预行为的次数出现太过频繁,如将其列入不可抗力的范围,很可能会导致不可抗力制度的滥用,从而腐蚀契约精神。且行政行为内容极其庞杂,范围涉及国家的政治管理、经济管理、文化管理和科学技术管理等诸多领域,实质上行政行为已经渗透至合同订立与履行的每一个环节。其次,部分政府行为是可以预见的,当今社会新闻传播速度快、范围广,政府行为往往可通过多种渠道获知,因此缔约人并非对政府行为不可预见。最后,部分政府行为也是可以克服的,比如错误之法令可以通过提请原行政立法机关重新审议而修改或撤销,错误的处罚决定也可以通过行政复议或行政诉讼予以解决。上述理由均可以说明国家干预行为并非全部不能预见、不能避免与不能克服,故不符合不可抗力之构成要件。但针对部分可以满足不可抗力要件之国家干预行

---

① 参见刘凯湘、张海峡:《论不可抗力》,载《法学研究》2000年第6期。
② 参见王洪亮:《债法总论》,北京大学出版社2016年版,第231—232页。
③ 参见刘凯湘、张海峡:《论不可抗力》,载《法学研究》2000年第6期。

为,也应针对个案进行判断。

(四)不可抗力之适用范围

根据《合同法》第 117 条第 1 款(《民法典》第 590 条第 1 款)的规定,不可抗力造成给付不能的,不可抗力即可成为免责事由,不论自始不能还是嗣后不能。该条是否意指不可抗力仅针对"不能履行"的情形,还需进一步讨论。《合同法》第 117 条系继受《民法通则》第 107 条,从此角度出发,其适用仅针对不能履行的情形。但考虑到《合同法》受《联合国国际货物销售合同公约》之影响,《联合国国际货物销售合同公约》第 79 条规定了免责条款,适用于任何义务违反的情况,包括给付不能、给付迟延、不完全给付、附随义务甚或返还义务。对于送交有瑕疵之物,亦可适用免责条款,但很少会发生因不可抗力造成标的物瑕疵的情况。除此之外,从利益衡量的角度来看,在履行迟延或不完全履行的情况下,出现不可抗力情形的,与给付不能情况下出现不可抗力情形并无不同,也应予以免责。故本着相同情况相同处理之原则,履行不能之外的其他类型之义务违反或违约,因为不可抗力造成的,均可类推适用《合同法》第 117 条(《民法典》第 590 条)。①

(五)不可抗力免责之效力

因不可抗力不能履行合同的,部分或全部免除责任。但这里的责任仅指损害赔偿责任,并不包括违约金责任、约定的担保责任等。

免责范围被限制在不可抗力影响的范围之内,就履行不能而言,若不可抗力造成全部履行不能的,即可全部免责。如果不可抗力造成的是部分履行不能,则只就此部分免责。在不可抗力造成永久履行不能的情况下,具体根据部分履行不能还是全部履行不能确定债务人的免责事由,而在一时履行不能的情况下,债务人仅在一时履行不能的期间内不承担迟延履行之损害赔偿责任。

(六)不可抗力与商业风险之辨析

风险系一种客观存在的、损害的发生具有不确定性的状态。风险具有三个特征,即客观性、损失性和不确定性。客观性系指不论人们是否意识到,风

---

① 参见王洪亮:《债法总论》,北京大学出版社 2016 年版,第 231 页。

险都是客观存在的。损失性是指风险是与损失相关的状态,离开可能发生的损失,讨论风险就没有意义。自然灾害风险、社会异常事件风险以及商业风险都是与损失相关的。不确定性是指风险所导致的损失的发生与否以及发生的时间、地点、程度等都是不确定的。

不可抗力与商业风险的区别如下:(1)不可抗力一般是有形的风险,如洪水、冰雹、台风等;而商业风险一般是以市场需求与价格变化为主要特征的,如银行利率、外汇汇率、价格等无形的风险。(2)不可抗力多为客观的静态风险,不可抗力诸现象所导致的风险一般是由于自然力的作用或变化对社会财富和经济活动所形成的破坏性风险因素;而商业风险多是人类有意识的社会行为对社会财富和经济活动所形成的破坏性风险,如市场结构调整、投资环境变化等,是一种主观的动态风险。(3)不可抗力多为纯粹风险,不可抗力所引致的风险只有造成损失的可能性而无使当事人获利的可能性,即这种风险所造成的结果只能是社会和个人财富的减少;而商业风险往往是投机性风险,从经济学的角度来说,既有损失的可能性也有获利的可能性。(4)不可抗力所致之风险损失可以通过保险来加以避免;但商业风险一般不能投保,因有损人利己、冒险获利的赌博性质。

对于商业风险与不可抗力,合同当事人在主观上都没有过错,但任何一方当事人都不得以商业风险给自己带来损失为由不履行合同并要求免责。因为商业风险系当事人双方自愿承受,是签订合同的理性人所能预见的一般风险,双方系以之达成合意。商业风险的自愿承受是契约程序与契约内容的题中应有之意,故承担由商业风险所带来的损失是合理且公平的。

(七)相关判例

南通友力混凝土有限公司与江苏艾伯勒科技有限公司买卖合同纠纷二审民事判决书[①]中,就买卖合同标的物原材料价格上涨事件之定性,具有如下表述:"友力公司系专门从事混凝土交易的市场主体,其对黄沙、石子等原材料价格上涨应当存在一定的预见和判断,并应承担相应的商业风险,其以原材料价格上涨为由拒绝履行合同不能成立。"

赣榆县世桢贸易有限公司与江苏新鑫伟实业集团有限公司买卖合同纠

---

① 参见江苏省南通市中级人民法院(2018)苏06民终4173号民事判决书。

纷再审民事判决书①中,二审法院也认为"世桢贸易公司与新鑫伟建设公司都具有经营红土镍矿的经营资质,对红土镍矿的市场经营都是熟知的,红土镍矿的经营价格涨跌属于市场风险,而不是不可抗力,不是免责条款"。

(八)结论

从上述不可抗力之理论介绍与判例总结可知,买卖合同标的物之核心部件停产而导致的价格上涨,实属正常的商业风险,依一般理性人之观念,具有专业的经营资质的当事人应可预见,且在合同签订之时或可通过约定提前备料等方式予以避免和克服,故不具备成立不可抗力之构成要件,并非属于不可抗力的范围。

(本案例由北京大学法学院民商事争议解决方向硕士研究生庄玥女士编撰)

---

① 参见江苏省高级人民法院(2015)苏商再提字第00062号民事判决书。

专题三
不可抗力的举证责任和通知义务

案例13 主张"非典"疫情和地震构成不可抗力的一方应如何证明

——A省烟草公司X市公司与B发展有限公司涉外租赁争议仲裁案

仲裁要点：合同对于不可抗力的通知和证明方式有明确约定的，主张发生不可抗力的一方应当依照合同约定通知和提供证明，除证明发生了不可抗力外，还应证明不可抗力导致合同履行不能或因不可抗力遭受了损失，否则理应承担举证不能的后果。当事人双方就"非典"疫情以及地震是否构成不可抗力发生争议，涉案协议第六条对此有明确约定，但被申请人未向仲裁庭提供事件发生15天内，依协议约定曾向申请人告知事故和事件详情及协议不能履行或需要延期履行的理由和中国政府有关部门出具的有效证明文件，也没有向仲裁庭提供"非典"或地震给被申请人造成损失的证据，理应承担举证不能的后果。

一、案　情

1997年9月25日，申请人A省烟草公司作为甲方，被申请人B发展有限公司作为乙方，双方共同签订了《酒店楼房及土地使用权租赁经营协议书》(以下简称"协议")。申请人将其所有的楼房及土地使用权以租赁方式提供给被申请人，作为经营酒店及附属项目所需场地使用。协议详细约定了双方的权利义务，其中，被申请人应主要承担包括按约向申请人缴纳租金在内的义务。协议就租金缴纳的标准、金额以及违约责任、适用法律进行了详细的约定，并在该协议第6条约定有不可抗力免责的具体适用条件：由于地震、台风、水灾、外力引致的火灾、战争、暴乱、法律或法令的重大变化以及其他不能预见并且对其发生和后果不能避免或克服的不可抗力事故和事件,而直接影响本协议的履行或者不能按约定的条件履行时,遇有上述不可抗力事故和事件的一方应立即将事故和事件情况电传或书面通知另一方,并应在15日内立即提供事故和事件详情及协议不能履行或需要延期履行的理由和中国政府有关部门出具的有效证明文件。双方应按照事故和事件对履行协议影响的程度尽快协商决定是否解除协议,或者全部或部分免除履行协议的责任,或者延期履行协议义务。因不可抗力事故和事件造成的损失,双方都不需负赔偿责任。

后申请人以被申请人未按约缴纳租金为由,依据协议中的仲裁条款于2007年11月向华南国仲提起仲裁,请求仲裁庭裁决被申请人向申请人支付拖欠的租金。

二、当事人争议要点

申请人认为:

被申请人以2003年"非典"流行和2005年地震为不可抗力事由,并以此提出减租,没有事实和法律依据。

第一,2003年"非典"期间,本市不是"非典"流行区域,而且也未发现"非典"病例,即本市没有受到"非典"疫情的直接影响,以此作为不可抗力事由没有依据。2005年年底的地震,由于发生在本市下辖市、县,并未对被申请人经营所在地的市区造成直接灾害,没有对被申请人的酒店经营设备和设施以及经营条件造成任何损害,因而不能构成不可抗力的事由。而且协议第6条约定的"不可抗力"的情形,是指灾害"直接影响本协议的履行或者不能按约定的条件履行"。因此,无论是"非典"还是地震,均未对被申请人的经营条件造成直接影响或者损害后果。

第二,根据协议第6条约定的"不可抗力"条款,即使发生约定的不可抗力事故或事件,被申请人应提交"详情及协议不能履行或需要延期履行的理由和中国政府有关部门出具的有效证明文件"。协议约定出具的有效证明文件,应当是不可抗力事故和事件对被申请人造成直接影响和损害进行确认的证明文件。但是,被申请人从未提交此类证明文件。因此,被申请人将本市区以外发生的"非典"疫情和地震,理解和认为是协议约定的不可抗力事件,是没有根据的。

被申请人确实曾单方面作出减少租金的意思表示,但从未与申请人达成合意。由于协议已经明确约定,甲方不得调高租金,乙方不得提出减少租金,因此,减少或免交租金属于协议的重大事项变更,应当在双方协商一致的条件下签署书面文件,才能视为成立。被申请人以双方往来的函件所表述的申请人的法定代表人曾口头同意减付租金,即认为双方意思表示成立,显然是没有道理的。

被申请人认为:

其在履行协议过程中遭受了不可抗力,按照协议第 6 条的约定,应予减租。众所周知,2003 年 3 月至 8 月期间,全国"非典"流行,一些公共场所根本无人光顾,C 酒店(协议项下被申请人实际运营的酒店——编者注,以下简称"酒店")也无法幸免,营业收入直线下降,处于严重亏损状态。酒店就此事及时向申请人提交了书面报告并要求当年减免租金 100 万元。从 2005 年 11 月 26 日该地区发生地震起,近 3 个月的时间内,一些常驻酒店的商人纷纷离开,旅游团队也几乎见不到踪影,酒店就此事也向申请人提交了书面报告并要求减租 50 万元。上列两项情况符合协议第 6 条关于不可抗力的约定,被申请人要求减免租金是符合协议约定的,申请人应按协议约定履行自己的义务。

对"非典"期间及地震期间应予减租问题,被申请人曾多次与申请人交涉,申请人的法定代表人曾口头表示同意(从双方的函件可以看出),但至今没有兑现,申请人的这一行为应构成违约,且违约在先,应承担相应的违约责任。

三、仲裁庭意见

本案为涉外案件,依据当事人的约定,仲裁庭认为本案应当适用中华人民共和国法律。

对于当事人双方就"非典"疫情、地震是否构成不可抗力发生的争议,仲裁庭认为,协议第 6 条对此有明确约定。但在本案中,被申请人未向仲裁庭提供"非典"疫情、地震期间,被申请人在事件发生的 15 日内,依协议约定曾向申请人提供事故和事件详情及协议不能履行或需要延期履行的理由和中国政府有关部门出具的有效证明文件;被申请人没有向仲裁庭提供"非典"疫情或地震给被申请人已造成了损失的证据;被申请人没有向仲裁庭提供证据,证明"非典"疫情或地震发生后,哪一时期或哪一季度影响到被申请人不能依约履行合同义务;被申请人也没有向仲裁庭提供证据,证明曾要求申请人减免哪一季度的租金。

此外,根据申请人提供的 2005 年 11 月 18 日申请人致酒店的租金催告函和 2005 年 12 月 2 日酒店给申请人的复函,以及 2005 年 12 月 26 日、2006 年 4 月 15 日申请人致酒店的租金催告函等 4 份证据显示,2005 年 11 月至 2006 年 4 月 15 日期间,申请人和被申请人就"非典"疫情和地震期间的减免租金等问题曾有过协商,期间,被申请人确有要求减免"非典"疫情和地震期间租金的愿望及意思表示,但未显示出有协商一致的结果。

基于以上事实和协议的约定,仲裁庭认为,由于被申请人未向仲裁庭提供充分的证据,所以被申请人理应承担不能举证的后果,但是从双方的往来函件可知,2003 年的"非典"疫情和 2005 年该地区的地震是已经发生的事实,双方也曾为此进行协商。而酒店作为一家以接待游客为主的旅游业服务性企业,"非典"疫情或地震的发生,是被申请人所不能预见并且对其发生和后果不能及时避免的,理应会给酒店的经营造成影响,至于受影响的程度或损害大小,本案没有证据可以认定。因此,仲裁庭认为,2003 年第三季度被申请人尚未支付的租金 38.5 万元和 2005 年度尚未支付的租金中的 50 万元的债务责任,依据公平原则可予以免除,两项租金共 88.5 万元,应从欠付的租金总额中予以扣减。最终,仲裁庭裁决被申请人向申请人支付的欠付租金中应当扣除"非典"疫情、地震期间可免责的租金总额 88.5 万元。

四、评 析

本案涉及不可抗力的一项附随义务,即主张不可抗力的一方应当提供相应证明,方可免除对应责任。依据我国法律关于不可抗力的规定,从实体上来看,不可抗力只需满足不能预见、不能避免、不能克服三个要件。但为了维护正常的交易秩序,保护合同相对方的权益,法律对于主张不可抗力免责规定了相应的附随义务,包括及时通知对方和提供证明的义务。《合同法》第 118 条(《民法典》第 590 条)规定:"当事人一方因不可抗力不能履行合同的,应当及时通知对方,以减轻可能给对方造成的损失,并应当在合理期限内提供证明。"编者认为,这类似于一种"程序"义务,即便满足不可抗力的要件,也要履行附随义务才可主张免除责任。按照立法精神,法律对完全出于当事人意志以外且不可避免又难以克服的意外事件导致的责任不予非难,但应及时告知对方以避免给合同相对方造成更大损失。此外,基于诚实信用原则,还应当提供证明,主要证明不可抗力的存在以及在多大程度上妨害了行为人履行合同。

可见,提供证明应当是主张不可抗力免责的前提。但从法律规定看来,仍有部分概念需要厘清。首先,《合同法》第118条(《民法典》第590条)规定,应当在"合理期限"内提供证明,合理期限应如何计算,法律并没有明确。依编者看来,出于不可抗力多为不由当事人所控制的"力",如地震、海啸、战争等考虑,应当是以不可抗力结束或当事人有条件获取证明中早者作为起算时间点。当事人对此有约定的,若不会造成权利义务过于失衡,应当依约定。其次,《合同法》第118条(《民法典》第590条)仅规定须提供证明,但未详细规定证明的具体内容和标准。这是因为,满足法律上规定的不可抗力要件的都可被称为不可抗力,因此无法确定具体标准。从立法目的角度解释,只要能够证明不可抗力的发生导致行为人履行合同不能(包括全部不能或部分不能)即可。裁判者在审查时,当事人提交的证据若能够达到上述标准,便可以认定不可抗力确实发生。本案中,双方签订的协议对不可抗力的附随义务的约定较为明确,即主张不可抗力的一方应在15日内提供事故和事件详情及协议不能履行或需要延期履行的理由和中国政府有关部门出具的有效证明文件。本案被申请人确实于15日内通知申请人关于"非典"疫情、地震的不可抗力情况,但未提供相应证明,也未向仲裁庭出示相关证据,因此按照法律规定,仲裁庭无法依据不可抗力对被申请人相应期限的违约责任进行免责。

最高人民法院在"非典"疫情后发布的《非典司法通知》第3条"依法妥善处理好与'非典'防治有关的民事案件"部分规定:"由于'非典'疫情原因,按原合同履行对一方当事人的权益有重大影响的合同纠纷案件,可以根据具体情况,适用公平原则处理。"本案中,申请人指出被申请人经营酒店所在的该市并非"非典"主要疫区,也未报告"非典"病例,而2005年年底的地震则是发生在该市下辖市、县,并未对该市市区造成直接灾害。被申请人虽提出了不可抗力免责主张,但却没有提供其因此不能履行合同的证据,仲裁庭无法直接判断其履行合同受到影响的程度,亦无法支持其不可抗力的主张。但是,由于被申请人实际经营的酒店,需要较好的社会秩序和较大的客流量提供经营支持,而在"非典"疫情和地震期间,社会正常秩序受到干扰,客流量减少,产生损失应当属于不可避免,若将该损失完全归结于被申请人有失公平。因此,仲裁庭依据公平原则,对"非典"疫情、地震期间造成的损失予以调整,减轻了被申请人支付租金的部分责任(约 10%左右)。仲裁庭对被申请人在"非典"疫情、地震期间的部分责任予以豁免,也符合前述司法文件的精神。

  值得注意的是,尽管仲裁庭最终依据公平原则豁免了被申请人的部分责任,行使的是民法基本原则下的自由裁量权。但是,由于不可抗力属于法定免责事由,若证成不可抗力的存在,裁判者无须自由裁量,行为人即可相应免责。而民法基本原则的运用历来受到严格的约束,在没有相关解释文件出台提供支持的情况下,裁判者直接依据法律规定进行裁判的可能性更大。因此,从法律适用角度来看,应当认为主张不可抗力的一方须承担证明义务。

(本案例由深圳国际仲裁院郭靖先生编撰)

案例14　合同不可抗力条款约定的公证义务是否必须履行方可免责

——A 网络科技股份有限公司与 B 文化传媒有限公司合作合同争议仲裁案

仲裁要点：涉案合同约定发生不可抗力时需提供经公证的文件予以证明,但主张发生不可抗力的一方当事人始终未能提供公证文件。仲裁庭认为,合同对不可抗力证明形式的约定有效,当事人未按约定提供公证文件属未尽不可抗力证明义务。

一、案　情

"PEYZ"为申请人 A 网络科技股份有限公司旗下的品牌,申请人(甲方)与被申请人 B 文化传媒有限公司(乙方)于 2016 年 3 月 30 日签订《电视剧植入内容合作合同》(以下简称《合作合同》),约定被申请人负责完成申请人"PEYZ"品牌植入内容在电视剧中的创制及相关衍生服务,双方约定合同款项为 300 万元。根据《合作合同》附件一,电视剧的首播时间预计为 2018 年 3 月 31 日前,播放平台为一线卫视电视台和乐视、爱奇艺、腾讯、优酷、土豆网络视频平台之一。另外,《合作合同》第 6 条第 1 款约定:"由于不可抗力因素或因国家审查原因导致本合同终止……或该剧未能获准在中国大陆播出的,乙方应返还甲方已支付该剧的全部或部分款项。"第 8 条第 3 款约定不可抗力需要有公证文书。

同日,双方签订《电视剧植入内容合作补充协议》(以下简称《补充协议》),补充约定申请人的法定代表人兼形象代言人 W 先生参演电视剧并约定相应出镜场数。被申请人为履行合同内容先后与电视剧制作单位及广告植入总承包单位签订合作及广告植入合同,并已按照约定将申请人要求的人物戏份及产品植入电视剧中。

申请人按照合同约定,先后向被申请人支付了第一期合同款 30 万元,第二期合同款 90 万元。后发生"萨德事件",双方于 2016 年 11 月 23 日签订《电视剧植入内容合作补充协议 2》(以下简称《补充协议 2》),约定因该事件引发"限韩令",导致双方合作的电视剧暂时不能在卫视播出,近期只能在网络视频平台播出,合同款项变更为原合同的 50%。申请人于 2016 年 11 月 29 日支付了最后一期合同款项 30 万元。

申请人在支付所有合同款项后,一直未收到关于电视剧播出的通知,于是申请人于 2017 年 8 月 18 日向被申请人发出律师函,要求被申请人明确电视剧的播放平台及播放时间,被申请人于 2017 年 8 月 21 日复函称,"因限韩令原因目前只能等待广电总局的通知"。申请人在答复被申请人的复函中称,不接受因"限韩令"导致电视剧无法播出的说法,并拒绝接受换剧播出的补偿措施。

申请人于 2018 年 4 月 2 日再次向被申请人发出律师函,要求解除《合作合同》及相关补充协议并支付相应赔偿金。双方发生纠纷,申请人于 2018 年 7 月依据《合作合同》及相关补充协议中的仲裁条款向华南国仲申请仲裁,请求解除申请人与被申请人之间的《合作合同》《补充协议》和《补充协议 2》,被申请人向申请人返还已支付的合同款项 150 万元及利息,并赔偿对申请人造成的其他损失。

二、当事人争议要点

申请人认为:

双方在平等自愿情况下签订《合作合同》及相关补充协议,被申请人应当按照合同的约定保证电视剧的播出,目前电视剧无法播出,使得双方的合同目的无法达成,申请人有权根据《合作合同》第 9 条第 3 款第 4 项"任何一方未能履行合同规定的义务导致合同目的无法实现"的约定解除合同,并要求被申请人就合同解除后所造成的一切损失承担赔付责任。

申请人在国家广播电视总局官方网站查询得知,涉案电视剧已经于 2016 年 12 月 26 日获得发行许可,不存在任何不可抗力或国家审查原因导致不能播出的情形,被申请人在销售电视剧版权环节没有履行合同义务属于违约行为。另外,《补充协议 2》不代表双方对于"限韩令"的存在已达成共识,且《合作合同》第 8 条第 3 款约定了发生不可抗力时需通过公证文书进行证明。

被申请人认为:

被申请人已认真全面地履行了《合作合同》及相关协议约定的品牌植入等义务,且已履行完毕,合同目的已经实现,申请人不具有合同法定或约定解除条件。双方所签订的合同及补充协议未约定被申请人有申请人所称的"销售电视剧版权"义务。

电视剧没有播出的原因确为"限韩令",申请人与被申请人对此客观发生之事实存在合意。《补充协议 2》签订的基础是双方对"限韩令"这一新情况的出现及应对方案达成的共识,申请人签订此协议说明其自身知晓"限韩令"这一客观事实。电视剧从制作、发行再到播出,往往需要一系列繁杂的报批流程,即便该电视剧取得发行许可,是否播出的决定权也不属于被申请人。

三、仲裁庭意见

对于双方合同目的是否实现的问题,仲裁庭认为,双方签订的《补充协议 2》仅是变更了电视剧的播放平台并减少对价,即便认可"限韩令"的发生,被申请人的义务依然包括电视剧广告植入及在腾讯网络平台播出,但到仲裁时涉案电视剧并未在任何网络平台播出。因此双方缔结合同的目的未实现,被申请人应当承担合同目的未实现的主要责任。

对于是否因不可抗力而导致电视剧无法播出,仲裁庭认为,虽然出现了"限韩令"的传闻,但是被申请人未能提供官方定性的文件,且双方签订的《合作合同》第 8 条不可抗力条款中第 3 款约定,不可抗力需要有公证的文书证明,被申请人也未提供公证文书证明发生不可抗力导致合同无法履行。

由于合同的根本目的无法实现,本案合同符合解除的条件。考虑到被申请人在制作电视剧植入广告过程中投入了相应成本,且涉案电视剧已植入广告内容,此部分合同目的已达到,因此制作广告的费用不予退还。但由于电视剧未能向公众播放,不能达到预期广告效果,从公平原则的角度考虑,被申请人应向申请人返还已支付的合同款项 150 万元的 2/3 即 100 万元及利息。

四、评 析

本案的核心争议点之一在于被申请人是否因不可抗力而无法履行合同,即合同履行期间政府是否出台了"限韩令",并导致涉案电视剧无法如期在网络平台播出。依据《合同法》第 118 条(《民法典》第 590 条)的规定,当事人一方因不可抗力不能履行合同的,应当及时通知对方,以减轻可能给对方造成的损失,并应当在合理期限内提供证明。

据此,当事人一方因不可抗力不能履行合同时,负有及时通知对方并在合理期限内提供证明的义务。通知义务需在合理期限内完成,判断期限是否合理,需要考量债务人的行动自由度、通讯可能及债权人能否接收到通知,在客观条件允许的情况下,应尽可能快地完成通知。通知的内容应当包括不可抗力的发生和致使合同不能履行两方面。[①]

在合理期限内提供证明,是与及时通知不可抗力情形相并列的另一义务,也是本案中发生争议之处。被申请人认为,《补充协议 2》明确约定因"限韩令"变更原《合作合同》的约定,由此能够证明双方均认可"限韩令"的存在,并且该客观事实影响了合同的履行。但申请人的观点是,依据《合作合同》中的不可抗力条款,被申请人必须进行公证,才能够证明不可抗力的发生。据此,需探讨的问题,一是合同中不可抗力条款约定的特定证明方式是否有效;二是如前项约定有效,违反此项证明义务将产生何种后果,是否导致当事人无法援引不可抗力规则免责。

(一)合同中不可抗力条款特别约定的效力

当事人在合同中约定的不可抗力条款一般包括不可抗力事项、通知及证明义务和法律效果。其中,对不可抗力事项范围的争论较多,即当事人约定的不可抗力事项在外延方面超出或窄于法律界定的范围时是否有效。我国司法实践中一般认为"限缩型不可抗力条款"违反效力性强制性规定,应属无效。最高人民法院在"卓盈丰制衣纺织(中山)有限公司与广东长城建设集团有限公司建设工程施工合同纠纷案"[②]中表示:"不可抗力是法定免责事

---

① 参见崔建远:《不可抗力条款及其解释》,载《环球法律评论》2019 年第 1 期。
② 参见最高人民法院(2008)民一抗字第 20 号民事判决书。

由,它不因当事人的例外规定而免除。"①学界对此存在争议,有观点赞同不可抗力条款作为强制性规定,订约方不能约定排除不可抗力规则的范围、效力、适用方法等,合同中的相反约定等同于合同的一般免责条款。② 也有学者认为,有关不可抗力的规定不属于强制性规范,当事人可以通过在合同中设定担保条款的方式约定不可抗力所造成的损害由债务人承担;或与此相反,当事人也可约定债务人对不可抗力之外的其他原因造成的损害不承担责任。③ 在上述分歧的背后,实际上是合同自由和合同正义两种价值的冲突。

现有理论对不可抗力通知及证明义务的关注较少,我国《合同法》及《民法典》仅规定债务人应在合理期限内通知并提供证明,未对方式、期限作出具体规定。首先,当事人在合同中约定具体的通知期限及证明的内容,有助于提前预防纠纷,降低纠纷解决成本,具有积极意义。其次,具体化通知及证明义务,并非是对《合同法》第118条(《民法典》第590条)的违反。对于《合同法》第117条和第118条(《民法典》第590条)是否属于强制性规定仍有争议,但支持观点多从公平原则出发,认为不可对一方当事人过于苛责,造成权利义务失衡。对于通知与证明义务的约定,除非过于严苛致使当事人主张不可抗力免责时负担过重,或实际上阻碍其提出此项主张,不应认为有违合同正义,而应尊重合同自由,承认具体化约定的效力。

另外,在国际契约领域,约定不可抗力证明方式较为常见。在远距离交易中,未遭遇不可抗力的一方可能对不可抗力事件并不了解,查明事实非常困难,因此遭遇不可抗力的一方提供的有关机构的证明非常重要。在我国,中国国际贸易促进委员会即可出具相关的证明。为了避免发生争议,尽量减少不必要的纠纷,提高交易效率和效益,国际上已经形成在国际贸易契约中提前订立不可抗力条款的做法。在国内交易中,提供有关机构的证明文件对于当事人主张不可抗力同样具有提高交易效率的作用,并非对当事人权利的不合理限制。我国司法实践中,人民法院对"提供有关机构证明"的约定也

---

① 龚柏华:《国际商事合同不可抗力条款对"新冠肺炎"疫情适用法律分析》,载《上海对外经贸大学学报》2020年第2期。
② 参见王利明:《合同法研究(第二卷)》(修订版),中国人民大学出版社2011年版,第556页;刘凯湘、张海峡:《论不可抗力》,载《法学研究》2000年第6期。
③ 参见尹田:《法国现代合同法:契约自由与社会公正的冲突与平衡》,法律出版社1995年版,第317页。

未予否认。①

因此,当事人有权约定需提供有关机构证明文书,以证明不可抗力的发生以及与违约间的因果关系,此种约定不因违反《合同法》第118条(《民法典》第590条)的规定而无效。但在证明方式过于严苛,使当事人负担过重,实际上排除了通过不可抗力主张免责的情形时,在我国司法实践中,仍有因违反《合同法》第117条(《民法典》第590条)之规定而被认定为无效的风险。

(二)未履行证明义务的法律后果

如当事人未对不可抗力的发生及对合同履行的影响提供有效证明,自无法主张不承担违约责任。问题在于,如当事人未按照合同约定提供公证文书,是否意味着没有完成对不可抗力的举证,进而导致当事人丧失通过不可抗力主张免责的权利?与之相关的另一问题是,公证文书能否被推翻?

首先需说明,有些事项无须办理公证,如政府公开发布的文件。此类无须公证的事项与不可抗力相关时,合同约定的公证义务实为履行不能,债务人不再负有履行义务。下文的讨论将此种情形排除在外。

对于问题之一,可以假设的情景是,当事人在合同中约定需通过公证文书证明不可抗力的发生以及与义务违反之间的因果关系,遭遇不可抗力的债务人未进行公证,但提供了其他详尽的证据材料予以证明,仲裁庭能否因此支持债务人因不可抗力而免责?首先,不可抗力的发生属客观事实,不因债务人提供的证据种类不同而发生改变,仲裁庭确实可以认可客观上发生了不可抗力导致债务人违约。其次,债务人无疑违反了合同约定的不可抗力条款中的证明义务,违反此项义务将导致何种法律效果存在争议。

通知与证明义务统一规定在《合同法》第118条(《民法典》第590条),均为债务人主张不可抗力免责必须承担的义务,二者在性质上具有一致性。对于通知与证明义务的性质,存在附随义务与不真正义务两种观点。主张附随义务的观点认为,通知与证明义务的根据为诚实信用原则②,通知与证明义务旨在方便债权人采取救济措施,不必再为履行对待给付义务而做准备,

---

① 参见最高人民法院(2018)最高法民再3号民事判决书;江苏省高级人民法院(2018)苏民申5459号民事裁定书。

② 参见韩世远:《合同法总论》(第四版),法律出版社2018年版,第486页。

减轻可能给对方造成的损失,不履行此项附随义务仅与未及时通知而造成的损失具有因果关系,债务人赔偿因迟延通知或证明而造成的损失即可。① 实践中人民法院也有类似判决。② 主张不真正义务说的学者认为,附随义务说的弊端在于,债权人必须举证损失的数额与债务人怠于通知、证明之间的因果关系,债务人不接受债权人的举证的,还要自己举证推翻债权人的举证,耗时耗力。因此可改变制度设计为,将不可抗力通知与证明义务作为债务人的不真正义务,如未履行,则不再享有就不可抗力条款享有的权益。同时,为权衡双方权益,可视具体情况使债务人全部或部分失去就不可抗力条款所享有的权益,特殊情况下也可以主张全部免责。③ 此种"具体情况"或可包括未按约定方式履行证明义务造成的损失多少、通知与证明的困难程度、债权人在未得通知或证明时的知悉可能性等。

笔者赞同不真正义务说。债务人的不可抗力通知与证明的迟延可能并未造成债权人的损失,或损失难以证明。例如,通知迟延往往易造成债权人另行缔约机会的丧失,但等待中的债权人可能并未与他人磋商交易,无法有效证明可得利益的损失。此时债务人未能尽到诚实信用义务,却无须为此承担不利益,对债权人有失公平。采纳不真正义务说,视情形酌减债务人就不可抗力条款享有的利益更易平衡双方利益。

本案中,被申请人未按照约定进行公证,也始终未能提供充分证据证明"限韩令"的存在及对电视剧上映的影响。但是,如其在仲裁审理过程中,能提供公证书之外的证据证明不可抗力的存在,仲裁庭或可酌减其违约损害赔偿的数额。

对于问题之二,如债务人按约提供公证文书证明不可抗力的发生,公证文书的证明效力能否被推翻?

如公证文书存在错误,其证明效力可被推翻。错误公证文书的救济存在公证机关和司法机关两个途径。其一,依据《公证法》第 39 条的规定,当事人、公证事项的利害关系人认为公证书有错误的,可以向出具该公证书的公证机构提出复查。如当事人或利害关系人对复查结果有异议,依据《公证程序规则》第 67 条的规定,可以向地方公证协会投诉。其二,依据《民事诉讼

---

① 参见王利明:《合同法研究(第二卷)》(修订版),中国人民大学出版社 2011 年版,第 559 页。
② 参见北京市高级人民法院(2015)高民(商)终字第 1018 号民事判决书。北京市高级人民法院在本案中认为,被告应赔偿因延迟通知而给原告造成的损失。
③ 参见崔建远:《不可抗力条款及其解释》,载《环球法律评论》2019 年第 1 期。

法》第69条的规定,有相反的证据足以推翻公证证明的法律事实和文书的,法院不能将公证证明的相关事项作为认定事实的证据。仲裁案件也可类推适用此项规则。据此,即便债务人提供公证文书证明不可抗力的发生,债权人仍可提出异议。

(三)结论

综上所述,合同不可抗力条款约定的公证义务不因违反强制性规定而无效,遭遇不可抗力的一方需提供公证文书证明不可抗力的发生及与无法履行合同义务间的因果关系。同时,不可抗力证明义务应属于不真正义务,如当事人未按约定通过公证文书证明不可抗力,而仲裁庭结合其他证据能够认定不可抗力发生的事实,仍可裁决当事人免于承担部分违约损害赔偿责任,即与当事人如约及时提供公证文书证明不可抗力情形相比,其免于承担赔偿的数额应予以酌减。

另外,即便当事人提供了公证文书证明不可抗力的发生及导致合同无法履行,仲裁庭仍可依据其他证据推翻公证文书的证明效力,否认不可抗力的事实。

(本案例由北京大学法学院民商事争议解决方向硕士研究生林浩阳女士编撰)

Topic 4

专题四
当事人约定不可抗力的适用

案例15　不构成法定不可抗力但构成合同约定不可抗力如何处理

——A化工产品公司与B专用车公司
买卖合同争议仲裁案

仲裁要点：仲裁庭认可合同约定的不可抗力条款的效力，本案中不可抗力并未对被申请人支付货款的义务产生影响，从而判定被申请人未能按约支付货款不能援引不可抗力条款免责。在违约责任承担层面，仲裁庭结合公平原则和合同中约定的责任上限进行分配。

一、案　情

2015年6月16日，以A化工产品公司为卖方，以B专用车公司为买方，共同签订了一份《TM气体供应服务合同》，约定A化工产品公司向B专用车公司独家提供所需的全部产品。

2018年5月9日，A化工产品公司向B专用车公司发出《关于S市实行异地货车限行项目影响产品交付的告知函》，称因S市将于2018年7月1日实行异地货车限行项目，自2018年7月1日起A化工产品公司交付给B专用车公司的所有产品可能因此延迟或无法交付，提示B专用车公司提前做好生产计划及其他应对措施，确保各项生产运营工作的顺利进行。

2018年6月，B专用车公司另与C低温装备公司和D气体公司签订买卖合同，从第三方购进气体及储罐。2018年7月5日至9月20日期间，A化工产品公司继续向B专用车公司送货并按月向B专用车公司开具增值税专用发票，截至2018年11月26日，B专用车公司付清了上述全部发票款项。

2018年12月1日，B专用车公司员工甲向A化工产品公司员工乙发出含解约意向的电子邮件;2018年12月14日,B专用车公司采购部丙向A化工产品公司员工丁发出含解约意向的电子邮件,当天A化工产品公司向B专用车公司发出《解除合同通知函》。后双方因B专用车公司是否违法解除合同、是否应当按照合同约定承担违约责任、具体赔偿数额产生争议,申请人于2019年4月依据合同中的仲裁条款向华南国仲申请仲裁,请求裁决被申请人向申请人支付合同期限剩余期间内,按照合同约定的最低月度保证购买数量计算的营业额以及合同期限剩余期间内的全部储罐系统月度服务费等。

二、当事人争议要点

申请人认为:

被申请人拒不依约履行《TM气体供应服务合同》约定的按时、定量购气义务、擅自使用第三方供应的气体。2018年12月1日,被申请人通过电子邮件形式向A化工产品公司单方解除合同导致合同目的不能实现,属于对《TM气体供应服务合同》的明示违约。在涉案合同履行过程中申请人没有迟延履行供气义务,亦未出现导致合同无法继续履行的不可抗力因素,被申请人应当承担其单方解除合同的民事责任。

《TM气体供应服务合同》通用条款第6条约定:"即使B专用车公司未采购月度保证购买数量的产品,B专用车公司仍有义务按月度保证购买数量支付产品价款,月度保证购买数量为合同约定数量的50%即由B专用车公司承担。"由此申请人主张被申请人支付合同期限剩余期间内,按照合同约定的最低月度保证购买数量计算的营业额、剩余期限内的全部储罐系统月度服务费及储罐和管路系统安装及拆除费用。

被申请人认为:

涉案合同第11条约定,不可抗力系指导致罢工和闭厂的工人骚乱、火灾、爆炸、自然灾害、内乱、资源供应短缺或停止和机器设备故障(但资源供应短缺或停止和机器设备故障系由于主张不可抗力一方的疏忽大意而引起的除外)、公共机关的行为或拖延、政府法令或政策要求、任何合同一方不能合理控制的情形。申请人因S市政府"S蓝"计划导致其异地车辆限行,无法正常交付的情形属于合同约定的不可抗力情形,不可归责于被申请人,被申请人并援引《合同法》第117条的规定,"因不可抗力不能履行合同的,根据不可抗力的影响,部分或者全部免除责任,但法律另有规定的除外。当事人迟延履行后发生不可抗力的,不能免除责任"。因此,被申请人认为自己不应承担解除涉案合同而产生的责任。

三、仲裁庭意见

仲裁庭认为,本案所涉"S市人居环境委宣布自2018年7月1日起,每天7:00—24:00将限制所有外地车辆进入S市区域"这一情形,构成涉案合同第11条约定的"不可抗力",但不构成《民法总则》或者《合同法》规定的法定"不可抗力"情形。故本案可以援引涉案合同第10条约定的免责条款[卖方对每一事件或相关联的一系列事件的总计责任,无论是基于合同、过失(侵权)或以任何方式产生的责任,均将不超过卖方造成的财产损失并且在数额上不超过两个月的储罐系统月度服务费;但《合同法》第53条和其他适用法律另有规定的除外。卖方对不可抗力造成的违约不承担责任],但不应当援引《民法总则》或者《合同法》规定的免责条款而豁免责任。关于本案合同约定的不可抗力条款的效力,其影响的可能只是申请人一方对涉案合同约定的主要义务(交付产品)的履行不能,并不构成被申请人一方对涉案合同约定的主要义务(支付货款)的履行不能。因此,合同约定的不可抗力不应当构成被申请人的解约理由和免责事由。

在限行措施下,被申请人出于对自身权益的保护,为避免或减少因申请人迟延或无法交付产品造成损失,采取另寻出路的应对措施可以理解,即便后来的事实证明申请人依然可以继续供货,被申请人也没有理由冒申请人突然断供氧气导致相关业务停产的风险。所以,被申请人单方解除合同虽然没有法定或者约定的充分依据,但属于被申请人采取应对措施的可能选项,而解除合同的起因系因申请人一方的事由引起,让被申请人单方承担解除涉案合同的责任并不公平,因此仲裁庭认定双方当事人各自承担一半的解约责任。

涉案合同第10条仅对申请人的担责上限进行了约定,根据公平对等原则,被申请人应当参照适用该约定。因此,被申请人解除涉案合同的责任双方各自承担一半,根据合同对损失担责上限的约定,双方当事人各自承担一个月的储罐系统月度服务费的财产损失。

基于以上意见,仲裁庭裁决支持了被申请人向申请人支付一个月储罐系统月度服务费的主张。

四、评　析

本案涉及的关键问题为 S 市政府"限制外地车辆进入 S 市地区"这一政府行为(以下简称"限行规定"),是否构成不可抗力。

《民法总则》第 180 条(《民法典》第 180 条)和《合同法》第 117 条(《民法典》第 590 条)对不可抗力进行了规定(法定不可抗力),即不能预见、不能避免并不能克服的客观情况,且作为法定的免责事由,构成法定不可抗力可以免除当事人义务不履行项下的民事责任。

法定不可抗力的认定在理论上存在"客观说""主观说"和"折中说"三种学说,结合《民法总则》《合同法》及即将施行的《民法典》的规定,目前我国学界主流观点采"折中说"(从客观方面要求不可抗力的实质要素来自外部且不受合同当事人控制,从主观方面要求缔约合同时当事人不能合理预见该事由,且尽最大努力不能避免和克服)。① 从法条出发,"不能预见""不能避免""不能克服"三者须同时具备才能认定构成法定"不可抗力"。

目前,我国立法中并未对不可抗力的具体情形进行列举,而是采取了概括性规定的立法模式,从而导致其内涵和外延的边界不明确、实践中认定存在混乱不一的情况。目前普遍不存在争议的法定不可抗力类型有自然灾害(如地震、台风、旱灾等)和社会异常事件(如战争、暴乱、恐怖袭击、流行病等)两种,本案涉及的政府出台规范性文件的行为能否被视为法定不可抗力在理论界存在争议。有学者持肯定意见②,也有学者认为政府干预行为不能一概而论是否构成法定不可抗力,而是要回归不可抗力本质特征,即同时符合"不能预见""不能避免""不能克服"③才能认定构成不可抗力。而最高人民法院在"三亚凯利投资有限公司、张伟确认合同效力纠纷案"④中的观点也与第二种观点保持一致。

本案中,仲裁庭认定 S 市政府的限行规定不属于法定不可抗力情形,但并未进行阐释。编者认为,政府行为的作出不会搞"突袭",而是在试点的基

---

① 参见韩世远:《合同法总论》(第四版),法律出版社 2018 年版,第 480 页。
② 参见王洪亮:《债法总论》,北京大学出版社 2016 年版,第 231 页。
③ 参见韩世远:《合同法总论》(第四版),法律出版社 2018 年版,第 485 页。
④ 参见最高人民法院(2019)最高法民终 960 号民事判决书。

础上进行逐步的推进,当事人有充足的时间知悉相关规定并采取相应的行动减少对生产的负面影响。在 2017 年 S 市政府就已经开始外地货车限行的行动,申请人在 2018 年 7 月 1 日该规定正式生效之前有较充足的时间购进当地车牌,该限行规定不符合"不能避免"和"不能克服"要件,本案不构成法定不可抗力,不能直接援引《民法总则》《合同法》或将来施行的《民法典》规定的不可抗力情形进行免责。

本案中,双方当事人在合同第 11 条约定了不可抗力条款[不可抗力系指导致罢工和闭厂的工人骚乱、火灾、爆炸、自然灾害、内乱、资源供应短缺或停止和机器设备故障(但资源供应短缺或停止和机器设备故障系由于主张不可抗力一方的疏忽大意而引起的除外)、公共机关的行为或拖延、政府法令或政策要求、任何合同一方不能合理控制的情形],可知本案合同中对于不可抗力的约定超出了法定不可抗力范围。对于超出部分的效力在理论界也有不同的观点,持否定观点者认为,"当事人在合同中约定的事项超出了不可抗力已经约定俗成的范围,只要其合乎法律规定,则应视为约定的免责条款,而不能一概笼统地称为不可抗力"①。持肯定观点者认为,"不可抗力条款是对法定不可抗力事件的补充,它和法律关于不可抗力的规定是统一而又不可分割的组成部分"②,此种观点也成为如今的主流观点。本案中,仲裁庭观点与主流观点一致,即认可不可抗力条款的效力,《TM 气体供应服务合同》第 10 条责任条款中所称的不可抗力免责,既包括法定不可抗力也包括当事人在合同中自行约定的不可抗力条款。

在认可不可抗力条款效力的情形下,需明确的是,不可抗力条款中超出法定不可抗力范围的部分,因不符合《民法总则》第 180 条第 2 款(《民法典》第 180 条第 2 款)和《合同法》第 117 条第 2 款的规定,不得适用法律关于免责事由、解除权产生和行使的条件以及风险负担等法定不可抗力规则,而是应适用合同的约定。③

在认可本案中不可抗力条款可以起到免责效果的前提下,再来考察不可抗力条款所涵摄的免责范围。因"免责的范围仅限于不可抗力影响的范围"④,本案中,限行规定仅对申请人的供货义务产生影响,而不影响被申请

---

① 刘凯湘、张海峡:《论不可抗力》,载《法学研究》2000 年第 6 期。
② 王利明:《合同法研究》(第二卷),中国人民大学出版社 2003 年版,第 470 页。
③ 参见崔建远:《不可抗力条款及其解释》,载《环球法律评论》2019 年第 1 期。
④ 王洪亮:《债法总论》,北京大学出版社 2016 年版,第 233 页。

人的付款义务,故不可抗力条款仅能免除申请人供货义务不履行的违约责任,不能免除被申请人付款义务不履行的民事责任。故对于被申请人而言,不能援引合同中约定的不可抗力条款直接进行免责或解除合同,被申请人单方解除合同无法定或者约定的充分依据,仍需承担违约责任。

在对违约责任具体范围的界定中,仲裁庭认为,虽然被申请人不能直接援引不可抗力条款解除合同,但被申请人的生产经营确实因限行规定受到影响,且解除合同的事由系申请人一方的原因,出于公平原则的考量,由被申请人单方承担违约责任不公平,故违约责任由双方平均承担。至于具体的赔偿数额,双方在合同中对申请人的担责上限进行了约定,但未对被申请人担责上限进行约定,仲裁庭根据对等原则,进行参照适用,最终确定了被申请人的赔偿数额。

综上,本案中,仲裁庭观点为:认可不构成法定不可抗力而符合合同约定的不可抗力条款的效力。在此情形下,需先考察具体案件中构成不可抗力的情形具体影响的是哪项合同义务,确由不可抗力导致的义务不履行即可结合合同中的免责条款进行免责;对于不受不可抗力影响的债务人,不能援引不可抗力条款免除义务不履行的责任或单方解除合同,仍需承担违约责任。在违约责任具体的范围层面,应从合同约定的责任形态出发,判定双方当事人的过错,结合公平原则进行责任的分配。

(本案例由北京大学法学院民商事争议解决方向硕士研究生苏睿女士编撰)

案例16　当事人可否将政府规划审批行为约定为不可抗力

——A投资公司与B货柜公司中外合作经营合同争议仲裁案

仲裁要点:政府国土规划的变化导致无法通过行政审批是否构成不可抗力应当依照法定的不可抗力构成要件进行认定。在土地上进行建设需经审批以及该等审批有可能因政府国土规划的变化而无法通过并非不可预测,难以构成不可抗力。

一、案　情

1993年11月,被申请人B货柜公司与D实业公司达成了租用西山汽车站北侧方向的2万平方米用地的租地意向书。

1993年12月16日,被申请人和申请人A投资公司达成筹备意向书,明确被申请人以租赁的方式取得西山汽车站2万平方米土地使用权,并以此作价为合作条件。

1993年12月20日,被申请人为甲方,申请人为乙方签订了《中外合作经营C储运公司合同书》(以下简称《合作合同》)及公司章程。双方根据当时有效的《中外合作经营企业法》及有关法律设立C储运公司,公司从事货仓仓储业务。《合作合同》相关约定如下:甲方提供2万平方米土地20年无偿使用权(西山汽车站北侧);甲方负责办理为设立C储运公司向S市人民政府申请批准,向S市工商行政管理局登记注册,领取营业执照等事宜;负责合作公司的全面经营管理。乙方出资1 700万元(折算人民币);乙方负责迅速投资,监督执行,并参与企业的经营管理活动。合作期限为20年,对《合作合同》及其附件的修改,须经双方签署书面协议,并报原审批机构批准生效。

合作期间由于不可抗力致使合同无法履行，或由于合作公司连年亏损，无力继续经营，经董事会一致通过并报原审批机构批准，可提前终止合作期限及解除合同。由于一方不履行《合作合同》、公司章程规定的义务，视为违约，对方有权主张索赔及经原审批机构批准终止合同。

C储运公司成立后，申请人认为被申请人一直无法按合同约定向C储运公司提供合法的土地使用权，其行为构成根本违约，于1997年4月向华南国仲申请仲裁，请求裁决终止《合作合同》等。

二、当事人争议要点

申请人认为：

根据《合作合同》的约定，被申请人应向C储运公司提供2万平方米土地20年无偿使用权，其提供的土地使用权出租合同为法律文件，在C储运公司注册登记后一个月内提供给C储运公司合法使用。但是，C储运公司成立后，被申请人一直无法按合同约定提供合法的土地使用权。经申请人多次催促履行，被申请人始终无法兑现合作条件，履行合同义务。申请人认为，正确、完整地提供C储运公司土地使用权是被申请人履行《合作合同》的基本义务，也是C储运公司赖以开展经营活动的基本条件，被申请人一直无法履行合同义务，已构成根本违约。

被申请人认为：

双方合作成立的C储运公司经有关部门批准已设立，说明被申请人已经提供了2万平方米土地使用权。在领取营业执照过程中，租地意向书作为取得土地使用权的合法文件都有备案，仓库施工过程中，被申请人于1994年12月以C储运公司的名义申办征用土地来兴建仓库。1995年1月，S市规划国土局复函称：按S规土纪字（1994）49号文件的规定，西山汽车站附近的仓储用地待统一规划开发后再安排，现该规划尚未确定，故关于仓库用地的申请暂不批准。据此，由于政府国土规划的变化导致C储运公司的仓库工程不能获批准，责任不在被申请人，是被申请人当时租用土地时不能预见，也是无力避免的，属不可抗力因素，因而被申请人并无违约行为，无须承担违约责任。被申请人得知仓库工程不获批准后，提出另租土地供申请人选择，但申请人予以拒绝。

三、仲裁庭意见

根据当时有效的《涉外经济合同法》第5条第2款之规定及《合作合同》的约定，本案争议合同系在中华人民共和国境内履行的中外合作经营企业合同，应适用中华人民共和国法律。根据《合作合同》的约定，申请人已经履行完毕出资义务，C储运公司已于1994年4月领取营业执照，而被申请人至本案裁决作出时仍未提供合作条件的有效法律文件，更没有提供当时有效的《广东省经济特区土地管理条例》第9条所规定的土地出租登记文件。根据S市外资办关于设立C储运公司的批复第2条载明的"有关各方合作条件……按合同书有关条款执行"的内容，仲裁庭认为，S市人民政府批准成立C储运公司，其对《合作合同》的审批侧重于投资形式要件的审查，并不专门审查土地使用权的取得，《合作合同》获批并不意味着被申请人已合法取得2万平方米土地使用权，更不意味着被申请人已提供约定的合作条件。

对于被申请人提出以不可抗力作免责抗辩，仲裁庭认为，C储运公司的经营范围是从事货仓仓储业务，即使被申请人依法租借了土地，如果该土地未被国土规划部门批准可以用来建筑货仓，也不能认为被申请人正确地履行了《合作合同》，因为根据《合作合同》的约定，提供符合C储运公司需要的土地使用权是被申请人的义务。被申请人认为仓库用地申请未获审批系遭遇了政府国土规划的变化这一不可抗力，不应归咎于其。对照当时有效的《涉外经济合同法》第24条第3款关于不可抗力事件构成要件的规定，仲裁庭认为，被申请人在订立《合作合同》时，应当知道租赁土地需要办理必要的法律手续，该土地用于汽车站附近建设货仓还须经国土规划部门审批，但被申请人在订立《合作合同》之前及该合同约定的提供合作条件的期限内，没有订立合法有效的可用于合作公司经营目的的土地租借合同，显然存在过失，其行为不符合不可抗力事件的条件。

综上，仲裁庭认为，被申请人构成违约，其行为是《合作合同》不能履行下去、C储运公司不能继续营运的主要原因，据此仲裁庭裁决支持了终止《合作合同》等请求。

四、评　析

本案属于较典型的中外合作经营合同纠纷,在申请人已经出资到位的情况下,是否提供了符合合作条件的土地使用权是判断被申请人是否构成根本违约的基本要素,被申请人试图以"国土规划的变化"作为不可抗力事由阻却违约责任,而仲裁庭引据不可抗力构成要素得出否定性结论——租赁土地用途需经国土规划审批并非不可预测,直接决定了案件最终的裁项。

仲裁庭所引据的系颁布于 1985 年的《涉外经济合同法》第 24 条,该条第 3 款之规定是我国立法实践中首次对不可抗力的概念及构成要件进行描述,其确立的"不能预见、不能避免、不能克服""三不要素",作为客观标准,也在后来的《民法总则》以及《民法典》中得以承继与保留。同时,根据第 24 条第 1、2 款之规定,一旦违约方主张的违约事由被界定为不可抗力事件,则其得以免除全部或部分责任,或免除迟延履行的责任。不可抗力制度的意义也在此确立,既有利于保护无过错方,同时也促使合同双方充分预测风险鼓励交易。这种鼓励预测风险同时还体现在第 24 条第 4 款,"不可抗力事件的范围,可以在合同中约定",当事人据此应尽力将缔约时能够预测到的风险排除在不可抗力事件范围之外。第 24 条第 4 款从促进我国当时的对外经济关系出发,考虑到不同国家不同法域下,不可抗力客观标准的不尽相同,体现了对当事人意思自治的尊重,但是这样一种灵活的立法设计并未在现行的《合同法》《民法总则》以及即将施行的《民法典》中得以保留,何故?

回到案情,出于一种不合理的假设,双方当事人可否将国土部门对于案涉土地用途规划审批行为约定在合同的不可抗力条款中,进而使得被申请人可以在否定性的审批结论出现后援引该条款实现免责的目的?答案显然是否定的,这关乎对《涉外经济合同法》第 24 条第 4 款的理解与适用。虽然该款凸显了合同当事人的意思自治,但是不可抗力作为一项免责事由,其适用应具有强制性和法定性,当事人既不能排除不可抗力条款的适用,也不能任意扩大不可抗力事件的范围,将不符合"三不要素"的事件归于不可抗力进行免责约定。本案中,被申请人引用规划国土部门的复函,试图将其视为政府国土规划的变化,而仲裁庭的思路在于土地管理部门作出批复这一具体行政行为,所依据的是国家、省、市制定的土地管理相关规定,即特定的土地用途应符合政府土地规划,并办理相关审批手续,并非是规划的变化导致审批申请不获通过。在具体行政行为所依据的法律、行政法规、行政规章或其他规范性法律文件没有发生变化的情况下,其审批结果已经渗透到当事人对合同的订立及履行过程中,合同双方均要在承受此结果的基础上缔约并履约,交易相对方也得以信赖并据此实现合同目的,这种政府行为本身就可以且应当被审慎的商事交易主体所预见,其不符合不可抗力的构成要件,如果将此政府行为通过约定纳入不可抗力范围,则会使得合同的履行时刻处于不确定的危境。

如此看来,"不可抗力可约定"制度显得进退两难,其未在现行法律中得以体现也不无道理。本案仲裁庭严格把握"三不要素"的客观标准对违约方引据的抗辩事由进行审查和判断,已足够彰显不可抗力制度作为一项法定免责事由,在仅保护无过错方利益层面的意义。

(本案例由深圳国际仲裁院陈昕先生编撰)

专题五
不可抗力的法律后果

Topic 5

案例17 不可抗力是否当然免责

——A广告有限公司与B传媒有限公司 合作协议争议仲裁案

仲裁要点:在履行合同过程中出现了不可抗力事件,还不足以让当事人援引合同约定的不可抗力条款或者法定的不可抗力规定来达到免责的目的,必须结合案件事实及不可抗力的突发性,在不可抗力事件达到致使合同无法履行的程度时,才可以终止合同的履行,且双方都不承担违约责任。

一、案 情

申请人A广告有限公司(乙方)与被申请人B传媒有限公司(甲方)于2011年1月7日签订《合作协议》,就申请人整体经营HY卫视专题类客户广告事宜进行了约定。后双方分别签署了三份合作补充协议对每年存量及其他内容进行具体约定。

《合作协议》第2条对合同期限进行了约定,其中2011年1月1日至2015年12月31日是前5年合作期,2016年1月1日至2018年12月31日为后3年合作期,后3年合作的所有具体事项,在前5年合作期满前的3个月内(即2015年10月1日至2015年12月31日)双方另行友好协商确定。

《合作协议》第4条对收益分成、财务结算及支付约定如下:"分成比例:2012年1月1日—2015年12月31日,存量部分分成,甲方用于完成专题类客户广告年度存量的广告实际播出财务入账额,甲乙双方按照15%∶85%的比例进行分成。如甲方用于完成专题类客户广告年度存量的广告实际播出财务入账额与本协议约定的每年存量额度有差额,由甲方负责补足。甲方补足的额度,双方仍按照15%∶85%的比例进行分成。增量部分,双方按

50%∶50%的比例进行分成。支付方式：(1)2012—2015 年期间存量财务决算及支付：每年存量财务决算及支付按照每年存量的月度平均数执行，即甲方每月支付存量额度=(每年存量/12 个月)×85%，甲方每月 15 日前支付上一个自然月广告存量。(2)2012—2015 年期间增量财务决算及支付按照月度执行，即双方增量分成额度=(甲方每月整体经营的专题类客户广告年度存量的广告实际播出财务入账额－甲方每月支付的月度存量额度)×50%。双方财务于每月 15 日前核定增量额度，甲方应在每月 20 日前支付上一个月向乙方支付应得的增量分成。"其中广告实际播出财务入账额由被申请人实际下单决定。

2015 年 2 月 10 日签订的《合作补充协议三》对 2015 年的存量界定为 892 万元，2015 年 1 月 1 日至 2015 年 12 月 31 日期间的增量是指在 2015 年财务年度(即 1 月 1 日至 12 月 31 日)内甲方经营的专题类客户广告实际播出财务入账额减去 2015 年存量后所得的金额。

2015 年 8 月 25 日，被申请人向申请人发出《停播函》，内容为：根据即将实施的新《广告法》的相关规定，结合市场环境及全国各地方电视台的停播情况，被申请人将于 2015 年 9 月 1 日起暂停申请人整体经营的在 HY 卫视播出的专题类客户广告，请申请人协调配合。即被申请人认为由于国家政策变动这一不可抗力，致使 9 月、10 月无法履行合同义务。2015 年 9 月 14 日，申请人在《〈停播函〉回函》中回复："同时我司也理解贵司正在积极继续接洽和寻求该等符合法律规定和协议约定的专题广告客户，以便继续开展贵我双方在专题广告方面的合作。"

2015 年 1—8 月，被申请人应支付申请人每月分成额度为：743 333.33 元×85%+56 666.67 元×50%=660 166.66 元。该金额为申请人和被申请人双方一致认可的金额，也是双方实际履行的金额。2015 年 9 月、10 月因被申请人未下单而导致未播出广告。

2016 年 4 月至 2016 年 9 月，申请人共向被申请人发出 5 封《催款告知函》，其中利息的计算是在中国人民银行发布的一年期人民币贷款利率的基础上加收 50%。庭审中，双方确认截至开庭前，被申请人共支付 2015 年的广告费用为 4 275 833.30 元。

申请人依据《合作协议》中的仲裁条款于 2017 年 1 月向华南国仲申请仲裁，请求被申请人支付截至申请仲裁之日被申请人欠款本金 330 余万元及利息等。

二、当事人争议要点

申请人认为：

申请人认为，首先，未经申请人同意被申请人发出《停播函》不具有法律效力；其次，根据被申请人的承诺函，其保证所提供的所有文件及广告客户的信息是合法、真实、有效的，保证其提供的广告样带、广告内容以及广告所涉产品的功能、质量等均符合 2015 年 9 月 1 日实施的《广告法》及其他法律法规的规定。故申请人有理由认为被申请人有能力完成存量额度。

依据协议约定，被申请人用于完成专题类客户广告年度存量的广告实际播出财务入账额与存量额度有差额，由被申请人负责补足，补足的额度，双方仍按照 15%∶85% 的比例进行分成。因被申请人没有完成存量额度，故被申请人应该支付申请人 9 月、10 月的存量差额补足的分成。

2015 年 11 月实际下单播出额度为 34.5 万元，12 月实际下单播出额度为 45 万元。被申请人未能完成 11 月、12 月的每月存量，且被申请人仅支付了 11 月的实际下单播出额度 34.5 万元，未支付 11 月存量差额补足的分成，也未支付 12 月实际下单播出额度以及 12 月存量差额补足的分成，被申请人应按照协议约定补足以上所有拖欠金额。

被申请人认为：

1. 合同履行标的额应以实际情况为准

被申请人与申请人虽然在协议中约定 2015 年度存量为 892 万元，但是双方在实际履约过程中存量额度已进行变更。双方在实际履约过程中，2015 年度存量变更为 6 881 960 元，其中，1—8 月，每月存量分别为 743 333.33 元；9—10 月，每月存量分别为 0 元；11 月存量为 405 882 元；12 月存量为 529 412 元。

2. 不可抗力导致的被申请人在 9 月、10 月的违约行为，双方均免责

根据《合作协议》的约定，法律法规的变化属于不可抗力行为，2015 年 9 月 1 日新《广告法》的实施，导致原来可以播放的专题广告内容现已违反法律规定，停播行为系不可抗力所导致，双方均不承担责任。

三、仲裁庭意见

(一) 构成不可抗力且需要严重到合同不能履行方可免责

仲裁庭认为,对2015年9月、10月的停播,被申请人曾经发函给申请人,但从现有证据看,申请人并没有明确表示同意,庭审中,申请人亦一再表明其不同意的立场。因此,对被申请人的"申请人对停播行为予以理解、对复播举动表示感谢就是没有表示反对,是达成一致"的说法,仲裁庭不予认可。

仲裁庭认为,《广告法》已于2015年4月24日修订,并于2015年9月1日正式施行,从修订通过到正式施行有四个多月的时间。被申请人是专业的广告经营者,在长达四个多月的时间里,理应利用这段时间来学习研究,采取应对措施。但被申请人没有提交证据说明在这一期间采取了哪些措施。而且,仅过了两个月,到11月又恢复广告播出,这足以证明《广告法》的修订并没有对合同的履行产生根本性的影响,以致合同不能履行。

虽然《合作协议》第7条约定了不可抗力的相关内容:"(1)本协议因法律规定及本协议约定的不可抗力事件而不能履行的,双方任何一方均可以终止本协议。(2)因不可抗力事件而终止协议的,双方均不承担违约责任,但应以公平的原则协商解决协议终止后的遗留问题。(3)本协议约定的不可抗力,是指不以双方意志为转移的各种客观因素,包括但不限于发生地震、飓风等各种严重的自然灾害及战争、罢工、政府行为、政府政策和/或法律法规及/或其适用的变化等。"但是仅仅构成不可抗力事件不足以成为免责的事由,必须严重到协议不能履行,才可以终止协议且双方均不承担违约责任。本案中,《广告法》的修订尚未严重到导致协议不可履行的程度,并且被申请人也没有明确要求终止协议,因此对被申请人的"停播行为系不可抗力所导致,双方均不承担责任"的说法,仲裁庭不予认可。

(二) 即使构成不可抗力,合同依然可以正常履行,一方当事人没有明确放弃合同中的权利,对方依然需要按约履行

被申请人称申请人提供的《催款告知函》、"申请人分成款项计算表"证据显示,申请人未计算9月、10月的分成数。仲裁庭认为,申请人从未明示同意停播,也从未明示放弃收取9月、10月费用的权利,在仲裁申请书及庭审过程中,申请人一再强调此项权利。因此,仅以在协商还款过程中没有计算9月、10月分成款的行为,并不能得出申请人放弃收取9月、10月分成款权利的结论。对于9月、10月的停播,双方并没有达成一致意见,被申请人应按照合同约定履行。

(三) 双方协商一致的与原合同约定不符的内容视为对原合同内容的变更

对于2015年11月、12月的广告费用,被申请人曾经致函申请人,称其应向申请人支付11月广告费用34.5万元和12月广告费用45万元,并请申请人对上述金额在相关表单上予以盖章确认。申请人随后进行了盖章确认。庭审中,被申请人也认可该事实。仲裁庭认为,这足以证明11月、12月的广告费用经双方确认达成一致后进行了变更。

(四) 合同到期自然终止,无须承担违约责任

仲裁庭注意到,《合作协议》第2条对合同期限作出了如下约定:"本协议仅确定在试验合作期和前5年合作期内甲方整体经营HY卫视专题类客户广告的具体事项(包括合作原则、收益分成、财务结算及支付、计算标准等),后3年合作的所有具体事项,在前5年合作期满前的3个月内,双方另行友好协商确定。8年合作期满后如需继续合作,在同等条件下,双方均拥有优先续约权。"

该条中用到了"仅"字,表明这份合同在签署时,双方已决定只履行到2015年12月31日。对于2016年1月1日—2018年12月31日,条文中用了"协商确定"这样的描述,也表明了只有在双方"协商确定"的前提下,才在2016年1月1日—2018年12月31日期间继续合作。

因此,仲裁庭认定,由于双方对后3年的合作未能协商一致,合作协议在2015年12月31日到期后自然终止,不存在任何一方因过错而导致合同终止的情形,被申请人无须为此承担违约责任。

基于以上意见及本案证据,仲裁庭裁决被申请人向申请人支付欠款本金280余万元及利息等。

四、评　析

合同双方通过签订协议来确定未来的利益,通过履行合同中的约定将未来的利益变成现实的利益,出现了违约行为,自然会影响合同目的的实现,甚至导致合同目的落空。因此违约行为应当受到法律的规制,但是不可抗力等意外事件由于具有不能预见、不能避免且不能克服的特点,因此可以产生减轻甚至免除责任义务的法律效果。

(一)新法律的出台属于不可抗力

本案的核心问题是被申请人在2015年9月、10月的违约行为是否可以适用不可抗力条款进行免责。要解决这一问题,我们需要查看双方在合同中关于不可抗力的约定,以及与不可抗力有关的法律条文。不可抗力这一概念具有一定的模糊性,因此当事人可以自行约定不可抗力条款,对法定不可抗力的概念进行补充和细化。但是若当事人所约定的不可抗力条款与法律规定不一致时,因合同法上的不可抗力规则具有适用的强制性,则应适用法定的不可抗力规则。如果当事人愿意扩大不可抗力的范围,则需要通过设定免责条款的办法加以解决。本案中,双方当事人约定的不可抗力内容细化了法定不可抗力的概念。出台新的法律属于国家行为,对民事主体会产生一定的影响,其属于我国法律规定的不可抗力的范畴。

(二)不可抗力与违约行为之间存在因果关系方能免责

1. 不可抗力是违约行为发生的直接、唯一和关键原因

很多当事人认为只要构成了不可抗力,其违约行为就可以免责,这是一种错误的想法。不可抗力与合同义务履行受阻之间存在的因果关系,是不可抗力发挥其免责法律效果的核心。因此,要援引不可抗力条款达到免责目的,需要满足合同不能履行确由不可抗力这一原因所致,并非仅仅出现了不可抗力就能够免责。上述问题既是一个事实问题,也是一个法律问题。

援引不可抗力条款为自己违约行为免责的一方在证明不可抗力的存在之后,还需要对该不可抗力的出现与违约行为之间存在因果关系进行证明。但是对上述因果关系应当作限缩解释,即不可抗力必须是违约行为的关键原因,不能存在阻断因果关系的事由,否则该不可抗力不能达到免除法律责任

的效果。

简言之，如果没有发生不可抗力，就不会出现违约行为，除此之外，如果不可抗力不是导致违约行为的唯一原因，依然不可以免除违约行为的法律责任。因为违约行为的发生通常由多种原因导致，除了不可抗力之外，还有其他很多事由也会引发违约行为，甚至由于多种事由综合作用最终出现了违约行为。因此，编者认为，即使不可抗力和违约行为之间存在一定的因果关系，但是如果不可抗力不是违约行为发生的唯一原因，依然不能够达到完全免责的法律效果。在满足上述条件之后，还需要满足因为不可抗力的发生导致合同目的落空这一条件。至此，才能认定不可抗力是导致违约行为的关键原因。

例如 2003 年的"非典"疫情以及 2020 年的新冠疫情足以构成不可抗力，并对餐饮、娱乐场所的经营造成一定的影响，但不能成为债务人拖欠债务的免责事由。因为，虽然上述不可抗力情形会对宏观的经营环境产生一定的不利影响，但是具体到案件中，需要严格考察该不可抗力对涉案合同履行是否产生直接、必然的影响，以致确实无法履行合同，只有满足相应的条件，不可抗力才能够与违约行为之间构成直接、必然的因果关系，才可以成为免责事由。

本案中，《广告法》的修订确实对我国的广告大环境产生了很大的冲击，全国也有很多地方的电视台出现节目停播的现象，但是对本案中《合作协议》所产生的影响并不大，因此《广告法》的修订并非导致违约行为的直接、唯一和关键原因。

2. 不可抗力情形下违约方的注意义务

并非只要出现了不可抗力，合同当事人就可以无作为直接违约，在某些情形下，如果违约方尽到其应尽的注意义务，事实上可以切断不可抗力与违约行为之间的因果关系。本案中，被申请人作为专业的广告经营者，应当时刻关注国家政策、法律中与其业务范围相关的部分，认真研究政策、法律动向，更好地履行自身的合同义务。本案中，《广告法》从修订通过到正式实施长达四个多月，被申请人有充分的时间来学习研究，如果没有尽到其应尽的注意义务，从而导致合同无法继续履行，也不能将所有的责任归咎于不可抗力，因为被申请人可以将该不可抗力所产生的影响降低到最小，甚至对合同的履行没有任何影响。

3. 不可抗力的效力

不可抗力对合同履行的影响程度有大小之别,除了具有完全免责效果之外,也可能会出现部分免责的情况。例如,某供应站因火灾事故产生违约行为,起因是出现了强地闪而供应站没有安装防雷设施,虽然强地闪属于不能预见、不能避免并不能克服的客观情况,属于不可抗力,但是并非导致火灾事故发生的唯一原因,该供应站没有按照有关部门的要求改造安装防雷设施,没有适当履行安全保管义务也是原因之一,因此该不可抗力仅能部分免除供应站的违约责任。① 因此不可抗力在违约行为中所发挥的作用需要在具体的案件中去分析,免责的程度要具体判断,并不是构成了不可抗力就可以当然免责。

(三) 总结

不可抗力的认定与不可抗力的免责是两个不同的概念,在实际的交易行为中,并非出现了不可抗力,违约方就能够援引不可抗力规定或约定来达到对其违约行为免责的目的,而是需要考察不可抗力与违约行为之间的因果关系是否足以达到免责的程度,以及在交易过程中违约方是否尽到其应尽的履行合同的审慎义务。所以,不可抗力不是免责金牌,其适用需要规范在合理的框架范围内,才能保障交易的稳定性与公平性。

(本案例由北京大学法学院民商事争议解决方向硕士研究生王宇女士编撰)

---

① 参见最高人民法院(2016)最高法民终 347 号民事判决书。

案例18 合同因不可抗力履行不能如何解除

——A实业发展有限公司与B房地产开发有限公司合作协议争议仲裁案

仲裁要点：合同约定因不可抗力（含政策性原因）履行不能，双方经协商一致后可修改或变更相关条款的，如果当事人在订立合同时对不可抗力（含政策性原因）有所预见，并基于此预见订立合同，不可抗力（含政策性原因）出现后未积极配合对方协商修改或变更相应条款，导致合同无法实际履行的，对方可以解除合同。

一、案　情

2014年11月16日，申请人与被申请人签订了《城市更新项目合作协议》（以下简称《合作协议》）。根据协议约定，申请人提供更新项目房地产，被申请人负责项目出资、申报立项、项目实施等。被申请人应自协议签订之日起12个月内安排人员进场，自开工之日起24个月内完成更新项目第一期的建设（因不可抗力因素和政策性原因导致延期的除外）；如果因不可抗力因素和政策性原因导致更新项目停工，则上述工期相应顺延。如果申请人擅自终止协议，应赔偿被申请人的损失；如果被申请人违约，申请人可以单方终止协议。任何一方因不可抗力（含政策性原因）不能履行协议的，经双方协商一致后，对涉及的相关条款可作适当的修改和变更，以另行签署的补充协议为准；除不可抗力因素（含政策性原因）导致项目不能进行之外，双方在协议实施过程中不得擅自终止协议。

2015年6月，被申请人向政府申报城市更新项目，但政府至申请人提起仲裁时尚未批准立项。至2017年2月，被申请人未能安排人员进场。2017

年 2 月 20 日,申请人向被申请人发出《通知》,要求被申请人在 3 日内提出申请人可接受的履行《合作协议》的书面方案,否则原《合作协议》解除。该《通知》于当日送达被申请人,由被申请人法定代表人甲在《通知》上签字确认。

申请人于 2017 年 4 月依据《合作协议》中的仲裁条款,向华南国仲提起仲裁,请求解除《合作协议》,被申请人承担律师费和仲裁费。被申请人提出反请求,请求确认解除合同的《通知》无效、申请人继续履行《合作协议》并赔偿被申请人支付的调查费等。

二、双方争议要点

申请人认为:

根据《合作协议》的约定,被申请人应当向政府部门办理城市更新项目的相关手续,协调好与政府部门的关系。相关手续的办理不限于城市更新计划申报,还应当包括城市更新单元规划申报、实施主体确认、用地申报等,被申请人仅完成了第一步,即城市更新单元规划申报,并未办理其他手续。涉案协议是一项立项申请,实际上政府尚未批准。被申请人明知其不能按照合同约定履行义务,在申请人发出《通知》后,未能与申请人协商变更条款,导致《合作协议》无法实际履行。

被申请人认为:

《合作协议》签订后,被申请人及时安排人员开展项目申报工作,涉案项目已经向政府进行申报并进入政府审批程序;《合作协议》约定的 12 个月内安排人员进场,是指申报城市更新项目所需人员进场,被申请人切实履行合同义务,并无违约。《合作协议》明确约定不可抗力因素和政策性原因导致的延期并非被申请人的责任。涉案项目事关政府行政许可审批,审批时间难以确定,不是民事主体能够自由处分的民事权利,虽然没有建设施工,但其原因是行政审批需要时间,而非被申请人的过错。即使认为存在延期,也不能归责于被申请人。

三、仲裁庭意见

本案中,申请人单方解除合同的《通知》已到达被申请人,但是被申请人对申请人单方解除合同有异议,申请人在异议时效期内提起了本案仲裁,被申请人也提出了确认申请人单方解除行为无效的反请求,因此,该《合作协议》不发生单方解除的效力。

被申请人在《合作协议》项下的义务是负责向政府有关部门申请办理更新项目的相关手续及协调好与政府部门的关系,确保项目建设资金到位,按约定工期竣工验收并交付使用。被申请人对其切实履行合同义务的主张未能提供证据证明。虽然合同约定了因政策性原因导致延期的除外,但被申请人没有证据证明其办理申报手续的进展情况,且被申请人熟知城市更新项目审批流程,更新房地产项目的政府行政审批没有期限限定,仍与申请人签订协议,涉案城市更新项目不能按约定的时间推进,被申请人负有一定责任。本案中,被申请人因不可抗力(含政策性原因)未能按约履行协议后,申请人向被申请人发出通知,被申请人应积极配合与申请人协商。但是,双方当事人未能协商相应协议条款,申请仲裁后,双方仍未达成一致,《合作协议》确实无法继续履行。因此,仲裁庭对申请人要求解除《合作协议》的仲裁请求予以支持,驳回了被申请人要求继续履行《合作协议》等仲裁反请求。

四、评 析

(一)本案是否属于因不可抗力(含政策性原因)导致合同不能履行?

《民法通则》第107条和《合同法》第117条(《民法典》第180条第1款)均将不可抗力作为合同不能履行的免责事由。《民法通则》第153条和《合同法》第117条第2款(《民法典》第180条第2款),对不可抗力进行了相同的界定:不可抗力,是指不能预见、不能避免并不能克服的客观情况。

学界对不可抗力的解释大致分为三种学说。一是主观说。对于阻碍合同履行的事件,如果当事人主观上已经尽到其应尽的注意义务,仍不能防止该事件的发生,那么该事件应当属于不可抗力。不可抗力是指当事人主观上不能预见,即使能够预见,但当事人尽其最大注意仍无法避免的事件。二是客观说。不可抗力是与当事人主观因素无关的、发生在当事人外部的、非通常发生的事件。对于不可抗力,当事人是不能预见的。三是二元说(折中说)。不可抗力具有客观性,不受当事人意志左右,但是在具体判断是否构成不可抗力时,须考虑当事人主观上是否尽到了应尽的谨慎和注意义务。当事人尽到谨慎和注意义务后,仍不能避免基于外来因素发生的事件,即为不可抗力。①

我国现行法对不可抗力的界定属于二元说:首先,须为来自行为人外部的客观情况。其次,须是行为人不能预见的情况。某种现象是否能够预见,应当根据行为人成立民事法律关系时,负何种程度的注意义务及是否尽到应尽的注意义务加以判断。最后,行为人应当不能克服、不能避免该情况对既存民事法律关系的影响。② 一般认为,自然灾害(如水灾、旱灾、地震等)和社会异常事件(如战争状态、封锁禁运等)属于典型的不可抗力。③ 对于政府行为(包括抽象行政行为和具体行政行为)是否属于不可抗力,学界存在一定争议,根据个案具体情况加以判断较为可采。

本案中,申请人与被申请人签订《合作协议》,被申请人在该协议项下的主要义务是负责为城市更新项目提供资金、申请立项、实施项目等。被申请人于协议签订7个月后向政府申报,涉案项目进入行政审批程序,但由于行政审批无具体期限限定,涉案项目尚未被批准,合同无法履行。阻碍被申请人履行合同的事件是政府对涉案项目的行政审批,关于该行政审批是否构成不可抗力,分析如下:政府相关部门对城市更新项目的行政审批属于来自行为人外部的客观情况,具有客观性,不因当事人的意志而转移。因此,第一个要件满足。在案件仲裁过程中,被申请人多次提到,涉案项目事关政府行政审批,行政审批时间无法左右,且在实践中获得审批许可能需要几年时间。如仲裁庭所述,被申请人熟知城市更新项目的立项审批可能长达几年时间,基于此认识仍与申请人订立合同,负有一定责任。由此可以推知,被申请人在订立合同时,能够预见且已经预见到涉案项目的立项审批可能需要耗费较长时间,并且基于此种预见与申请人订立合同。因此,第二个要件并不满足。尽管被申请人无法克服且无法避免政府行政审批导致的涉案项目的延期,但由于法律关系成立时,被申请人已经预见到此种客观情况的发生,因此本案

---

① 参见李虎:《导致合同不能履行的政府抽象行政行为可视为不可抗力》,载《人民司法·案例》2009 年第 20 期;纪步超:《不可抗力与情事变更——由 SARS 疫情引起的法律话题》,载《人民司法》2003 年第 7 期。
② 参见叶林:《论不可抗力制度》,载《北方法学》2007 年第 5 期。
③ 参见龙斯荣:《谈谈履行合同中的不可抗力》,载《学习与辅导》1988 年第 1 期;李虎:《导致合同不能履行的政府抽象行政行为可视为不可抗力》,载《人民司法·案例》2009 年第 20 期;纪步超:《不可抗力与情事变更——由 SARS 疫情引起的法律话题》,载《人民司法》2003 年第 7 期。

并不构成不可抗力免责的情形。

需要指出的是,被申请人在合同项下的义务不只是涉案项目的立项申报。根据《合作协议》的约定,被申请人应向政府有关部门申请办理城市更新项目的相关手续(根据申请人的主张,相关手续还包括城市更新单元规划申报、实施主体确认、用地申报等),协调好与政府部门的关系。如果被申请人在该协议项下的其他义务不受涉案项目立项审批延期的影响,即使认为政府行政审批构成不可抗力,对于被申请人其他义务的违反,也不能适用不可抗力免责的法律条款,因为政府行政审批并未导致其他义务的履行不能。

S市政府在《合作协议》订立后两年左右,出台行政审批权力下放的政策,以缩短城市更新项目的审批时间。虽然政府政策的变动可能满足"不能预见、不能避免、不能克服"的要件,但是该政策变动显然有利于缩短涉案项目的行政审批时间,对被申请人履行合同义务有益,并不会导致合同履行不能,因此也不构成不可抗力免责的情形。

(二) 约定解除权与法定解除权

《合同法》第 93 条第 2 款(《民法典》第 562 条)规定了当事人的约定解除权,第 94 条(《民法典》第 563 条)规定了当事人的法定解除权,但法律并未对约定解除权和法定解除权的关系作出进一步界定。对于这一问题,学界存在不同观点。有观点认为,根据意思自治原则,当事人的约定优先,如果当事人对合同解除的条件作出了约定,就意味着排除了法定解除条件的适用;也有观点认为,在当事人约定的解除条件未涵盖全部解除条件的情况下,对于约定未涵盖的领域,如果当事人未明示排除未涵盖的法定解除条件的适用,法定解除条件仍有适用的余地[①];也有观点认为,嗣后履行不能的法定解除权、继续性合同解除权、涉及消费者保护等公共利益的解除权,不得预先放弃,也就是说,其他解除权可以通过约定予以排除[②]。

本案中,《合作协议》对当事人的解除权作出了约定:如果被申请人违约,申请人可以单方解除合同;除因不可抗力(含政策性原因)导致项目不能进行之外,双方当事人不得擅自解除合同。编者认为,协议禁止当事人除不可抗力导致合同不能履行之外擅自解除合同,目的在于规制当事人无理由任

---

① 参见曾祥生、胡田:《法定解除权若干问题探析》,载《江西社会科学》2009 年第 8 期。
② 参见叶名怡:《论事前弃权的效力》,载《中外法学》2018 年第 2 期。

意解除合同的情形。如果被申请人违约,申请人基于《合作协议》中违约责任条款解除合同,显然不属于无理由擅自解除合同。因此,《合作协议》关于当事人约定解除权的条款与《合同法》规定的法定解除权并不矛盾。《合作协议》中关于约定解除权的条款,包括被申请人违约及不可抗力导致合同不能履行,基本上涵盖了《合同法》第 94 条(《民法典》第 563 条)规定的法定解除权的情形。《合同法》第 94 条第 1 项(《民法典》第 563 条第 1 项)规定了不可抗力导致合同目的不能实现时当事人的解除权,第 2、3、4 项(《民法典》第 563 条第 2、3、4 项)规定了一方当事人违约时另一方当事人的解除权。《合作协议》约定的解除权与《合同法》第 94 条(《民法典》第 563 条)规定的法定解除权基本一致。因此,申请人解除合同,无论是以被申请人违约为由,还是以不可抗力导致合同不能履行为由,既有《合作协议》的约定解除权作为依据,也有《合同法》规定的法定解除权作为依据。根据当事人意思自治原则,可以认为合同约定优先,申请人可以优先依据《合作协议》中的违约责任条款,行使约定解除权解除合同。

本案中政府的行政审批并不构成不可抗力,因此,申请人解除合同应当基于被申请人违约。根据《合同法》第 96 条第 1 款(《民法典》第 565 条第 1 款)的规定,申请人解除合同的权利(无论是基于协议约定的解除权,还是基于法定解除权)属于形成权,可以单方行使,申请人向被申请人发出《通知》,《通知》到达被申请人,被申请人未按照《通知》要求及时向申请人提供有效的履行方案,合同解除。

关于《合同法》第 96 条第 1 款(《民法典》第 565 条第 1 款)以及《合同法解释(二)》第 24 条规定的合同解除异议权,学界存在较大争议。争议的焦点主要是:解约方通知解除合同,如果对方当事人未在法定或约定的异议期间内向法院或仲裁机构提出异议,法院或仲裁机构是否可以对合同解除的效力不作实质审查,从而不论解约方是否享有解除权,都直接判定合同解除。[①] 但不论何种观点,似乎都存在一种共识:在解约方享有解除权的情况下,解除合同的通知到达对方当事人时,即发生合同解除的效力。即使是对合同解除异议权采形式解释说的学者,也认可有解除权的解约方所发出的解除通知到达对方时合同解除(采形式解释说的观点认为,不享有解除权的解约方发出解除通知具有同样效力),但当事人可以通过合同解除异议权(可能理解为

[①] 参见贺剑:《合同解除异议制度研究》,载《中外法学》2013 年第 3 期。

请求权或者撤销权)撤销解除合同的行为。① 对合同解除异议权采实质解释说的学者普遍认为,(有解除权的解约方)合同解除的通知到达对方时生效,解除异议本身并不影响合同解除的效力。②

本案中,申请人享有协议约定的解除权和《合同法》第94条(《民法典》第563条)规定的法定解除权,其解除合同的通知到达被申请人时,合同解除的效力发生,后续申请人请求仲裁庭确认合同解除的效力以及被申请人提出解除异议的反请求,并不影响合同解除的效力。

需要注意的是,根据《合同法》第94条(《民法典》第563条)的规定,申请人单方解除合同是通过行使解除权的方式,而非合同自动解除。即使本案中政府行政审批构成不可抗力导致合同不能履行,当事人也需要通过行使解除权来解除合同。各国立法例对不可抗力导致合同不能履行时合同解除方式的规定不尽相同(自动解除或通知解除)。③ 我国《合同法》第96条(《民法典》第565条)采取的是通知解除的方式,因此,即使不可抗力导致合同不能履行,也需要当事人行使解除权(或者合意解除)来解除合同。

(本案例由北京大学法学院民商事争议解决方向硕士研究生王淑馨女士编撰)

---

① 参见贺剑:《合同解除异议制度研究》,载《中外法学》2013年第3期。
② 参见贺剑:《合同解除异议制度研究》,载《中外法学》2013年第3期;毕凯丽、赵昭:《合同解除"反向确认之诉"的司法审查要点——以希格玛电气(珠海)有限公司诉北京普驰电气有限公司合同纠纷案为例》,载《法律适用·司法案例》2019年第12期;孙增芹、吴兆祥:《关于合同解除的几个问题》载《人民司法·应用》2008年第21期。
③ 参见韩世远:《不可抗力、情事变更与合同解除》,载《法律适用》2014年第11期。

案例 19　建设工程合同项下不可抗力
　　　　　导致工期延误如何处理

——A 供应链股份有限公司与 B 工程股份有限公司
建设工程施工合同争议仲裁案

仲裁要点：在承包人因台风强降雨导致工期延误的情形下，若建设工程施工合同中没有关于工期延误损失的相关约定，应判断台风强降雨在案件中是否构成不可抗力。在认定不可抗力及分配工期延误损失时，可将专业意见作为重要参考。

一、案　情

2013 年 9 月 9 日，申请人 A 供应链股份有限公司作为发包人与作为承包人的被申请人 B 工程股份有限公司经协商一致，签订了由申请人发包的华南保税仓库项目工程（以下简称"工程"）的《建设工程施工承包合同》（以下简称《施工合同》）。施工合同主要约定：项目建筑面积 34 263 平方米，建筑高度为 41.6 米，装卸区货车位 16 个，主要建设内容为物流仓库建设；工程承包范围为图纸及招标清单内所有工作内容；开工日期为 2013 年 9 月 17 日（以监理开工令日期为准），竣工日期为 2015 年 1 月 30 日（以竣工验收通过日期为准），合同工期总日历天数 500 天；合同价款为 8 700 万元；工程采用固定总价方式计价。

《施工合同》签订后，被申请人依约进场准备施工。由于工程项目涉及拆迁和水电未通问题，工程的正式开工时间延期至 2013 年 12 月 19 日。2015 年 12 月 10 日，被申请人向申请人递交《工程竣工报验单》，要求申请人对工程予以检查验收，申请人于 2015 年 12 月 11 日作出工程初步验收合格可以组织正式验收的审查意见。2016年1月18日,工程经申请人、被申请人、监理单位、勘察单位、设计单位共同进行竣工验收,竣工验收结论为合格。但是,由于双方在工程竣工结算事宜上无法达成一致,被申请人拒绝提交完整竣工结算书及结算资料,影响了申请人对于案涉房屋的正常使用。申请人根据施工合同中的仲裁条款,于2017年6月向华南国仲申请仲裁,请求裁决确认涉案工程结算造价、被申请人出具建筑工程决算书并承担律师费等。被申请人提出仲裁反请求,请求裁决申请人支付剩余工程款及逾期付款利息、赔偿工期延误损失等。

本案中的工程造价涉及诸多因素,其中包括工期补偿问题。这与承台砖胎模遭受不可抗力(台风强降雨)倒塌修复等事项存在密切关系。2014年11月18日,被申请人向申请人及工程监理单位送达《工程签证单》,以项目已完成的承台砖胎模遭受2014年3月30日、31日强降雨强烈冲刷而倒塌,因进行现场砖胎模、泥水清理及修复、重砌返工,要求增加费用136 289.82元及顺延工期25天。申请人对该签证作出不予顺延工期及补偿费用的签证意见。2015年12月5日,被申请人就前述事项向申请人送达《工期确认单》称:"项目承台砖胎模施工时遭受2014年3月30日—31日台风强降雨而倒塌,属不可抗力造成,随后我司即进行清除及返工工作,至2014年4月26日方始修复完成,期间共消耗工期25天,故我司要求工期顺延25天给予确认为盼。"监理单位作出"情况属实,请总包单位组织甲方、监理共同协商确定"的意见,申请人未作签注。

二、当事人争议要点

本案双方当事人的争议焦点之一为2014年3月30日、31日的强降雨导致工期延误的责任承担问题。

申请人认为:

被申请人无权以承台砖胎模遭受不可抗力(台风强降雨)倒塌修复为由主张14天工期补偿。

被申请人认为:

1.2014年3月30日、31日S市强降雨导致已完成的承台砖胎模遭受冲刷而倒塌,因该不可抗力导致被申请人对上述工程进行重作,此并非由被申请人原因导致,监理方亦确认该情况属不可抗力且修复消耗了25天工期。

被申请人在一再妥协下,仅要求补偿14天工期,但申请人仍予拒绝,有违公平。

2.就该问题的工期补偿问题,双方在争议发生后,一致同意向共同委托的F区建设工程价格管理站进行咨询。F区建设工程价格管理站于2015年3月19日回复,"承台砖胎模问题,工程所需的清理、修复费用及延误的工期应由发包方承担,本站认可承包方可以要求索赔",但申请人在收到上述回复后,却拒绝给予被申请人工期补偿。

三、仲裁庭意见

仲裁庭认为,承台砖胎模倒塌修复是由于不可归责于双方当事人的不可抗力事件造成,且被申请人多次要求申请人予以签证工期延期,参照S市F区建设工程价格管理站提供的专业咨询意见:桩承台采用砖胎模施工,在招标清单中已明确;考虑到该工程的施工方法,其费用可以视为工程一次性投入费用,并非周转使用材料,工程所需的清理、修复费用及延误工期的损失应由申请人承担,仲裁庭对被申请人关于要求给予其因承台砖胎模遭受不可抗力(台风强降雨)倒塌修复补偿14天工期的主张予以采信。

基于本案证据及当事人诉辩意见,仲裁庭最终裁决部分支持了被申请人向申请人支付律师费的仲裁请求,以及申请人向被申请人支付剩余工程款及逾期付款利息、赔偿被申请人工期延误损失等仲裁反请求。

四、评析

(一)不可抗力的认定

不可抗力,是指不能预见、不能避免并且不能克服的客观情况。自然灾害是我国立法和司法实践中认同的典型的不可抗力现象,是指独立于人们意志以外发生的事件,是人类的预见力和防范力在合乎情理的条件下所不能及的,或至少是防止或避免不了的。不可抗力导致合同必须迟延履行的情形,如因不可抗力发生交通中断、不可抗力导致的供水供电中断以致生产中断等,即不可抗力未导致合同标的物毁损,但标的物的运送、完工等在时间上有所延迟,暂时阻碍了合同的履行,障碍解除后遭受不可抗力方尚有能力履行合同。这时可能出现两种情况:一是对方仍要求履行;二是合同目的落空,对方要求解除合同。本案属于前一种情况,即迟延履行,此时遭受不可抗力方仍应履行合同,但由于迟延导致的违约责任,如违约金责任、损害赔偿责任,可以依据不可抗力免责规则予以免除。①

本案中的台风强降雨天气能否定义为自然灾害,进而适用不可抗力标准,关键在于其是否同时满足不能预见、不能避免、不能克服三个条件。被申请人提供了 S 市 2014 年首场暴雨相关报道(2014 年 3 月 31 日),至于是否存在 2014 年 3 月 31 日之前关于 S 市会有台风强降雨的天气预报,则未有提及。通常来说,人们能够通过天气预报了解未来短时间内是否会出现台风强降雨天气。至于能否克服、避免,则需要依赖专业意见进行判断。本案中,仲裁庭没有在不可抗力的认定方面进行具体分析、认定。值得注意的是,并非所有自然灾害都能被认定为不可抗力,应当结合个案情况进行具体分析。②

(二)不可抗力情形下的责任分配

《合同法》第 117 条(《民法典》第 590 条)规定,因不可抗力不能履行合同的,根据不可抗力的影响,部分或者全部免除责任,但法律另有规定的除外。当事人迟延履行后发生不可抗力的,不能免除责任。该规定为出现不可抗力情形时各方的风险分配提供了规则。但是,意思自治原则是民法的基本原则之一。如果各方当事人在合同中已经约定了因不可抗力所引发的风险的分配规则,则应优先考虑当事人的真实意思。如果合同中缺乏相关约定,则应考虑适用《合同法》第 117 条(《民法典》第 590 条)的规定。

本案中,应当首先考察当事人之间是否存在有关风险分配规则的约定,再决定是否适用《合同法》第 117 条(《民法典》第 590 条)。本案中,双方当事人签订的合同中并未明确约定遭遇不可抗力情形下的责任分配规则。因此,应当适用《合同法》第 117 条(《民法典》第 590 条)的规定,根据不可抗力的影响,部分或者全部免除被申请人的责任。本案中的工期补偿属于工程领域中的专业问题,应由具有相应专门知识的人士/机构提出专业意见。在责任的分配上,仲裁庭参照了 S 市 F 区建设工程价格管理站的专业咨询意见,

---

① 参见谭启平、龚军伟:《不可抗力与合同中的民事责任承担——兼与罗万里先生商榷》,载《河北法学》2002 年第 3 期。
② 参见韩峰:《强降雪不构成不可抗力及不真正连带责任》,载《人民司法·案例》2010 年第 16 期。

对被申请人关于要求给予其因承台砖胎模遭受不可抗力(台风强降雨)倒塌修复补偿 14 天工期的主张予以采信。

（本案例由北京大学法学院民商事争议解决方向硕士研究生谢翔先生编撰）

案例 20　建设工程因规划改变而停工,相关损失如何承担

——A 集团有限公司与 S 市 G 项目建设办公室
建设工程承包合同争议仲裁案

仲裁要点:建设工程因规划改变而停工,双方当事人因此解除合同,相关损失的承担应结合合同约定予以认定。根据《合同法》及相关司法解释的规定,对于承包人的停工、窝工损失,发包人应承担损害赔偿责任,不能以不可抗力为由主张免责,停工、窝工损失的计算受减损规则的限制;对于其他损失,发包人可以不可抗力为由免责。

一、案　情

2009 年 3 月 6 日,申请人 A 集团有限公司与被申请人 S 市 G 项目建设办公室签订《建设工程承包合同》,双方约定申请人承包被申请人的"B 场坪及防洪(潮)排涝工程 I 标"工程(以下简称"案涉工程")。合同约定案涉工程采用固定总价合同,价款为:40 907 169.19 元,工期为 420 日历天,工程款结算以审计机关(S 市审计局)依法出具的审计结果为依据。2009 年 10 月 25 日,经监理单位通知,申请人开始进场施工。由于施工场地征地拆迁问题未能解决等原因,工程长期处于半停工状态。2013 年春节后,案涉工程全面停工。2014 年 12 月 8 日,申请人向被申请人发函要求其明确停工后项目部人员及设备去留问题,补偿停工损失。2015 年 10 月 8 日,被申请人向申请人出具《关于解除建设工程承包合同的通知》,称由于 2013 年 4 月案涉工程所在地整体搬迁安置工作未如期完成及 S 市政府对该项目开启重新规划等因素,依据合同相关条款解除该合同。2015 年 10 月 15 日,申请人回函要求被申请人审核确认已完成工程量及工程造价、补偿费用等问题。

2016年1月12日,申请人向被申请人出具《工程造价结算书》,工程造价为18 257 630.88元(不含停窝工损失等补偿费用),此工程造价除按合同已完成的工程量外,还包括:(1)块石备料费291 003.11元;(2)3号地块土质类别调整导致的增加款项623 293.58元;(3)铺设临时道路工程款293 595.80元。2016年9月1日,申请人、被申请人、监理单位等召开"误工损失及剩余工作安排专题讨论会",形成的会议纪要载明:由于非施工方原因引起的各标段误工损失,会议同意予以补偿,补偿费用以S市审计局审计结果为准。

2017年3月9日,S市审计局出具《审计报告》,审定案涉工程造价为15 683 377.97元。在审计局核减的金额中,包括了申请人上报的块石备料费、3号地块土质类别调整导致的增加款项及铺设临时道路工程款合计1 207 892.49元。其中块石系在合同解除前申请人为完成工程施工而采购,块石工程量在2015年12月15日得到监理单位的审核确认。2016年12月,备料的块石仍堆放在施工现场,经申请人与监理单位现场测量块石量为3 047立方米。关于3号地块土质类别调整事项,申请人曾于2011年4月10日向被申请人和监理单位出具函件,反映3号地块与地质勘探报告反映的地质情况存在较大出入,要求上调土质类别,监理单位与设计方在相应意见栏中表示所述问题情况属实。关于铺设临时道路的事项,申请人曾于2015年12月4日向被申请人和监理单位出具函件,表示因征地拆迁等一系列问题,需要新开施工道路,要求对其新开临时施工道路已完成的工程量进行确认。监理单位与设计方在相应意见栏中表示情况属实,同意修建临时施工道路。同日,监理单位对工程量进行确认。2016年8月24日,监理单位与申请人、被申请人、设计方召开案涉工程变更讨论会,其会议纪要载明:会议同意对新增的临时道路费用进行补偿。

2017年9月27日,监理单位向被申请人出具有关案涉工程误工损失的审核意见,其中包含误工损失、窝工损失、管理人员工资补偿、合同工期至合同解除期间施工活动板房、临时电缆折旧及项目水电费等损失及合同解除后未完工项目预期利润。

监理单位出具审核意见之前,申请人与被申请人就上述三项工程款的结算及相关损失的赔偿产生争议,申请人根据《建设工程承包合同》中的仲裁条款于2017年7月向华南国仲提起仲裁,请求被申请人支付工程款1 207 892.49元、赔偿金19 652 320.60元、律师费10万元并承担仲裁费用。

案件审理过程中,仲裁院委托审计单位对案涉块石备料、临时道路和停工窝工损失所涉工程款进行审计。2018年3月23日,审计单位出具《工程造价意见书》,其中:(1)临时道路造价为244 898.28元;(2)块石备料款为174 069.75元;(3)停工窝工损失可算范围造价5 221 274.76元,单列部分3 494 971.18元。停工窝工损失分成四个部分,其一,解约后损失:可确认的板房、电缆折旧、调迁费和项目水电费共计262 367.70元,已备案人员解雇费用328 860元,单列非备案人员解雇费393 875元;其二,2013年5月17日至2015年10月8日期间长期停工损失:可算部分为1 322 643.17元,单列部分为1 452 660.61元;其三,2009年10月25日至2013年5月17日施工过程中短期停工损失:可算部分为3 307 303.89元,单列部分为1 648 435.56元;其四,利润损失:2 056 449.35元。

二、当事人争议要点

申请人认为:

其一,块石系申请人为完成工程施工而采购,工程量已得到监理公司的审核确认,在合同解除后该部分块石也已移交给被申请人,因此块石备料款项应由被申请人承担。

其二,被申请人在会议中已同意补偿因3号地块土质类别调整及铺设临时道路增加的费用,监理公司对工程量也进行了审核确认,被申请人应向其支付上述工程款。

其三,工程处于半停工及停工状态的原因是被申请人一直未能解决拆迁补偿问题、未能移交全部施工场地,申请人由此产生的巨额机械设备停滞、人员停工窝工等损失均应由被申请人赔偿。

被申请人认为:

首先,申请人无权主张上述工程款。其一,块石备料未按合同约定的程序进行验收,监理单位对块石备料数量的确认行为并未得到被申请人的授权;根据S市审计局意见,块石未形成工程实体,不应计取工程款。其二,案涉合同采用固定总价合同形式确定合同价款,土质类别调整不属于合同中约定的工程变更事项,不能据此调整合同价款。而且,即使存在约定的合同价款调整情况,因申请人未按约定在合同价款调整情况发生后14天内书面提出调整报告,视为该调整情况的发生不涉及合同价款的调整。其三,铺设临时道路工程款已包含在工程总价之中,申请人不能要求被申请人额外支付该工程款。

其次,对于停工窝工损失赔偿,被申请人主张申请人无权要求其承担赔偿责任。其一,案涉工程停工的原因是施工地区整体搬迁安置工作未能如期完成及 S 市政府的重新规划,属于不可抗力因素。根据合同约定,被申请人无任何赔偿、补偿义务。其二,基于新的市政规划,S 市政府决定终止案涉工程,被申请人系因不可抗力不能履行进而解除合同,不存在违约行为,根据法律规定不应承担违约赔偿责任。其三,即便被申请人应承担赔偿责任,由于申请人未按合同约定的索赔程序提出索赔,按合同约定视为已放弃索赔。

此外,由于案涉工程是政府投资项目,工程款结算受法定和约定的审计监督,被申请人不能支付未经 S 市审计局审核确认的工程款和赔偿金。对于仲裁院委托审计单位鉴定的行为,被申请人主张,由于合同约定采用固定价结算工程价款,再对建设工程进行造价鉴定违反《建设工程司法解释》第 22 条的规定。

三、仲裁庭意见

仲裁庭认为,仲裁院委托审计单位进行造价鉴定不违反《建设工程司法解释》第 22 条的规定。申请人提出的仲裁请求不是对 S 市审计局按固定价结算的争议,而是对案件事实的争议。对案件事实的争议,仲裁院有权对争议部分委托审计单位进行鉴定。

对于支付块石备料款 291 003.11 元的仲裁请求,仲裁庭认为,在合同尚未解除、被申请人没有指令申请人停止进料的情况下,申请人为防止延误工期,根据工程施工需要备料块石是必需的。根据合同相关条款约定,合同非因施工方原因解除,申请人备料的块石没有他用,被申请人不给申请人补偿没有合同依据,且对申请人不公平。另外,块石没有经工程师验收的原因是被申请人与监理单位发生监理费纠纷,工程师因此撤离施工现场。被申请人以未经验收程序主张不应支付费用的理由不充分。在块石备料款的计算上,仲裁庭认为审计单位的计价方式没有合同依据,对此未予采纳,基于块石投标价加 5% 利润的单价认定案涉块石备料款为 166 366.20 元。

对于支付土质类别调整导致的增加款项 623 293.58 元的仲裁请求,仲裁庭认为,根据案涉合同相关约定,实际地质情况与地质资料的出入不属于申请人无法预见的情况,申请人应自行承担因此造成的损失。因缺乏合同依据,即使被申请人、监理单位曾同意给予申请人相应补偿,该仲裁请求也不应得到支持。

对于支付铺设临时道路工程款293 595.80元的仲裁请求,仲裁庭认为,申请人实际施工过程中多次受到当地未搬迁的居民阻工,为顺利推进施工进度,需要另行修筑临时道路进行运输,属于合同约定的"有经验的承包人无法预见的外界障碍或条件"。被申请人、监理单位和设计单位都曾认为属于"工程变更",同意给予申请人补偿。根据合同约定,因工程变更,在结算时可以对措施费进行调整,因此被申请人应支付申请人铺设临时道路工程款,数额以审计单位审计结果为准,即244 898.28元。

对于支付赔偿金19 652 320.60元的仲裁请求,仲裁庭认为,申请人客观上存在停工窝工及机械闲置、人工损失,且系被申请人因征地拆迁问题未能及时向申请人交付施工场地所致,参照《八民纪要》第32条关于承包人停(窝)工损失赔偿问题的规定,因发包人未按照约定提供场地,发包人应当赔偿因此给承包人造成的停(窝)工损失,包括停(窝)工人员人工费、机械设备窝工费和因窝工造成设备租赁费用等停(窝)工损失。并且根据案涉合同相关条款,因发包人原因停工达60天,被申请人应对申请人进行补偿。对于申请人未按合同约定程序提出索赔应被视为放弃停工窝工损失的主张,仲裁庭认为,申请人曾向被申请人提出索赔要求,被申请人也同意赔偿其停工窝工损失,故对被申请人的此项抗辩不予采信。

仲裁庭认为,案涉工程因规划改变而停工,合同解除系政府行为所致,属于不可抗力。因此,解约后可确认的板房、电缆折旧和项目水电费262 367.70元,已备案人员解雇费用328 860元,单列非备案人员解雇费用393 875元和利润损失2 056 449.35元的赔偿请求没有法律依据,仲裁庭不予支持。停工期间计算管理费没有依据,只能计算机械闲置费和人工费。据此仲裁庭仅对2013年5月17日至2015年10月8日期间长期停工损失与2009年10月25日至2013年5月17日施工期间短期停工损失进行计算。对于长期停工损失,按照合理止损原则和S市造价站文件,只能计算3个月,因此被申请人应补偿申请人3个月人员窝工费12.57万元、机械台班费24.73万元。对于短期停工损失,仲裁庭支持其中可算部分人工窝工费26.33万元和机械闲置费39.91万元。据此,被申请人应补偿申请人停工窝工损失103.54万元。

基于以上意见,仲裁庭裁决被申请人赔偿申请人块石备料费166 366.20元、临时道路修建费244 898.28元、停工窝工人员和机械费103.54万元;补偿申请人律师费10万元;仲裁费与审计费双方各承担50%。

四、评　析

本案是一起因政府行为导致合同解除的建设工程合同纠纷。仲裁庭认为,因政府规划改变导致建设工程合同不能继续履行,属于不可抗力,据此当事人可以解除合同。双方当事人的争议在于:合同解除后,承包人相关损失的承担问题。

(一)固定总价施工合同中,承包人主张增加款项应有合同依据

根据《民法总则》第180条(《民法典》第180条)、《合同法》第117条(《民法典》第590条)之规定,因不可抗力不能履行合同的,根据不可抗力的影响,部分或者全部免除责任。学说上认为,此处的"责任"仅指损害赔偿或与之相当的责任(如违约金)。① 故合同解除时,对于承包人在原合同项下已经完成的工程量及为施工所支出的必要费用,发包人不能以不可抗力为由主张免责。本案中,承包人为施工采购块石备料、铺设临时道路均系合同存续期间承包人为履行合同所为的必要行为。根据《合同法》第97条(《民法典》第566条)之规定:"合同解除后,尚未履行的,终止履行;已经履行的,根据履行情况和合同性质,当事人可以要求恢复原状、采取其他补救措施,并有权要求赔偿损失。"学说上认为,当给付义务是提供劳务时,合同解除后产生的恢复原状义务是指相当于"价值形态的恢复原状"。② 因此在承包人提供劳务后,承包人可以请求发包人支付相应费用。对于采取固定价结算工程款的合同,承包人如主张增加款项,应对增加款项的必要性、合同依据承担举证责任。在具体案件中,应根据合同中的价格调整条款判断承包人是否有权请求发包人支付相关费用。

本案中,仲裁庭驳回承包人关于土质类别调整费用的仲裁请求的理由在于,根据合同约定,此类地质情况的出入属于有经验的承包人可以预见的范

---

① 参见韩世远:《合同法总论》(第四版),法律出版社2018年版,第487页。另有学者认为,这里的责任仅指损害赔偿责任,并不包括违约金责任、约定的担保责任等。参见王洪亮:《债法总论》,北京大学出版社2016年版,第232页。

② 参见韩世远:《合同法总论》(第四版),法律出版社2018年版,第675页。

围,应由承包人自担损失。即使发包人曾通过会议纪要的形式同意给予承包人补偿,合同依据的缺失也使得该主张不能被支持。在材料费用、工程款的计算上,应结合合同约定和审计单位的审计结果综合认定。

(二) 因不可抗力无法提供施工场地,发包人应赔偿承包人停工、窝工损失

根据《合同法》第 97 条(《民法典》第 566 条)之规定,当事人可以同时主张解除合同和损害赔偿请求权。① 据此,在合同解除后,承包人或可要求发包人赔偿损失。违约损害赔偿请求权的构成要件包括:其一,存在违约行为。依学说见解,此处违约行为仅指违反合同债务这一客观事实,不考虑主观过错问题。其二,请求权人受有损害。其三,违约行为与损害之间具有因果关系。其四,违约人无免责事由。② 本案中需要讨论的是第四个要件,即发包人能否以不可抗力为由主张免除损害赔偿责任。本案中,导致合同无法继续履行的原因是 S 市政府基于对施工地区的重新规划决定终止案涉工程,涉及的问题是,政府行为是否属于不可抗力的范围。对此,理论界一般认为,法律的颁布实施、政策的出台与贯彻落实、司法机关对标的物采取的强制措施等政府行为,只要同时符合不能预见、不能避免与不能克服的要求,均可以构成不可抗力。③ 实务界的认定思路也与该观点相契合。如在哈尔滨市阿城区人民政府、东方(厦门)高尔夫乡村俱乐部综合旅游有限公司合同纠纷案④中,《合作协议》不能继续履行的原因是政府对高尔夫球场经营的限制政策以及对案涉高尔夫球场的拆除行为,最高人民法院认定政府政策不构成不可抗力的理由是合同当事人在订立合同时能够预见到此种政策导向以及合同履行的风险。⑤ 因此,不能一概将政府行为排除在不可抗力的范围之外,只要政府行为满足不可抗力的构成要件,则可以认定构成不可抗力,部分或全部免除当事人的违约损害赔偿责任。本案中,被申请人在订立合同时不能合

---

① 参见王洪亮:《债法总论》,北京大学出版社 2016 年版,第 368 页。
② 参见韩世远:《合同法总论》(第四版),法律出版社 2018 年版,第 777 页。
③ 参见韩世远:《合同法总论》(第四版),法律出版社 2018 年版,第 485 页;王洪亮:《债法总论》,北京大学出版社 2016 年版,第 232 页。
④ 参见最高人民法院(2019)最高法民终 1709 号民事判决书。
⑤ 在"三亚凯利投资有限公司、张伟确认合同效力纠纷案"中,海南省高级人民法院和最高人民法院都认为,违约行为人可以预见到海南省人民政府的"两个暂停"政策,因此认定该政府行为不属于不可抗力。参见最高人民法院(2019)最高法民终 960 号民事判决书。

理预见到 S 市政府将会对案涉项目进行重新规划,客观上也不能避免 S 市政府改变规划的行为。并且在案涉项目被终止后,被申请人无法继续履行合同项下的义务,满足不可抗力的构成要件。

但是,根据《合同法》第 117 条第 1 款(《民法典》第 590 条第 1 款)的规定,在法律另有规定时,不可抗力不能免除损害赔偿责任。在建设工程承包合同中,《合同法》第 283 条(《民法典》第 803 条)可以理解为《合同法》第 117 条第 1 款(《民法典》第 590 条第 1 款)所称的例外规定。《合同法》第 283 条(《民法典》第 803 条)规定,在发包人未按照约定时间和要求提供原材料、设备、场地、资金、技术资料时,承包人有权要求赔偿停工、窝工等损失。《八民纪要》第 32 条对《合同法》第 283 条(《民法典》第 803 条)中的损失进行了限定和解释,明确在此情形下,发包人应当赔偿因此给承包人造成的停(窝)工损失,包括停(窝)工人员人工费、机械设备窝工费和因窝工造成设备租赁费用等停(窝)工损失。由此,可以认为只要存在发包人未按照约定时间和要求提供场地的客观情形,即使存在不可抗力的事由,发包人也不能以此免除赔偿承包人停(窝)工损失的责任。

但是,违约损害赔偿的范围受到减损规则的限制。《合同法》第 119 条(《民法典》第 591 条)第 1 款规定,当事人一方违约后,对方应当采取适当措施防止损失的扩大;没有采取适当措施致使损失扩大的,不得就扩大的损失要求赔偿。学说上认为,适当措施通常包括停止工作、替代安排。① 因此,在发包人不能按照约定提供施工场地时,承包人可以采取停止工作等适当措施。在长期停工、窝工损失的计算上,应当对计算期限作出一定的限制。本案中,仲裁庭根据减损原则及相应造价站文件,将长期停工损失限定在 3 个月以内;对于短期停工损失,可以根据承包人提供的证据如监理月报、周报等进行认定。

(三)不可抗力免除发包人赔偿承包人其他损失的责任

对于承包人主张的其他损失,如解约后可确认的板房、电缆折旧和项目水电费、已备案人员解雇费用、非备案人员解雇费用、利润损失、停工期间的管理费,《合同法》分则未作出具体规定。因此,根据《合同法》第 117 条第 1 款(《民法典》第 590 条第 1 款)之规定,发包人可以不可抗力为由主张不承

---

① 参见王洪亮:《债法总论》,北京大学出版社 2016 年版,第 421 页。

担损害赔偿责任。

综上所述,在因不可抗力解除建设工程承包合同后,根据《合同法》第283条(《民法典》第803条)之规定,承包人可以请求发包人承担停工、窝工损失;对于承包人主张的其他损失,根据《合同法》第117条第1款(《民法典》第590条第1款)之规定,应当免除发包人的赔偿责任,相关损失由承包人自行承担。

值得进一步探讨的是,如果当事人在合同中约定发生不可抗力情形时,承包人停工、窝工损失由其自行承担,发包人对此不承担损害赔偿责任,这样的约定是否有效。对此编者认为,建设工程承包合同的当事人系平等的商事主体,在当事人对风险进行预先安排的情况下,应尊重当事人之间的意思自治,承认此类条款的效力;如果对此类条款进行调整,则会导致市场背信行为丛生,不利于良好营商环境的创建。

(本案例由北京大学法学院民商事争议解决方向硕士研究生袁梦迪女士编撰)

案例21　不可抗力导致损失的性质和范围如何界定

——A建设集团有限公司与S市G项目建设办公室
建设工程承包合同争议仲裁案

仲裁要点:建设工程合同中存在庞杂的附随义务群,导致对违约责任归责事由的认定尤为复杂。在工程停建、缓建时,发包人产生工程未能如期完工的履行利益损失,承包人亦产生停工、窝工、材料积压等一系列损失。对由此产生的损害赔偿责任,应考察工程停建、缓建产生各项损失的具体原因,综合免责条款、不可抗力等约定和法定免责事由,认定归责事由,确定当事人的违约责任范围。对于发包人原因导致工程停建、缓建引起的承包人停工、窝工、材料积压等损失,发包人应承担违约损害赔偿责任;对于发包人因不可抗力解除合同导致的承包人工程预期利润损失,发包人可以免除损害赔偿责任。

一、案　情

2009年3月6日,申请人A建设集团有限公司(承包人)与被申请人S市G项目建设办公室(发包人)就"B陆域场坪及防洪(潮)排涝工程Ⅱ标"工程签订《建设工程承包合同》。

2009年11月2日,监理人向申请人下达进场通知书,申请人相关机械设备及人员进场。2010年7月21日,监理人向申请人签发《合同项目(局部开工)开工令》,要求申请人按施工计划安排开工。后因被申请人整体拆迁工作未能如期完成以及工程开启重新规划等因素,工期严重拖延。

2015年10月8日,被申请人向申请人发出《S市G项目建设办公室关于解除建设工程承包合同的通知》,载明解除原因为,因2013年4月B片区整体搬迁安置工作未能如期完成及市政府对本项目开启重新规划等因素,停止施工。

申请人自进场至合同解除期间,机械及人员基本处于待工状态,造成停工及窝工损失。双方当事人就申请人损失的赔偿问题发生争议,申请人根据《建设工程承包合同》中的仲裁条款于2017年12月向华南国仲提起仲裁,请求裁决被申请人支付块石备料款并赔偿人员窝工工资损失、机械停工损失、预期利润损失等。

二、当事人争议要点

申请人认为:

申请人按照约定带着机械设备和人员进场,履行了合同义务,而被申请人没有及时完成搬迁工作,导致工期拖延,申请人的机械及人员基本处于待工状态,造成停工及窝工损失。合同的解除是被申请人单方面原因造成的,被申请人构成违约。被申请人应按照《建设工程承包合同》的约定承担责任,包括向申请人支付块石备料款,赔偿申请人人员窝工工资损失、机械停工损失、工程应有的预期利润损失及律师费。

被申请人认为:

被申请人没有义务向申请人支付块石备料款,也没有义务赔偿人员窝工工资损失、机械停工损失、预期利润损失及律师费。第一,申请人未遵守合同约定的索赔程序,已逾期失权。第二,本项目是政府投资项目,工程款结算受法定和约定的审计监督,申请人主张的块石备料款和赔偿金未经S市审计局审核确认,被申请人不能支付。第三,本项目亦是通过招投标签订的施工合同,不得对合同约定的结算条款作实质性变更,否则违反《招标投标法》的规定。

三、仲裁庭意见

仲裁庭认为,被申请人应按照原材料价格向申请人支付块石备料款,并向申请人赔偿酌情调整后的人员、机械窝工损失,但无须赔偿工程预期利润损失。

第一,关于块石备料款的争议。申请人为工程备料而采购的块石材料已由被申请人接受,虽未形成工程实体,但具有经济价值,被申请人理应支付块石备料款。

第二,关于人员、机械窝工损失的争议。根据项目中达成的《会议纪要》,被申请人同意对由于非施工方原因引起的各标段误工损失予以补偿。在《会议纪要》达成后,不应再适用合同关于索赔逾期失权的约定。此外,申请人曾就停窝工损失向被申请人提出过主张,被申请人并未在合同约定的期限内提出异议,根据合同约定,视为被申请人已认可申请人之主张。因此,被申请人应当补偿申请人停窝工损失,但由于案涉工程停窝工时间较长,期间申请人未尽及时止损义务,对停工窝工人员、机械费酌减。

第三,关于工程预期利润的争议。《合同法》第113条第1款规定:"当事人一方不履行合同义务或者履行合同义务不符合约定,给对方造成损失的,损失赔偿额应当相当于因违约所造成的损失,包括合同履行后可以获得的利益,但不得超过违反合同一方订立合同时预见到或者应当预见到的因违反合同可能造成的损失。"第117条规定:"因不可抗力不能履行合同的,根据不可抗力的影响,部分或者全部免除责任,但法律另有规定的除外。当事人迟延履行后发生不可抗力的,不能免除责任。本法所称不可抗力,是指不能预见、不能避免并不能克服的客观情况。"根据《合同法》第113条的规定,《建设工程承包合同》有效而因被申请人过错解除合同时,申请人一般可以主张可得利益损失,但属于不可抗力的情形除外。本案工程的政府规划变更是被申请人无法控制或主导的,S市政府的规划变更符合不可抗力"不能预见、不能避免并不能克服"的要求。因此,仲裁庭对申请人主张的预期利润赔偿请求不予支持。

四、评 析

本案讨论的争点为被申请人对工程停建导致申请人损害的赔偿责任能否成立及其范围问题。被申请人未及时完成搬迁工作,违反协助义务,后解除合同,给申请人带来的损害可分为两类:一是工期拖延,造成申请人材料积压、停工窝工损失;二是合同关系消灭,申请人丧失工程预期利润损失。由于在合同履行过程中政府规划发生变更,因此申请人的损害还可以区分为政府规划变更前的损害和政府规划变更后的损害。对于后者,由于政府对项目重新规划导致项目不能继续实施,合同永久不能履行,因此对被申请人责任的认定主要涉及不可抗力的构成及法律效果。

(一)不可抗力的构成

根据《合同法》第 117 条第 2 款(《民法典》第 180 条第 2 款)的规定,不可抗力是指不能预见、不能避免并不能克服的客观情况。根据这一定义,不可抗力的构成要素包括:(1)不可抗力必须是一种客观情况,即独立于人的行为之外的事件,障碍根源外在于债务人的控制领域①;(2)不可抗力属于不能预见的客观事实,即债务人在缔约时不能合理地预见到该客观情况的发生;(3)不可抗力属于不能避免的客观事实,即客观事实必然发生,也即当事人即使尽最大努力,仍不能避免客观事实的发生;(4)不可抗力属于不能克服的客观情况,即当事人在事件发生后,已尽到最大的努力,仍无法抗拒该客观事实的后果,正常履行债务。②

在具体情形中,政府行为是否构成不可抗力存在争议。否定说认为,政府行为出现的次数太过频繁,如果把政府行为列为不可抗力,容易导致对不可抗力制度的滥用,而且部分政府行为可以预见、可以克服。③ 肯定说认为,政府行为只要符合不能预见、不能避免并不能克服的要求,就可以构成不可抗力。④

编者赞同肯定说。其一,判断政府行为可否构成不可抗力需要通过"不能预见、不能避免、不能克服"的检验,三个要求并存而非择一,不可抗力的构成相当严格。因此,尽管政府行为出现的次数频繁,但政府行为构成不可抗力的概率并不会因此畸高。其二,政府行为种类繁多,涉及社会经济生活的范围极广,无法从抽象意义上概括地对其是否构成不可抗力予以判断,只能在个案中关注具体的政府行为对合同关系的影响,因此以不可抗力的构成要件检验个案中的政府行为更为妥当。

本案中的政府行为表现为对案涉建设工程项目开启重新规划,在行政行为分类上属于具体行政行为中的依职权行政行为,具有较强的主动性、强制

---

① 参见韩世远:《合同法总论》(第四版),法律出版社 2018 年版,第 482 页。
② 参见王洪亮:《债法总论》,北京大学出版社 2016 年版,第 230 页。
③ 参见刘凯湘、张海峡:《论不可抗力》,载《法学研究》2000 年第 6 期。
④ 参见韩世远:《合同法总论》(第四版),法律出版社 2018 年版,第 485 页;王洪亮:《债法总论》,北京大学出版社 2016 年版,第 231 页。

性。案涉项目为 S 市本级政府投资项目,即"利用市本级财政性资金在 S 市行政区域内进行的固定资产投资建设项目"。

1.不可预见性

当事人在 2009 年订立合同时,显然无法预见到 2015 年政府对案涉项目规划变更的客观情况。

2.不可避免性

政府规划是在当事人控制领域以外的客观情况。在政府投资项目中,政府规划对于项目建设的存废、进程具有直接影响和控制力,被申请人尽最大努力也不可能改变政府对案涉项目的规划。

3.不可克服性

根据 2014 年发布的《S 市政府投资项目管理条例》第 25 条第 3 款的规定,"政府投资项目年度计划应当严格执行,未经法定程序,任何单位和个人不得变更"。因此,政府投资项目年度计划对于具体项目建设具有较强的稳定性和强制性。在政府规划变更后,被申请人无法将项目恢复为变更前的规划,对政府规划的变更无法克服。

综合上述,本案所涉政府投资项目中,政府规划变更符合不可抗力的构成要件,仲裁庭将其认定为不可抗力具有法律依据且合理妥当。

(二)不可抗力的法律效果

1.解除合同

根据《合同法》第 94 条第 1 项(《民法典》第 563 条第 1 项)的规定,"因不可抗力致使不能实现合同目的",当事人可以解除合同。据此,不可抗力事由发生并不必然产生法定解除权,还须导致合同目的不能实现,因此需要关注不可抗力对当事人履行能力及条件的影响程度。在不可抗力导致合同丧失履行基础、永久不能履行的情况下,合同目的根本不可能达到,合同关系即可通过解除消灭。

本案中,案涉项目为政府投资项目,政府规划对项目建设具有强制性的影响力。政府规划变更,不再继续实施案涉项目,将使合同履行丧失基础条件。由于本案政府项目规划不具有恢复原计划的可能,合同将陷入永久履行不能,可以发生法定解除权,被申请人可以据此解除合同。

此外,根据《合同法》第 268 条(《民法典》第 787 条)的规定,在承揽合同中,定作人享有任意解除权。建设工程合同属于承揽合同范畴,根据《合同法》第287条(《民法典》第808条)的规定,建设工程合同可以适用承揽合同的有关规定。因此,被申请人享有任意解除权,亦可据此解除合同。

2.完全免责或部分免责

《合同法》第117条第1款(《民法典》第590条第1款)规定:"因不可抗力不能履行合同的,根据不可抗力的影响,部分或者全部免除责任,但法律另有规定的除外……"据此,在不可抗力导致合同不能履行的情况下,债务人可以在不可抗力影响范围内,免除全部或部分违约责任。

(1)解除合同与损害赔偿责任

根据《合同法》第97条(《民法典》第566条)的规定,合同解除后,根据履行情况和合同性质,当事人可以请求赔偿损失。关于合同解除后损害赔偿的性质,学说上认为依然是违约损害赔偿。①《民法通则》第115条(《民法典》第566条、第567条)规定:"合同的变更或者解除,不影响当事人要求赔偿损失的权利。"从体系上看,该条位于《民法通则》第六章第二节"违反合同的民事责任",可作印证。因此,在《合同法》中,不可抗力免除的责任为违约责任,合同解除场合的损害赔偿责任亦可以不可抗力为由免除。

关于合同解除和损害赔偿的关系,也有学者提出,应该区分合同解除的不同情况,具体讨论:在合同因为不可抗力导致目的不能实现而解除的场合,根据《合同法》第117条(《民法典》第590条)的规定,当事人通常不负赔偿责任,除非存在迟延履行发生不可抗力或未尽减损义务的情况。在行使任意解除权的场合,解除合同责任可归责于解除者时,解除合同者需承担损害赔偿责任。② 换言之,解除合同责任不可归责于解除者时,解除者无须承担损害赔偿责任。

本案被申请人解除合同,导致申请人丧失案涉工程预期利润。由此产生的损害赔偿责任,性质上仍为违约损害赔偿责任,也可以以不可抗力为免责事由。

(2)不可抗力的免责范围

在合同不能履行是由不可抗力和债务人违约共同导致的情况下,债务人的责任如何认定存在争议。

部分免责说认为,不可抗力作为免责事由,只是说在不可抗力影响所及

---

① 参见韩世远:《合同法总论》(第四版),法律出版社2018年版,第686页。
② 参见崔建远主编:《合同法》(第五版),法律出版社2010年版,第263页。

的范围内不发生责任。如果不可抗力与债务人的原因共同构成损害发生的原因,则应本着"原因与责任成比例"的精神,令债务人承担相应部分的责任。①

不可免责说认为,不可抗力发生免责效力,以不可抗力是不履行的唯一原因为前提。如果不履行是由于违反义务或者违约造成的,则债务人仍需承担责任。② 免责的范围限定在不可抗力影响范围内体现为:如果不可抗力造成的是部分履行不能,则只能就此部分免责。③

编者有条件地赞同部分免责说。在不可抗力和债务人的原因对合同履行的影响可以区分的情况下,则就不可抗力造成合同不能履行的部分可以免责。如标的物在包装不善的情况下,遭遇缔约时未能预见的恶劣天气而毁损,由此发生履行不能。债务人违反妥善包装的义务与不可抗力对合同不能履行的影响无法区分,则无法确定不可抗力的影响范围,难谓免除债务人的部分责任。

本案为债务人的原因和不可抗力对合同履行的影响可以区分的情况。被申请人搬迁安置工作未能在 2013 年 4 月如期完成,违反了协助义务,之后政府项目规划在 2015 年发生变更,二者共同导致建设工程承包合同无法履行,并导致申请人发生系列损失。

在政府项目规划变更前,合同履行并无不可抗力的影响,对于期间发生的损害赔偿责任,被申请人不能以不可抗力为由免责。被申请人违反搬迁安置协助义务的后果为工期拖延,从而导致申请人产生停工、窝工和材料积压的损失。但申请人主张的工程预期利润并非该义务违反行为造成的可得利益损失,因为此时合同关系仍有效存续,申请人仍可以基于合同关系获得工程预期利润。

在政府项目规划变更后,搬迁安置工作未完成对合同履行的阻碍继续存在,同时政府规划变更的不可抗力导致项目工程无法继续实施,合同发生永久履行不能。被申请人通过解除程序消灭合同关系,申请人才损失了合同存续所能产生的工程预期利润。如前所述,被申请人的合同解除权包括不可抗力导致合同目的不达的法定解除权以及任意解除权,在适用法定解除权的情

---

① 参见韩世远:《合同法总论》(第四版),法律出版社 2018 年版,第 487 页。
② 参见王洪亮:《债法总论》,北京大学出版社 2016 年版,第 232 页。
③ 参见王洪亮:《债法总论》,北京大学出版社 2016 年版,第 232 页;刘凯湘、张海峡:《论不可抗力》,载《法学研究》2000 年第 6 期。

况下,解除者的损害赔偿责任可因不可抗力免除;在适用任意解除权的情况下,仍以解除者具有可归责性为损害赔偿责任成立的前提。在政府规划变更导致合同履行基础丧失的情况下,解除合同责任不可归责于被申请人。因此,工程预期利润的损失在不可抗力的影响范围内,被申请人对该部分损害赔偿的责任可因不可抗力而免除。

综上所述,本案中,不可抗力和被申请人的原因对合同履行的影响可以区分,被申请人可以在不可抗力影响的范围内部分免责,即以申请人案涉工程预期利润的损害为限免除赔偿责任。

(三) 结论

政府行为是否构成不可抗力不能一概而论,应以不能预见、不能避免、不能克服的客观情况为标准,根据个案中政府行为对合同关系的影响,进行具体判断。认定政府行为构成不可抗力后,仍需判断其对合同履行的影响程度和范围。在不可抗力事由导致合同履行基础丧失、永久履行不能的情况下,可以认定合同目的不达,发生法定解除权。合同解除导致合同履行利益损害的,损害赔偿性质仍为违约损害赔偿,在不可抗力影响范围内,可以以不可抗力为由免责。本案仲裁庭区分申请人损失的不同类型,对不可抗力影响范围内的损害部分免除被申请人的责任,对实务中认定不可抗力和违约损害赔偿责任的范围具有启发意义。

(本案例由北京大学法学院民商事争议解决方向硕士研究生田炼女士编撰)

案例22　承揽合同项下因台风发生的损失如何承担

——A酒店有限公司与B家具有限公司
承揽合同争议仲裁案

仲裁要点：承揽合同项下，承揽人应当妥善保管其工作成果，在遭遇不可抗力的情况下，承揽人应当采取必要措施，预防可能发生的危害，因承揽人保管不善造成工作成果毁损、灭失的，应由其自行承担未交付工作成果的加工制作成本。

一、案　情

2018年5月25日，申请人A酒店有限公司与被申请人B家具有限公司签订《酒店家具采购合同》(以下简称《采购合同》)，双方约定被申请人向申请人提供家具供货等服务，交货方式为现场交货。合同签订后，申请人按约定支付了合同总金额90%的货款。

2018年7月11日，被申请人送出第一批货物，应申请人要求，尚存部分货物暂未送出。2018年9月15日，台风"山竹"来袭，被申请人货物存放地区遭受了严重的内涝灾害，导致存放的剩余待运货物报废。2018年10月3日，被申请人向申请人书面说明受灾情况，并表示此部分家具因申请人原因不能按时送达，从而造成的损失应由申请人承担。2018年10月11日，申请人函复称因保管不善而造成的损失应由被申请人承担。2018年11月22日，申请人发出《送货通知》，要求被申请人将剩余货物于2018年11月30日前送达指定地点并安装完毕。其后双方就合同履行未能达成一致意见。申请人向被申请人发出《解除合同通知书》后，于2019年6月根据《采购合同》中的仲裁条款向华南国仲申请仲裁，请求解除《采购合同》并由被申请人赔偿合同约定的违约金等。

二、当事人争议要点

申请人认为：

根据案涉《采购合同》的约定，被申请人须承担合同货物到达申请人指定地点并验收合格前的一切风险。《采购合同》第 19.3、19.4 条约定，除人力不可抗拒的原因外，凡由于被申请人方责任造成的迟延供货，需按日支付违约金；迟延交货违约金额达到最高限额，应赔偿申请人合同金额 20% 的违约金且申请人有权解除合同。申请人书面催告被申请人须于 2018 年 11 月 30 日完成送货，迟延交货的日违约金便从 2018 年 12 月 1 日起计算，至 2019 年 3 月 10 日（第 100 天）迟延交货违约金达到最高限额，申请人即有权解除合同及要求被申请人赔偿违约金。

被申请人认为：

在 2018 年 7 月 11 日被申请人首次送出货物时，应申请人要求分两次提供家具，因而导致剩余未送的货物滞留仓库。之后 2018 年 9 月遇上台风，期间货物被水浸泡，需要重新配货，致使履行迟延。《采购合同》在由申请人支付重作材料费、人工成本费的基础上仍可继续履行。

三、仲裁庭意见

关于案涉《采购合同》的解除问题。仲裁庭认定《采购合同》虽名为采购合同，但从其约定内容来看，符合《合同法》第 251 条的规定，实为承揽合同，进而根据《合同法》第 268 条关于定做人可以随时解除承揽合同的规定，裁决案涉《采购合同》于申请人书面通知被申请人后解除。

关于被申请人是否应当承担《采购合同》约定的违约金问题。仲裁庭认为，根据《采购合同》第 19.3、19.4 条的约定，违约金的产生需要满足两个条件：首先，迟延交付货物系"除人力不可抗拒的原因外"，由被申请人责任所导致；其次，迟延天数需要达到一定的数量，即申请人主张的 100 天。但在本案中，以上两个条件都未满足。对第一项条件，仲裁庭认为，第一批供货于 2018 年 7 月 11 日完成后，在申请人通知交付剩余货物前，被申请人不存在迟延交付的情形。而2018年9月15日发生的台风"山竹",虽然通过科技手段在一定程度上可以预见,但参照当地政府印发的应急预案,"山竹"系强台风,其所带来的强降雨及后续的高位积水在一定程度上超出了正常人的预见能力。因此,被申请人迟延交货并非被申请人单方原因所致,还包括人力不可抗拒的原因,即强台风的因素,以及申请人长期推后交货时间的原因。对第二项条件,仲裁庭认为,在台风造成损害后,被申请人事实上已无法按照合同约定的标准履行剩余家具的交付义务,申请人在此情况下要求被申请人继续履行,依照《合同法》第110条的规定,并不能产生迟延履行的相应后果。综上,仲裁庭认定申请人根据《采购合同》第19.4条的约定要求被申请人支付违约金的主张不能成立。

仲裁庭在分析被申请人是否应当承担违约金的过程中,同时也对货物损失责任进行了判断。仲裁庭认为,被申请人作为未交付家具的实际保管人,根据《合同法》第265条的规定,负有妥善保管已完成工作成果的义务。在遇到台风来袭的情况下,被申请人应当采取必要的措施,预防可能发生的危害。但被申请人没有提供证据证明其已经采取了合理、必要的措施减少损失,故其对因台风造成的家具水浸损害具有一定的过错,对于未交付家具的加工制作成本,应当由被申请人自行承担。

四、评 析

本案涉及不可抗力原则适用的三个关键问题:第一,不可抗力的认定;第二,不可抗力认定下的责任分担;第三,不可抗力发生后合同的命运。在逐一回答这几个问题之前,需要首先明确适用不可抗力原则的基本思路。

不可抗力原则的适用简而言之归纳为两个判断:一为按照法律规定对不可抗力事件作出事实判断,即判定案涉事实是否构成法律规定的不可抗力事件;二为按照法律规定对是否援引不可抗力作出价值判断,即在认定案涉事实构成不可抗力的前提下,结合不可抗力对案涉合同的影响,判断是否产生法定的合同解除或者免责后果。事实判断与价值判断不应混淆。易言之,认定案涉事实属于不可抗力并不必然导致法定的解除或者免责后果,后者的成立与否需要结合个案的具体情况来判断。需要指出的是,不可抗力的适用不能经由当事人合意排除。但是按照当事人意思自治原则,在不与法定要件相抵触的前提下,当事人可以作出特殊约定。如果当事人在合同中约定了不可抗力的认定标准、后果且具有可操作性,裁判机构则可按当事人约定执行,此时执行的是当事人的合同约定;如果当事人对不可抗力的认定标准、后果及操作机制约定不明,主张适用不可抗力原则的,裁判机构须按照不可抗力的法定要件在考察个案情况后作出裁判。在明确这一前提之后,对本案涉及的三个关键问题分析如下。

第一,关于不可抗力的认定。法律上对不可抗力的规定见于《民法总则》第180条(《民法典》第180条)和《合同法》第117条,即不可抗力是指不能预见、不能避免并不能克服的客观情况。根据前述法律定义,认定构成不可抗力的三个主要条件为:(1)应为客观情况。客观情况即指非因合同当事人所导致的情况,司法实践中一般认为包括自然灾害、政府行为、社会异常事件等。(2)该情况不能为当事人所预见。此时不能预见的主体应采客观第三人标准,关于不能预见的时间点,司法实践认定为合同订立时。(3)该情况不能为当事人所避免和克服。不能避免和克服的主体与不能预见相同,也是采取客观第三人标准。而不能避免和克服的重点在于认定客观情况的影响程度和在遭遇该等客观情况时是否采取了足够合理的应对措施。

本案中,《采购合同》并未明确定义不可抗力的范围,所以对台风"山竹"是否属于不可抗力的分析要按照其法定的三个要件展开。作为自然灾害的台风"山竹"属于"客观情况"这一点不存在疑问,故仲裁庭的分析重点放在"该情况是否能为当事人所预见"这一问题上。仲裁庭根据事发当地政府发布的应对预案,认定此次台风所带来的后果在一定程度上超出了正常人的预见能力,认定其符合了第二要件的规定。但仲裁庭并未就台风"山竹"是否满足第三要件展开分析。从其对货物损失归责的分析来看,似乎从侧面否定了第三要件的成立。

第二,关于不可抗力认定下的责任分担。《合同法》第117条(《民法典》第590条)规定,受不可抗力影响而不能履行合同的一方当事人可主张部分或者全部免除责任。根据该条规定,援引不可抗力主张免责需要考察其对合同履行产生的实质影响,即须达到导致合同不能履行的程度。如果合同的履行没有受到根本影响,那么即使案涉事实已被认定为不可抗力,当事人提出的免责主张也很难得到法律的支持。主张部分或者全部免责也要基于不可抗力事件对合同履行造成影响的所及范围。对于不受不可抗力事件影响的合同义务,当事人不能免责。在主张不可抗力作为免责事由时,当事人还需履行《合同法》第118条(《民法典》第590条)规定的义务,即举证其已及时履行了通知义务,且在合理期限内提供了证明。如果没有在合理期限内提供证明,可能会导致不能免责。所以,实践中,主张免责的当事人应当注意收集因不可抗力致使不能履行合同的证明文件,例如政府部门因自然灾害发布的行政措施或行政命令、第三方机构出具的不可抗力证明等,并及时向相对方提供这些文件,以符合主张不可抗力免责的要求。

  本案中,仲裁庭对台风"山竹"所导致的货物损失责任和迟延履行责任进行了区分。前者无关不可抗力原则的适用,仲裁庭认定货物损失应由被申请人承担的法律依据是《合同法》第265条(《民法典》第784条)的规定。因被申请人没有证明其已采取了合理、必要的措施减少损失的程度,故其对因台风造成的家具水浸损害具有一定的过错,应承担未交付家具的加工制作成本。这一结论从承揽合同工作成果的风险负担角度来说也有依据,案涉剩余待运货物属于已经完成的工作成果,其风险适用交付主义,即交付之前由承揽人(被申请人)承担。但是对于案涉《采购合同》的迟延履行责任,仲裁庭认定并非被申请人单方原因所导致,而是人力不可抗拒的原因和申请人原因的结合。所以,仲裁庭最终否定了被申请人应负迟延履行责任,进而否定了被申请人需要承担违约金的责任。论述至此,可能会产生疑问:仲裁庭在对台风"山竹"是否构成不可抗力认定不明的情况下,可否直接适用不可抗力的法定效果,免除被申请人的迟延履行责任及承担违约金的责任? 实际上,本案并未涉及适用《合同法》第117条(《民法典》第590条)的问题。仲裁庭的依据是案涉《采购合同》第19.3、19.4条关于承担违约金的条件的规定,只要证明被申请人延迟供货系"除人力不可抗拒的原因外"由被申请人责任所导致,"不可抗拒"不等同于法律规定的"不可抗力"。易言之,《采购合同》第19.3、19.4条要求的证明标准低于法定标准,所以仲裁庭可以在不明确认定台风"山竹"属于不可抗力的前提下,依据《采购合同》的约定免除被申请人的迟延履行责任和承担违约金的责任。

  第三,关于不可抗力发生后合同的命运,即合同是解除还是继续履行,还需要结合不可抗力对合同履行所带来的影响进行判断。与援引不可抗力主张免责类似,援引不可抗力行使法定解除权要结合案涉合同约定的具体内容来看,不可一概而论。案涉事件属于不可抗力并不必然导致当事人可以解除合同,按照《合同法》第94条(《民法典》第563条第1项)的规定,不可抗力还要达到导致不能实现合同目的的程度,当事人才可以行使法定解除权。反之,如果不可抗力事件未影响到合同目的的实现,则合同当事人并不享有法定解除权。从尊重契约精神、维系交易安全的角度来看更是如此,法律对于不可抗力解除权的判定须极为慎重,只有当案涉不可抗力事件对合同的履行构成实质性障碍,导致合同根本不能履行并致使合同目的落空时,当事人才可行使法定解除权,终止合同的权利义务关系。本案《采购合同》虽然被解除,但其法律依据与不可抗力产生的法定解除权无涉,因此不在本部分讨论范围之内。

若合同不被解除,则意味着其生命得以存续。但这又可能引发另一个问题,即此后的合同是按照原来的条件[除按《合同法》第117条(《民法典》第590条)的规定免除部分责任外]继续履行,还是当事人可以结合不可抗力的影响变更合同的条件以继续履行? 需要明确的是,不可抗力是当事人主张免除部分或全部责任的抗辩事由,也是行使合同解除权这一形成权的法定事由,但变更合同则属于请求权,法律并未规定当事人可以因不可抗力请求变更合同内容。倘若当事人寻求以"情势变更"主张变更合同,则又会受到《合同法解释(二)》第26条关于"情势变更"系"非不可抗力"导致的条件限制。因此,从严格意义上来说,按照现行法律将不可抗力作为变更合同内容的请求权基础是存疑的。但这一问题在《民法典》中得到了部分回应。《民法典》第533条第1款规定:"合同成立后,合同的基础条件发生了当事人在订立合同时无法预见的、不属于商业风险的重大变化,继续履行合同对于当事人一方明显不公平的,受不利影响的当事人可以与对方重新协商;在合理期限内协商不成的,当事人可以请求人民法院或者仲裁机构变更或者解除合同。"与现行《合同法解释(二)》第26条规定相比,《民法典》删除了"非不可抗力造成的"限制,模糊了现行法律有关"情势变更"与"不可抗力"之间非此即彼的关系,从而为当事人基于不可抗力请求变更合同提供了可能。

(本案例由深圳国际仲裁院李雄风先生编撰)

专题六
情势变更的认定

案例 23　政策调整是否构成情势变更

——A 科技发展有限公司与 B 电力科技股份有限公司买卖合同争议仲裁案

仲裁要点：税收政策调整并不一定构成情势变更，还需考虑对整个合同价款的影响。如果合同价款受到的影响很小，则不适用情势变更的规定。

一、案　情

申请人 A 科技发展有限公司(卖方)与被申请人 B 电力科技股份有限公司(买方)于 2016 年 1 月 6 日签订 KVM 项目《销售合同》，约定申请人分两批次发货，被申请人分别在每一批次货物到货之日起 3 个工作日内支付该批次货物货值 90%的价款，并将余款 10%作为质保金，在 1 年内无息退付。合同另约定，申请人需在被申请人每次付款前开具与付款金额相等的 17%可抵扣增值税专用发票。合同履行过程中，申请人按约交付了两批货物，被申请人分别于 2017 年 8 月 10 日与 2018 年 2 月 14 日完成签收。被申请人按约支付了两批货物货值 90%的价款，但至提起仲裁之日尚未退付两批货物的质保金。此外，被申请人于 2019 年 3 月 21 日才收到两批货物的质保金部分的增值税专用发票。申请人认为被申请人拒不退付质保金的行为构成违约，故于 2019 年 4 月依据合同中的仲裁条款向华南国仲申请仲裁，请求被申请人退付质保金，并支付两批货物尾款的违约金等。

在合同履行过程中，根据国家关于增值税税率调整的相关政策，《销售合同》项下销售行为对应增值税税率于 2018 年 5 月 1 日起自 17%降至 16%，自 2019 年 4 月 1 日起又降至 13%。

二、当事人争议要点

申请人认为：

申请人与被申请人约定开具 17% 的增值税专用发票的真实意思应该理解为根据开票时国家核准的税率开具增值税专用发票，增值税税率不管是上调还是下调均不影响双方在合同条款中约定的含税价以及分期付款这两项权利义务。被申请人不支付质保金，已然构成违约。违约金的计算方式为：迟延履行金钱债务义务的天数（包括未依约足额履行）×全部货款×千分之五，第一批货物尾款自 2017 年 7 月 18 日起，第二批货物尾款自 2019 年 2 月 8 日起，暂计至 2019 年 4 月 22 日。

被申请人认为：

《合同法解释（二）》第 26 条规定："合同成立以后客观情况发生了当事人在订立合同时无法预见的、非不可抗力造成的不属于商业风险的重大变化，继续履行合同对于一方当事人明显不公平或者不能实现合同目的，当事人请求人民法院变更或者解除合同的，人民法院应当根据公平原则，并结合案件的实际情况确定是否变更或者解除。"本案中，增值税税率调整属于无法预见的、非不可抗力造成的不属于商业风险的重大变化，如果增值税税率变化而不调整合同价款，将导致申请人受益而被申请人受损，明显对被申请人不公平，因此双方应对合同进行变更。被申请人曾提出合同变更要求，申请人一直未予同意，双方仍在就合同变更事宜进行协商，因此被申请人未就余款进行支付，并非被申请人违约所致。

此外，即使被申请人构成违约，申请人的违约金计算方式也与双方约定不符，且申请人主张的违约金比例过高。首先，《销售合同》明确约定："卖方需在买方付款前开具与付款金额相等的 17% 可抵扣增值税专用发票。"该约定说明开具发票是被申请人付款的条件，被申请人于 2019 年 3 月 21 日才收到尾款部分的发票，于 2019 年 3 月 21 日才具有向申请人支付 10% 质保金的义务，故申请人对违约金的起算时间与约定不符。其次，被申请人迟延付款主要造成申请人资金占用损失，而双方约定的日千分之五利率远超中国人民银行 1 年期同期贷款利率，甚至远超《民间借贷司法解释》确定的 36% 年利率，明显超过申请人的实际损失。

三、仲裁庭意见

仲裁庭认为,本案中税收政策调整不构成情势变更。《合同法解释(二)》规定的情势变更,应当符合以下条件:(1)客观情况发生重大变化;(2)明显不公平或不能实现合同目的。税收政策调整并非一定构成情势变更,还需考虑其对整个合同价款的影响。本案中,90%的货款已支付,剩余10%的质保金仅23 000元,增值税税率下调1%对该部分价款的影响很小,不适用情势变更,被申请人拒绝支付剩余货款构成违约。

关于申请人主张的违约金是否有事实及法律依据以及是否比例过高的问题。首先,仲裁庭认为,两笔尾款的支付条件是申请人按照合同约定在被申请人付款前开具增值税专用发票,申请人于2019年3月20日向被申请人开具一张两批货物尾款10%的增值税专用发票,被申请人于2019年3月21日收到上述发票,申请人并未按照合同约定的期限分别主张权利,视为主动放弃第一批货物按照收货时间1年内要求支付质保金的权利,被申请人支付质保金的义务应从2019年3月21日开始计算。其次,申请人的实际损失为被申请人逾期给付货款所造成的资金占用损失,而合同中约定逾期付款按全部货款日千分之五支付违约金,已达到月利率15%、年利率180%,且逾期付款部分仅为总货款的10%,计算违约金的基数却是全部货款,故仲裁庭认为,以合同约定为标准计算的违约金已过分高于申请人的实际损失,对于申请人按照合同约定计算违约金的主张不予支持。

基于以上意见,仲裁庭对于申请人主张的质保金部分的货款予以支持,但约定违约金过分高于实际损失,仲裁庭确定违约金以违约方未付的剩余款项为基数,参照《民间借贷司法解释》的规定,以年利率24%作为标准进行计算。

四、评 析

所谓情势变更,是指合同有效成立后,因当事人不可预见的情势,导致合同的基础动摇或者丧失,若继续维持合同原有效力则显失公平,应允许变更合同内容或者解除合同的制度。[①] 在分析某事实是否构成情势变更时,需要

---

① 参见韩世远:《合同法总论》(第三版),法律出版社2011年版,第378页。

考察该事实是否符合情势变更的要件。一般而言,情势变更的构成要件大抵有:(1)在现实性上,作为法律行为成立之基础的客观情况应发生重大变化;(2)在时间上,情势的变更应发生于法律行为成立后、债务关系消灭前;(3)在突发性上,关于情势的变更,当事人应在为法律行为时没有预见,而且在性质上为不可预见;(4)在后果上,因为情势的变更,维持原来的法律关系将显失公平;(5)情势变更非因可归责于当事人的事由(过错)而发生。① 一般而言,情势变更多出现在物价飞涨、汇率大幅变化以及国家经济政策变化等情形下,往往伴随着社会经济形势的剧变,对社会的影响多具有"广泛性"的特征。但是,不能因之认为"广泛性"是构成情势变更的一个必要因素,实践中有虽构成情势变更但却不具有明显的广泛性特征的情形。②

情势变更制度的适用是公平原则对"契约严守"的修正。"契约严守"是私法中最为基础的原理之一,如果要对经双方真实合意达成的合同进行变更,则需要其他有力原则予以支撑,这便是情势变更原则的基础——公平原则。情势变更原则是为维护实质正义而对"契约严守"原则作出的限制,是一种例外性的规定。③ 作为一种例外性的规定,自然应当严格限定其适用范围。我国新出台的《民法典》第533条吸收了原《合同法解释(二)》中关于情势变更的规定,该条规定:"合同成立后,合同的基础条件发生了当事人在订立合同时无法预见的、不属于商业风险的重大变化,继续履行合同对于当事人一方明显不公平的,受不利影响的当事人可以与对方重新协商;在合理期限内协商不成的,当事人可以请求人民法院或者仲裁机构变更或者解除合同。人民法院或者仲裁机构应当结合案件的实际情况,根据公平原则变更或者解除合同。"该规定与《合同法解释(二)》中的规定有两点不同:第一,《民法典》中的规定删去了"或者不能实现合同目的"的表述;第二,《民法典》新增了"合理期限内协商"的前置性程序。可以看出,《民法典》对《合同法解释(二)》的修改,并不会触及情势变更认定的核心,并且,《民法典》对情势变更的规定仍然是原则性的,寥寥数语并不足以为实践中的操作提供具体的指引,实践中对情势变更的认识存在的误区不会因为《民法典》的出台就自然消弭。下文所要讨论的,就是对于情势变更存在的典型认识误区之一,即:不

---

① 参见曹守晔:《最高人民法院〈关于适用《中华人民共和国合同法》若干问题的解释(二)〉之情势变更问题的理解与适用》,载《法律适用》2009年第8期。
② 参见万方:《我国情势变更制度要件及定位模式之反思》,载《法学评论》2018年第6期。
③ 参见韩强:《情势变更原则的类型化研究》,载《法学研究》2010年第4期。

考虑合同履行的具体情况,直接认定政策变更构成情势变更。本案中,仲裁庭即针对该点进行了精彩的论述。

《民法典》第533条对情势变更有"继续履行合同对于当事人一方明显不公平"的表述,该表述指向情势变更的第四项构成要件,其涵义可以拆分为两个层次:第一个层次是情势的变动对当事人继续履行合同产生影响;第二个层次是此种影响达到明显不公平的程度。两个层次是递进与交融的关系,忽略任一层次的内容都会使情势变更制度的适用产生错误。

就第一层次而言,情势变更的认定应当考察情势的发生是否对合同的权利义务产生影响,即不能脱离具体的个案。该层次又可细分为两个步骤:首先,确定当事人双方究竟约定了什么义务;其次,分析这种义务是否会受到影响。我们在谈及情势变更时,很容易脱离具体的语境,笼统地对一类事件进行定性,直接将汇率变动、经济政策调整等认定为情势变更。例如,2020年年初,新冠疫情暴发,国家不得不出台许多限制措施,许多行业因此遭受巨大冲击,此次疫情的暴发以及限制措施的出台就具有不可预见性,是不属于正常商业风险的重大变化。但是如果不结合个案的具体情况直接认定限制性措施的出台为情势变更(或认定疫情的发生为不可抗力),就违反了第一层次的要求。对于部分企业而言,疫情期间出台的管控措施影响了其正常的复工复产,使得其原本的合同义务无法按期履行,此种情形下,可以认为疫情以及国家政策构成情势变更或不可抗力,其迟延履行合同义务可因合理理由而免责;对于其他合同当事人而言,疫情的发生及国家政策并不会对合同义务的履行产生影响。例如,部分地区的租房合同,承租人并未因疫情因素而无法返回居住,其仍持续占有并使用房屋,便不能以情势变更或不可抗力为由拒付房租。因此,情势变更的认定只能在个案中进行,而且要结合其所影响的具体合同义务进行认定。结合本案,即首先应当分析税收政策的调整是否对合同的履行产生影响。可以看出,义务人的负担事实上会因为政策的调整而有所加重,故该层次的要求满足。

就第二层次而言,不仅需要了解法律对情势变更程度的概括性要求,还需要结合具体情况去判断个案中是否满足此要求。首先,根据《民法典》第533条"明显不公平"的规定,情势变更对继续履行合同的影响应达到"明显不公平"的程度。明显不公平,即此种不公平令一般理性人难以容忍,单纯地从盈利交易转变为赔本交易并不能满足此项要求。有学者对情势变更作了类型化分析,认为情势变更案件主要有三大类型:对价关系障碍、目的障碍以及共同动机障碍。其中最常见的对价关系障碍是指情势的变更使得对价关系严重不平衡,主要表现为一方的成本显著增加,其又可细分为因法律和政策改变而导致的对价关系障碍、因市场环境改变而导致的对价关系障碍以及因不可抗力导致的对价关系障碍。对价关系障碍,并非只要一方因情势变化增加了成本就能够构成,只有当对价关系之不平衡达到动摇合同基础的程度,才有情势变更制度适用的余地。① 在为数众多的情势变更致使一方履行成本增加的情形中,只有极少数才能达到情势变更所要求的程度,这是"契约严守"与公平原则所要求的。至于这个程度究竟为何,法律难以给出一个具体的回答,该程度会因行业、标的等合同具体情况的不同而发生变化,可以确定的是,情势的此种变化带来的不公平已经达到了难以容忍的地步,以至于无法继续期待合同当事人依照原合同履行义务。总而言之,显失公平要达到不能合理期待义务人继续履行原合同义务的程度。其次,是否属于显失公平需要根据合同具体履行情况进行判断。税收政策调整会导致履行成本增加,貌似构成因法律、政策改变而导致的对价关系障碍,但是如果结合合同的具体履行情况,便会发现此种障碍实际上并不存在。本案中,被申请人认为增值税税率变化导致申请人受益而被申请人受损,属于明显不公平。其所犯错误在于,虽然政策的调整对当事人的权利义务产生了影响,但是根据此时合同的履行情况,这种影响完全没有达到难以容忍的程度。仲裁庭通过对合同履行情况的分析和对当事人利益损失的计算,得出了"继续履行对合同价款的影响很小"的结论,由此认定本案中税收政策调整不构成情势变更。仲裁庭准确地看到了这一点,其做法可资借鉴,在具体个案中,应估算情势变化对一方履行义务所增加的负担,并考虑继续履行合同对整个合同义务的影响。

满足上述两个层次的要求是适用情势变更制度的必要条件。本案中,仲裁庭对第二个层次的问题作了精彩的阐述,对最为典型的一种误区——"政策调整构成情势变更"——进行了澄清,提醒法律人在分析情势变更情形时不可脱离具体案情,否则容易作出错误的判断。

编者认为,一个好的判例如果能够得到法律界的重视,那么因法律规定过于抽象而导致的适用中的问题就能够更好地得到解决。美国法在履行艰难(impracticability)和目的受挫(frustration of purpose)两类情势变更制度上早已经发展出了类似于上文所述两个层次的判断规则,而这个规则就是在判

---

① 参见韩强:《情势变更原则的类型化研究》,载《法学研究》2010年第4期。

例中形成的,因普通法系对判例的重视,法律界对其达成了较为成熟的共识。近年来,我国法律界对判例的重视程度逐渐提高,一些好的案例中阐述的规则对抽象的法律规定作出了精彩的脚注。编者希望,此案能为更多法律人所了解,进一步减少对情势变更制度适用存在的误解。

(本案例由北京大学法学院民商事争议解决方向硕士研究生周指剑先生编撰)

案例 24　金融危机导致违约可否适用情势变更

——中国 A 彩印公司与美国 B 印刷公司
合作协议争议仲裁案

仲裁要点：第一，合同一方当事人主张金融危机构成情势变更的，应当围绕《合同法解释(二)》第 26 条规定的情势变更构成要件进行举证，以证明金融危机与其未能履行合同义务之间存在因果关系，金融危机属于无法预见的、非不可抗力造成的不属于商业风险的重大变化。第二，根据 CISG 第 79 条的规定，国际货物买卖合同的一方当事人如果主张免除其履行合同义务，需要证明此种不履行义务，是由于发生了其在缔约时所不能预料、不能避免、不能克服的障碍。

一、案　情

自 2007 年 1 月开始，被申请人美国 B 印刷公司向申请人中国 A 彩印公司采购印刷品，由申请人运送产品给最终客户。双方于 2007 年 5 月 1 日订立《合作协议》，其中约定"双方将负责各自费用，获取各自盈利。各自对自身的经营管理和费用核算，各自承担风险"。2007 年和 2008 年申请人按照被申请人合同生产 116 笔订单，每笔订单中规定了该批货物的具体规格。申请人在完成订单后，作为托运人安排发货以交付货物，被申请人按约定条件支付价款。2008 年年初，被申请人开始出现不能及时付款的情况。2009 年 1 月 6 日，被申请人通过邮件通知申请人其将拒付所欠全部货款，双方因此发生纠纷。2010 年 1 月，申请人依据《合作协议》中的仲裁条款向华南国仲提出仲裁申请，请求被申请人支付拖欠的全部货款等。

二、当事人争议要点

申请人认为：

被申请人应付清所欠货款并支付拖欠货款的利息以及赔偿申请人的汇率损失。

被申请人认为：

本案纠纷起因是全球金融危机的影响导致第三方不能直接按时付款，申请人因此而导致的损失应按照公平原则和情势变更原则由双方当事人分担。

申请人不顾全球金融危机的不可抗力和情势变更事宜，于2008年年底向被申请人追讨款项，严重影响了被申请人的正常经营。针对全球性金融危机的影响，中国最高人民法院已下发司法解释，提出"情势变更"原则的合理适用。

并且，本案属于国际贸易，根据CISG中类似的规定，因全球金融危机这一不可抗力而导致的履行"困难"，允许不同程度的履行免除。因此，本案中因不可抗力造成货款不能收回的损失应该由当事人公平分担，否则构成对情势变更原则和公平合理原则的违背。

三、仲裁庭意见

《合作协议》第8条B款约定，"此协议受中华人民共和国法律监督管理"。据此可知，双方已在《合作协议》中选择适用中国法律作为管辖和解释本协议的准据法，庭审中，双方也都认可因《合作协议》发生纠纷适用中国法律。根据《民法通则》第145条和《合同法》第126条的规定，双方同意因《合作协议》发生纠纷适用中国法律，应视为有效约定。同时仲裁庭还认为，CISG也应适用于本案的审理，因为中国和美国都是CISG的缔约国，CISG适用于营业地分别处于不同缔约国的当事人之间所签订的货物买卖合同。根据《民法通则》第142条第2款的规定，本案中，如遇当事人选择的准据法即中国法与CISG有不同规定的，应优先适用CISG的规定。

仲裁庭经查，双方的《合作协议》并未对情势变更如何适用作出约定，《合同法》中也未规定情势变更。仲裁庭注意到，最高人民法院发布的《合同法解释(二)》和《指导意见》中,规定情势变更是由于发生了当事人在缔约时无法预见的非市场系统固有的风险,即并非缔约时可以预见的正常商业风险。另外,根据 CISG 第 79 条的规定,如果一方主张免除其履行合同义务,该方需要证明此种不履行义务,是由于发生了其在缔约时所不能预见、不能避免、不能克服的障碍。本案中,被申请人未能说明金融危机是如何构成情势变更及情势变更与其未能履行付款义务的因果联系,未能论证其不付款是由于发生了无法预见的、非不可抗力造成的不属于商业风险的重大变化,也未能论证至案件审理时仍适用金融危机作为情势变更因此不能支付货款理由的依据。因此,仲裁庭不认可被申请人提出的"情势变更"之抗辩。仲裁庭最终裁决支持被申请人支付拖欠的货款等请求。

四、评 析

本案是典型的因为金融危机导致交易产生违约从而引发纠纷的案件。对于这类案件,结合 2008 年的特定国际环境,确实有非常多值得思考之处。尤其在本案也适用 CISG 的情况下,对于此类案件的具体分析或会对以后处理同类案件提供思考。

1.关于被申请人同时主张不可抗力与情势变更问题

本案被申请人明确提出了"情势变更"的主张,也多次提及"不可抗力",意图将金融危机这一事实归于两者。似乎只要仲裁庭能够采纳其主张,不管是不可抗力还是情势变更,总能作为有效的答辩以减轻被申请人的违约责任。但被申请人的这种将"不可抗力"与"情势变更"混为一谈的答辩思路,体现了其不了解不可抗力与情势变更的适用范围和法律效果,令仲裁庭对其主张无所适从,最后不予采纳。

首先,根据《合同法》第 117 条(《民法典》第 180 条)和《合同法解释(二)》第 26 条的规定,不可抗力是指"不能预见、不能避免并不能克服的客观情况";情势变更是指"合同成立以后客观情况发生了当事人在订立合同时无法预见的、非不可抗力造成的不属于商业风险的重大变化",因此对于同一个客观事实的描述,在概念上是不应将情势变更与不可抗力混为一谈的。能够构成不可抗力的,就不可能是情势变更;非不可抗力造成的重大变化,才有可能是情势变更。尽管如此,这种法律上人为的概念区分却不一定能对司法实践带来有益的经验,尤其是当一种客观情况既"不能预见、不能避免且不能克服",又"不属于商业风险的重大变化"时,如何适用法律就成为了关键。对此,《民法典》重新构建了不可抗力与情势变更的关系。《民法典》第 533 条明确规定,情势变更指的是"合同成立后,合同的基础条件发生了当事人在订立合同时无法预见的、不属于商业风险的重大变化,继续履行合同对于当事人一方明显不公平的"情形。该规定不仅在法律层级上对情势变更予以了确认,更解除了不可抗力与情势变更之间"非此即彼"的概念关系,使得裁判者在考虑适用不可抗力还是情势变更的问题上,无须持续纠结于对客观情况的概念辨析,而是可以将更多精力投入该客观情况对案涉合同履行所造成的利益影响上。

其次,根据《合同法解释(二)》第 26 条的规定以及《指导意见》的规定,情势变更是因"继续履行合同对于一方当事人明显不公平或者不能实现合同目的"的情况,仲裁庭应当"公平合理地调整双方利益关系","根据公平原则,并结合案件的实际情况"确定本案合同是否变更或者解除,而在《民法典》的规定中,情势变更区别于不可抗力的法律效果有了更直接、更明确的体现,其所专注的是通过"与对方重新协商"来调整双方因为合同基础条件的重大变化而导致的利益失衡状态。只有当双方无法在合理期限内协商一致的时候,仲裁庭才可以依当事人的请求去变更或解除合同。由此可见,情势变更从来就不会产生"豁免债务人的义务"的法律效果。但遗憾的是,本案被申请人所坚持抗辩的并不是这种"变更或者解除合同",而是不承担合同义务,即被申请人意图通过提出情势变更的适用来达到不可抗力的法律效果,这显然是不能得到仲裁庭认可的。

最后,申请人提出的仲裁请求是被申请人支付合同约定的货款,而被申请人所主张的"名为情势变更,实为不可抗力"的抗辩,即使有充分的证据能够使仲裁庭予以认可,最多能够产生"部分或者全部免除(违约)责任"的法律效果,而不可能要求仲裁庭在申请人已经妥善履行合同约定的交货义务后,依据不可抗力裁决被申请人免除支付货款的义务。被申请人混淆了其所应当履行的支付货款的义务以及因其逾期支付而导致的违约责任之间的关系,使得仲裁庭对其抗辩主张难以认可。

2. 关于国际贸易纠纷中适用情势变更的依据

被申请人在提出情势变更主张时不仅提出了国内法律依据,还主张本案系国际贸易纠纷,应适用 CISG 中的类似规定。编者认为,被申请人没有仔细研究并提出本案适用情势变更的具体依据,也是仲裁庭无法支持其主张的原因之一。

被申请人认为,根据 CISG 的规定,因全球金融危机这一不可抗力而导致履行"困难",允许不同程度的履行免除。但综观 CISG 的全部内容,只有第 79 条明确规定了免责:"当事人对不履行义务,不负责任,如果他能证明此种不履行义务,是由于某种非他所能控制的障碍,而且对于这种障碍,没有理由预期他在订立合同时能考虑到或能避免或克服它或它的后果。"编者认为,CISG 第 79 条明确规定的是不可抗力的内容,并不是情势变更。但编者也留意到,《合作协议》第 6 条关于"不可抗力"的约定却很有"情势变更"的意味,其约定:"因不可抗力因素(如地震、台风、洪水、火灾、战争、运输中断、港口禁运、意外事故、爆炸或当事人不可控制的和不可预测的灾难)造成的对协议无法正常履行时,受不可抗力影响的一方不负法律责任。无法继续履行协议的一方需立即以书面形式通知另一方,说明未能完成协议约定的原因、情况及结果,包括没有全部完成和部分完成的。任何因该条所述的原因而导致的协议执行的延迟仅限于事故发生的该段时间。责任方应该在本条所述原因结束后的一个合理时间内,考虑各种情况并和另一方商议,执行并完成协议。"

约定的前半部分是关于不可抗力的典型描述,不仅明确列举了许多不可抗力的情形,更明确约定了"不负法律责任"的法律效果;后半部分内容却与不可抗力关系不大,更多的是关于双方为了公平合理地履行合同而进行协商的约定。此约定尽管与 CISG 没有直接关系,但却有《通则》的影子。《通则》第 7.1.7 条(不可抗力)规定:"……(2)若障碍只是暂时的,则在考虑到这种障碍对合同履行影响的情况下,免责只在一个合理的期间内具有效力。(3)未能履行义务的一方当事人必须将障碍及对其履约能力的影响通知另一方当事人。若另一方当事人在未履行义务方当事人知道或理应知道该障碍后的一段合理时间内没有收到通知,则未履行义务方当事人应对另一方当事人因未收到通知而导致的损害负赔偿责任……"

《通则》尽管没有普遍的适用力,但作为国际商事合同的一般原则,其内容与注释为理解国际商事合同提供了丰富的视角。《通则》第 7.1.7 条的注释更是明确本条规定的"不可抗力"须与第 6.2.2 条规定的"艰难"(可类比为我国的"情势变更"——编者注)结合起来理解。如此则可以向我们揭示,在国际贸易纠纷中,当事人适用情势变更的法律渊源。

《通则》第 6.2.2 条与第 7.1.7 条注释的最后都言明:"国际商业合同在这方面经常包括更为准确和复杂的规定。因此,双方当事人可能会发现,可以适当修改本条以便适应特殊交易的特别需要。"结合本案《合作协议》第 6 条的内容,编者可以合理地推测当事人在起草合同时,已经充分考虑并融合了《通则》第 7.1.7 条的内容,在合同履行过程中出现既可视为"艰难"又可视为"不可抗力"的某种情形时,当事人可以自行依据合同约定决定救济手段。如此,被申请人在本案中确实是依据《合作协议》的约定而非 CISG 的规定,向仲裁庭主张"艰难"的救济手段。尽管如此,"艰难"的救济手段首先是以重新约定合同条款为目的,以便使合同经修改某些条款后继续存在,而非使被申请人不履行义务的行为获得免责。

综上,在国际贸易纠纷中,如果当事人认为其遭遇了客观情况从而使继续履行合同非常艰难,主张适用情势变更原则的,除了纠纷所适用法律的依据外,更为有效的依据并非 CISG——因为 CISG 并不是国际贸易中适用情势变更的法律依据——而是案涉合同自身的约定,尤其是在案涉合同已经融合了《通则》重要内容的前提下。因此,被申请人在本案中提出适用 CISG 中类似规定的主张,无法得到仲裁庭的认可。

3.仲裁案件中适用情势变更的制度优势

尽管仲裁庭最终并未采纳被申请人的主张,但编者认为,被申请人在本案中主张情势变更确实是合适的。最高人民法院在 2009 年发布的《合同法解释(二)》和《指导意见》是有特定背景的,引发本案纠纷的原因正是这一背景的表现。正如《指导意见》中表明的,"因全球金融危机蔓延所引发的矛盾和纠纷在司法领域已经出现明显反映……出现了诸多由宏观经济形势变化所引发的新的审判实务问题",而情势变更的适用正是其中一项重要的争议问题。如果被申请人能够把握好情势变更的国内依据,就合同约定的正常的交易模式、金融危机如何影响其继续履行合同、被申请人利益如何因金融危机导致与申请人利益之间的严重不平衡以及如何调整合同内容才能公平合理地均衡双方利益等内容进行说明并举证的话,被申请人的抗辩是有可能成功的。而这种围绕当事人合同利益平衡而进行的抗辩思路,相信在《民法典》明确了情势变更这种专门调整双方利益失衡的法律制度后,将会比仅仅主张免责的抗辩更加令人信服,法律依据也更为充分。尽管如此,编者也意识到,这种抗辩成功的可能性仍然是在仲裁管辖的前提下讨论的,如果本案纠纷并非约定仲裁管辖,而是由人民法院进行审理,被申请人提出金融危机的情势变更抗辩,其举证难度可能会相较于仲裁高出一个等级。这体现了仲裁解决这类纠纷的制度优势。

除《合同法解释(二)》和《指导意见》,为了更准确地适用情势变更原则,最高人民法院还发布了《合同法通知》，其中明确，"为保证各级人民法院严格适用该司法解释第二十六条的程序，特别是在当前正处于国际金融危机的情况下，充分发挥其在统一司法标准……的积极作用"，"严格适用《中华人民共和国合同法》若干问题的解释(二)第二十六条"，"如果根据案件的特殊情况，确需在个案中适用的，应当由高级人民法院审核。必要时应报请最高人民法院审核"。由此可见，一审法院如果采纳当事人所提出的情势变更抗辩，则需要上报高级人民法院甚至最高人民法院审核。尽管本案所涉的"金融危机"正是2009年最高人民法院密切关注的"国际金融危机"，但在具体个案中的适用依然门槛很高。当事人不仅要说服一审法院采纳其主张，还要在法院上报审核时获得上级法院的认可，虽然《民法典》对于情势变更的适用上并没有《指导意见》这种上报审核的规定，但编者认为，该制度所产生的路径依赖仍将影响着司法实践，当事人的举证工作依然困难重重。

反观仲裁程序在处理这类问题时，则灵活许多。首先，仲裁一裁终局的特性避免了在个案中适用情势变更时可能存在的多次实体审核，只要当事人能够向本案仲裁庭全面揭示案涉交易的利益情况，充分举证因客观情况而导致的双方合同利益的失衡状态，即有可能适用情势变更。其次，考虑到当事人对于仲裁庭的组成还有相当程度的选择自由，当事人完全可以通过选定具备国际贸易从业经验的仲裁员来审理这类案件，相较于长期在法院工作的法官而言，这样组成的仲裁庭作为裁判者或许更能理解国际金融危机对案涉协议的实际履行所造成的影响。最后，当事人主张适用情势变更所遇到的主要难题是举证方面的困难。该困难集中体现在对当事人利益得失充分展示的障碍上，因为这要求当事人向仲裁庭充分展示其自身在正常交易前后以及金融危机前后的具体利益得失，以体现"明显不公平"的存在，但如此充分而无保留的举证不免在个案中要求当事人主动暴露一些平时不愿意披露的商业秘密。相较于法院诉讼的公开审理，仲裁的保密原则此时就能够最大限度地保护当事人的信息安全与交易安全。

综上，编者认为，在适用情势变更上，仲裁比诉讼更灵活、更安全，只要当事人把握好情势变更的适用依据、举证内容以及法律效果，则可以更有效地维护自身权益。

(本案例由深圳国际仲裁院陈思维先生编撰)

案例 25　法律没有明确规定时如何认定是否构成情势变更

——香港 A 公司、香港 B 公司与 C 股份公司
供气合同争议仲裁案

仲裁要点：在中国法律尚未明确规定情势变更原则的情况下,基于案涉争议合同为国际商事合同,仲裁庭可以参考国际惯例进行认定。本案合同所涉产品的市场价格波动均属于当事人在签订合同时可以预见的商业风险,双方当事人就合同产品的市场价格进行多次协商、调整并达成协议后,一方又以市场价格波动为由主张情势变更的,属于该方因自身原因对市场变化预见性的不足,不构成情势变更。

一、案　情

1991 年 3 月 22 日,第一申请人香港 A 公司、第二申请人香港 B 公司(共同作为卖方,两申请人以下合称"申请人")与 D 有限公司(作为买方)就卖方向买方供应进口液化石油气及提供建站费用事宜签订了《液化石油气建站和液化石油气供应合同》(以下简称《供气合同》)。1995 年到 1999 年期间,有关当事人又先后签订了六份补充协议,主要对液化石油气单价进行了调整。在此期间,因合同买方 D 有限公司企业资产重组,分立出的被申请人 C 股份公司成为《供气合同》及补充协议的权利义务承继者。上述合同签订后,申请人履行了投资设立气站、供应液化石油气等合同义务,被申请人按照合同约定向申请人支付货款。2001 年 7 月 6 日,被申请人以情势变更为由书面通知申请人解除并终止合同。双方因此发生纠纷。

后申请人根据《供气合同》中的仲裁条款向华南国仲提起仲裁,请求被申请人支付拖欠的液化石油气货款,以及承担违约终止合同所造成的经济损

失等。

二、当事人争议要点

申请人认为：

被申请人以情势变更为由单方终止《供气合同》没有法律依据，因本案所适用的《合同法》和《民法通则》等相关民事法律均没有规定情势变更原则，被申请人无法以情势变更为由免除单方面终止合同的责任。

被申请人认为：

被申请人终止与解除《供气合同》及补充协议符合情势变更原则。主要原因在于，从双方签订合同之时到后来履行合同的数年时间内，液化石油气供应的格局发生巨大变化。申请人供货价格过高，而被申请人的主营产品营收情况在恶化，导致被申请人履行合同困难。这些变化均在订立合同时无法预见，被申请人履行合同所依赖的客观环境发生了变化，订立合同的基础已不复存在，故被申请人通过解除合同来实现合同的实质公平。

三、仲裁庭意见

《供气合同》第 14 条约定："本合同适用中国有关的法律、法规。"仲裁庭认为，本案争议应适用合同成立时和履行过程中当时有效的中国法律，当时法律没有明确规定的，可以适用现在有效的中国法律。

仲裁庭指出，1999 年开始实施的《合同法》以及之前实施的中国涉外合同法律中，均未对情势变更原则作出规定，最高人民法院也没有作出任何关于情势变更的司法解释，但是情势变更原则已经在国际商事纠纷解决实践中得到普遍的承认和适用，本案争议合同又属于国际商事合同，根据《仲裁规则》(2000 版)第 53 条的规定，在中国法律没有明确规定的情况下，可以参考国际惯例。如果本案合同义务的履行确实出现了符合情势变更的情形，则应考虑变更或终止。仲裁庭指出，对于情势变更原则，国际上有不同的表述方式。国际统一私法协会 1994 年 3 月制定的《通则》第 6.2.2 条中，以"艰难情形"(Hardship)的概念表述了情势变更原则的内容。"艰难情形"是指发生了加重一方当事人的履约成本或者减少一方当事人履约收益的事件，其结果从根本上改变了合同的均衡。构成"艰难情形"应具备以下四项条件:(1)该事件的发生或者处于不利地位的当事人获知该事件发生的时间,是在合同订立之后;(2)处于不利地位的当事人在订立合同时不能合理地预见事件的发生;(3)事件不能为处于不利地位的当事人所控制;(4)事件的风险不应由处于不利地位的当事人承担。

从本案的情况看,按照《通则》关于"艰难情形"的定义,被申请人主张情势变更的理由不符合要求。被申请人所主张的情势变更,主要是指对液化石油气的市场价格和被申请人的主营产品——彩电显像管和计算机显示器玻壳的价格下跌的情况,在订立合同时难以预料。从合同条款的内容可知,双方在订立合同时已经对液化石油气市场价格的变化有所预见,并对价格的调整作出相关规定。在合同履行过程中,买卖双方曾就液化石油气价格调整进行协商,多次降低价格,并达成协议。事实表明,在较长时间内,国际市场上液化石油气的价格始终处于波动之中。作为履行期长达十数年的供气合同,双方当事人在订立合同时对此已经明确了解,并协商确定了相应的价格调整机制。在 1992 年至 2001 年 7 月的长时间内,被申请人从未提出情势变更的主张,且没有证据显示,2001 年国际市场上突然发生了难以预见并从根本上改变合同均衡的事件。被申请人决定不再继续履行合同的主要原因,是新的市场竞争者提供的更优惠的交易条件。所以,被申请人对市场价格的变化并非不能预见,而是当时预见的程度和采取的对策与其 10 年后的立场和要求有相当的差距。另外,作为其主营产品的专业生产和经营者,被申请人对其自身产品市场环境变化的预见性上的不足,不能作为情势变更构成的条件。仲裁庭认为,被申请人所主张的情势变更的事实,应属于可预见的商业风险。据此,被申请人提出的情势变更的答辩理由不能成立。

四、评 析

本案争议的焦点在于,涉案合同履行过程中出现液化石油气市场价格和被申请人主营产品价格下跌,被申请人援引情势变更原则解除涉案合同,申请人则认为本案适用的实体法——中国的相关民事法律中未规定情势变更原则,被申请人不得援引该原则免除单方解除合同的责任。仲裁庭认为,情势变更原则是国际商事纠纷解决实践中普遍承认和适用的原则,虽然本案发生时中国法律对于情势变更原则并没有明确的规定,但根据仲裁规则,在中国法律没有明确规定的情况下,可以参考国际惯例。因此仲裁庭参考《通则》第6.2.2条"艰难情形"的概念,提出了适用情势变更原则的要件,并结合本案事实进行分析后得出了本案不适用情势变更原则的结论。

关于情势变更原则,我国法律规定有一个变化的过程。1981年制定的《经济合同法》曾有间接规定,该法第27条第1款第4项规定了允许变更或解除经济合同的条件之一,"由于不可抗力或由于一方当事人虽无过失但无法防止的外因,致使经济合同无法履行"。这里所指"当事人虽无过失但无法防止的外因",当可理解为包括情势变更。1993年5月发布的最高人民法院《全国经济审判工作座谈会纪要》对情势变更的概念表述为:"由于不可归责于当事人双方的原因,作为合同基础的客观情况发生了非当事人所能预见的根本性变化,以致按原合同履行显失公平的,可以根据当事人的申请,按情势变更的原则变更或解除合同。"但1993年9月修正后的《经济合同法》,删除了原第27条第1款第4项的规定。在同一时期有效适用于涉外经济合同的《涉外经济合同法》中,则没有关于情势变更的规定。1999年10月1日开始实施的《合同法》取代了原有的《经济合同法》和《涉外经济合同法》,而在新的《合同法》中,没有出现有关情势变更原则的表述。

《合同法》出台后,没有法律或司法解释明确规定情势变更原则的情况一直维持至2009年。2009年5月13日施行的最高人民法院《合同法解释(二)》第26条规定:"合同成立以后客观情况发生了当事人在订立合同时无法预见的、非不可抗力造成的不属于商业风险的重大变化,继续履行合同对于一方当事人明显不公平或者不能实现合同目的,当事人请求人民法院变更或者解除合同的,人民法院应当根据公平原则,并结合案件的实际情况确定是否变更或者解除。"从而以司法解释的形式再次在我国法律框架中明确了情势变更原则。但该规定对情势变更与不可抗力进行了明确区分,要求"非不可抗力"造成的重大变化方可构成情势变更。

2019年12月16日公布的《民法典草案》第533条规定:"合同成立后,合同的基础条件发生了当事人在订立合同时无法预见的、不属于商业风险的重大变化,继续履行合同对于当事人一方明显不公平的,受不利影响的当事人可以与对方重新协商;在合理期限内协商不成的,当事人可以请求人民法院或者仲裁机构变更或者解除合同。人民法院或者仲裁机构应当结合案件的实际情况,根据公平原则变更或者解除合同。"该规定将《合同法解释(二)》中"非不可抗力造成的不属于商业风险的重大变化"调整为"不属于商业风险的重大变化"。2020年4月16日出台的最高人民法院《关于依法妥善审理涉新冠肺炎疫情民事案件若干问题的指导意见(一)》在第三点"依法妥善审理合同纠纷案件"中规定:"(一)疫情或者疫情防控措施直接导致合同不能履行的,依法适用不可抗力的规定,根据疫情或者疫情防控措施的影响程度部分或者全部免除责任。当事人对于合同不能履行或者损失扩大有可归责事由的,应当依法承担相应责任。因疫情或者疫情防控措施不能履行合同义务,当事人主张其尽到及时通知义务的,应当承担相应举证责任。(二)疫情或者疫情防控措施仅导致合同履行困难的,当事人可以重新协商;能够继续履行的,人民法院应当切实加强调解工作,积极引导当事人继续履行。当事人以合同履行困难为由请求解除合同的,人民法院不予支持。继续履行合同对于一方当事人明显不公平,其请求变更合同履行期限、履行方式、价款数额等的,人民法院应当结合案件实际情况决定是否予以支持。合同依法变更后,当事人仍然主张部分或者全部免除责任的,人民法院不予支持。因疫情或者疫情防控措施导致合同目的不能实现,当事人请求解除合同的,人民法院应予支持。"该规定与《民法典草案》第533条保持一致,不再对构成情势变更和不可抗力的事实进行截然区分。而2020年5月28日通过的《民法典》第533条与《民法典草案》第533条内容完全一致。

从上述法律沿革可以看出,虽然我国法律对于情势变更原则的规定有一个变化的过程,但目前最新的立法和司法精神均明确认可情势变更原则,并且不再与不可抗力进行明确区分,据此,构成情势变更需符合以下条件:(1)应当发生了情势变更的事实,即合同赖以存在的客观基础发生了重大变化;(2)情势变更的事实应是当事人所不能预见的、不属于商业风险的客观情况变化;(3)情势变更事实的发生应不可归责于双方当事人;(4)情势变更的事实应发生在合同签订后履行完毕前;(5)情势变更的事实发生后,继续履行原合同对一方当事人将显失公平或不能实现合同目的。

回到本案,虽然被申请人主张涉案合同履行过程中出现液化石油气市场价格和被申请人主营产品价格下跌构成情势变更,但诚如仲裁庭所分析,涉案合同履行期限较长,液化石油气市场价格出现一定变化应在双方当事人可预见的范围内,而被申请人并未举证证明在合同履行过程中国际市场上发生了难以预见的并从根本上改变合同赖以存在的客观基础的事件;被申请人作为其主营产品的专业生产和经营者,其主营产品价格涨跌更应在其可预见的范围内。被申请人主张的液化石油气和主营产品价格下跌均不符合构成情势变更所需具备的不可预见性,仲裁庭对被申请人要求适用情势变更原则的主张不予采纳是正确的。仲裁庭在中国法律没有明确规定的情况下,援引《仲裁规则》的规定,参考国际惯例对情势变更的构成及适用进行了详尽的分析,充分彰显了仲裁庭的高度专业化和开放性。

(本案例由深圳国际仲裁院黄吴一秀女士编撰)

Topic 7

专题七
情势变更与商业风险的区分

案例26 经营异常是情势变更还是商业风险

——自然人甲与A汽车租赁服务有限公司F市分公司融资租赁合同争议仲裁案

仲裁要点：适用情势变更原则的前提条件是存在情势变更之事实。该事实是否构成情势变更，应以是否导致合同赖以成立的基础丧失、是否导致当事人目的不能实现，以及是否造成对价关系障碍为判断标准。区分情势变更与商业风险应当从可预见性、可归责性、后果承担、影响范围等因素进行综合判断。当事人被列入经营异常名录应当属于正常的商业风险。

一、案 情

2017年9月28日以及2017年11月13日，被申请人A汽车租赁服务有限公司F市分公司因"公示企业信息隐瞒真实情况，弄虚作假"被市场监督管理部门列入经营异常名录。

2017年12月8日，申请人自然人甲与被申请人签订了《汽车租赁合同》，约定被申请人作为出租人，购买特定汽车一辆，并出租给申请人使用。融资租赁期限为2017年12月8日至2020年12月7日，共计36个月。申请人作为承租人，每月应按时支付当期租金到指定账户。被申请人在租赁期内拥有租赁车辆完整的所有权，申请人租赁期内拥有租赁车辆的使用权；合同到期申请人结清全部租赁款后，申请人可以取得车辆的所有权。此外，租金、定金、履行保证金一经商定，除情势变更外，不随国家的政策及市场变化而变化，双方必须严格按合同约定执行。

2017年12月8日，申请人支付了合同项下约定的定金。从2017年12月到2018年12月，申请人一共依约支付了13期月供。此外，申请人确认被申请人于 2017 年 12 月 7 日已交付涉案车辆给申请人使用。

在上述合同履行过程中,申请人得知 B 公司和"CFZG"公司涉嫌刑事案件。本案被申请人的总公司"A 汽车租赁服务有限公司"的股东是 D 公司。申请人认为,D 公司的总称叫"CFZG",D 公司是 B 公司的实际操控人。被申请人经营出现异常,符合情势变更情形,故依据合同中的仲裁条款于 2018 年 11 月向华南国仲申请仲裁,请求终止《汽车租赁合同》并返还已支付的租金、被申请人在 2019 年 12 月 30 日前为申请人办理该汽车的过户手续等。

二、当事人争议要点

申请人认为:

2018 年 4 月 26 日,申请人获悉被申请人企业弄虚作假,被 F 市工商局查封,经营出现异常。其后,申请人又获悉被申请人的母公司已被 S 市 F 区公安局查封。根据合同约定:"租金、定金、履行保证金一经商定,除情势变更外,不随国家的政策及市场变化而变化,双方必须严格按合同约定执行。"被申请人存在的上述情形已经符合情势变更的条件,申请人可以解除合同。如果申请人继续履行合同义务,合同到期后被申请人很难把车辆过户给申请人,为了预防申请人可预判的损失扩大,故而提起仲裁。

被申请人没有答辩。

三、仲裁庭意见

首先,被申请人被列入经营异常名录并不构成合同解除事由。因为被申请人被列入经营异常名录具体事由众多,并不当然导致被申请人不履行合同主要义务,亦不当然导致合同目的不能实现。而且从被申请人被列入经营异常名录的时间上看,在申请人与被申请人签订《汽车租赁合同》时,被申请人已经被市场监督管理部门列入经营异常名录。申请人在签署合同时知道或应该知道被申请人已被列入经营异常名录,事后以此为由要求解除合同,依据不足。

其次,B 公司和"CFZG"公司涉嫌刑事案件并不构成合同解除事由。因为被申请人为"A 汽车租赁服务有限公司"的分支机构,"A 汽车租赁服务有限公司"的股东是 D 公司。申请人没有证据证明 D 公司、A 汽车租赁服务有限公司与涉嫌刑事犯罪的公司存在法律关系,仅仅根据名称上的相似性无法认定 B 公司和"CFZG"公司与被申请人存在法律上的牵连关系。

最后,申请人不能以情势变更为由解除合同。所谓情势变更,是指合同依法有效成立后全面履行前,因不可归责于当事人的原因,使合同赖以成立的基础或环境发生当事人预料不到的重大变化,若继续维持合同的原有效力则显失公平,受不利影响的一方当事人有权请求法院或仲裁机构变更或解除合同的法律制度。适用情势变更原则首先需有情势变更之事实,这是适用情势变更的前提条件。所谓"情势",系指作为合同法律行为基础或环境的一切客观事实,包括政治、经济、法律及商业上的种种客观状况,具体如国家政策、行政措施、现行法律规定、物价、币值、国内和国际市场运行状况,等等。所谓"变更",指这种情势在客观上发生异常变动。这种变更可以是经济上的,如通货膨胀、币值贬值等;也可以是非经济因素的变动,如战争及其导致的封锁、禁运等。该事实是否构成情势变更,应以是否导致合同赖以成立的基础丧失、是否导致当事人目的不能实现以及是否造成对价关系障碍为判断标准。情势变更须是当事人所不能预见的,且有不可预见之性质,这是适用情势变更原则主观要件的一个方面。本案中,申请人主张的被申请人被列入经营异常名录、B 公司和"CFZG"公司涉嫌刑事案件等事由,既不是"不可归责于当事人的原因",也不是合同赖以成立的客观基础或环境,当事人对此也并非不能预见。因此,申请人无权以情势变更为由要求解除合同。

基于上述意见,仲裁庭裁决驳回了申请人的全部仲裁请求。

四、评 析

本案中,申请人认为被申请人被市场监督管理部门列入企业经营异常名录、母公司涉嫌刑事案件等情形符合情势变更的条件,故而以此为由主张解除合同。仲裁庭认为上述情形不构成情势变更,当事人不得以情势变更为由解除合同。针对本案中出现的问题,编者拟从以下方面进行分析。

(一)关于情势变更与商业风险

从立法层面来看,《民法通则》《合同法》《民法总则》均没有规定情势变更原则。从司法层面来看,最高人民法院在 1992 年关于某合同纠纷案件适用法律问题的复函中首次明确了情势变更的概念。①

在《民法典》出台之前,《合同法解释(二)》第26条正式确立了我国合同法上的情势变更原则。在《民法典》的编纂过程中,立法者保留了这一规定,并将其重新规定在《民法典》第533条之中。《民法典》第533条规定:"合同成立后,合同的基础条件发生了当事人在订立合同时无法预见的、不属于商业风险的重大变化,继续履行合同对于当事人一方明显不公平的,受不利影响的当事人可以与对方重新协商;在合理期限内协商不成的,当事人可以请求人民法院或者仲裁机构变更或者解除合同。人民法院或者仲裁机构应当结合案件的实际情况,根据公平原则变更或者解除合同。"《民法典》再一次正式确立了我国民法上的情势变更原则。

在解释上,情势变更原则来源于合同法中的公平原则,是在某些特定情形下对公平原则的适用。同时,适用情势变更原则将直接导致对合同内容的变更或者解除合同,在一定程度上是对合同严守原则的突破,因此需谨慎适用。2009年4月27日发布的最高人民法院《合同法通知》中强调,对于情势变更原则,各级人民法院务必正确理解、慎重适用。如果根据案件的特殊情况,确需在个案中适用的,应当由高级人民法院审核。必要时应报请最高人民法院审核。由此可见,司法界至少最高人民法院在情势变更原则的适用上持谨慎态度。在制定《合同法》时,一条反对将情势变更原则写入《合同法》的原因是:"如何划分情势变更和正常商业风险的界线是十分困难的事,规定情势变更制度可能成为有的当事人不履行合同的借口,在合同法中不宜规定情势变更制度。"②情势变更与商业风险的区分始终是司法实践中的难题,也是本案争议的焦点问题。编者认为,只有真正厘清情势变更与商业风险的区别,才能使得法院既不会滥用情势变更原则,又不会因过分谨慎而不敢适用,真正发挥情势变更制度的价值。

情势变更中的"情势",指的是一种客观情况,更具体地说指的是合同这种法律行为的基础,而判断的客体即为这种发生重大变化的客观情况。如果没有客观情况的变化,那么就不可能存在情势变更的适用余地。因此,区分

---

① 参见最高人民法院《关于武汉市煤气公司诉重庆检测仪表厂煤气表装配线技术转让合同购销煤气表散件合同纠纷一案适用法律问题的函》(法函〔1992〕27号)。
② 王胜明:《从合同法的草案到审议通过——〈中华人民共和国合同法〉介绍》,载全国人大常委会法制工作委员会民法室编著:《〈中华人民共和国合同法〉及其重要草稿介绍》,法律出版社2000年版,第228页。

情势变更与商业风险的过程实际上是对发生重大变化的客观情况进行分类的过程。易言之，这种发生重大变化的客观情况本质上是民商事交易活动中的风险，这些风险有的属于情势变更的范畴，有的属于商业风险的范畴。因此，区分情势变更与商业风险的过程也是对风险进行分类的过程。

从理论界的角度来看，有学者提出，可以将风险依照可预见与不可预见，可承受与不可承受，通过两两组合的方式分为四类。① 其中，对于可预见且可承受的风险，理应归入商业风险的范畴，对于不可预见且不可承受的风险，理应适用情势变更原则。关键在于对可预见但不可承受的风险以及虽不可预见但可承受的风险两类情形应当适用何种规则。对于不可预见但可承受的风险而言，例如，在房屋买卖合同签订后，由于政府出台新的金融政策，银行不再向第三套房的购买人发放贷款，导致购房人必须通过其他途径筹措价款。这种风险虽不可预见，但不是当事人绝对不能承受的，则不宜认定构成情势变更。在解释上，可以理解为这种客观情况的变化尚未达到重大变化的程度。对于可预见但不可承受的风险而言，例如，以有色金属为标的的交易，通常当事人会被推定可以预见到该类交易存在较大价格波动的商业风险，但是当市场价格增长幅度达到合同价款数倍程度时，应当认为可以构成情势变更。在解释上，可以理解为这种超过当事人承受能力的剧烈客观变化实际上已经超过了当事人可以预见的范围。因此需要对可预见的风险作限缩解释，限缩到可预见且可承受的风险。② 编者对这种观点持赞同意见。从情势变更原则的根本目的来看，该制度要保护的是民商事交易活动的公平。如果让当事人承受其不可承受的风险，即使其可以预见，这在本质上仍是不公平的。借用刑法中关于期待可能性的理论，此时不能期待当事人仍然会冒着其不可承受的风险严守合同，应当允许其通过情势变更原则免受或者减轻这种不利益。如果让当事人承受其可承受的风险，即使其不可预见，但是这种可承受的风险不会对当事人的基本生存产生影响，表明这种风险对当事人的影响相对较小，严守合同是更为合适的选择。

还有学者提出了不同的区分情势变更与商业风险的标准。首先，对可预见性也应当作限缩解释，限缩为客观上的可预见性，不包括主观上的可预见性。在商业实践中，应当按照商人的标准进行判断，由于商人长期参与商业

---

① 参见韩世远:《情事变更若干问题研究》，载《中外法学》2014 年第 3 期。
② 参见韩世远:《情事变更若干问题研究》，载《中外法学》2014 年第 3 期。

交易活动,对相关商业风险的判断能力较强,因而标准也较高。凡是能够为一般理性商人所预见的交易风险,均不能视为情势变更。但是,这种客观性也并非绝对的,在具体的案件中,某些具体的因素也必须纳入法官或者仲裁员的考虑范围。其次,需要考虑获益情况。简言之,在商业活动中,一般认为商业风险和收益是成正比的。如果某项交易属于高风险、高收益的范围,则出现从事该交易可预见的某种风险通常不能被认为是情势变更,而应当属于商业风险。再次,需要考虑影响广泛性标准,即只有在该风险对诸多的、一系列的交易产生影响,而且该风险对一系列交易的当事人产生影响,而不限于对特定的交易当事人产生影响的情况下,才能认为是足以构成情势变更的风险。此外,还应考虑外部性标准,即构成情势变更的风险应当是外部的,而不是交易活动内在的。而且对外部性标准应该严格把握,通常不是商业活动所必然具有的而是某种外在的因素所造成的情势变化,才具有外部性这一特征。最后,还应考虑风险防范标准,即作为情势变更的风险往往是单个当事人无法防范的。因为当事人在缔约时无法预见该风险的存在,故而无法采取相应的措施对其进行防范。① 编者认为,上述判断标准基本涵盖了区分风险种类需要考虑的所有因素,大体上可以将民商事交易活动中的风险进行区分,但是仍有不够清楚之处。例如,对可预见性的判断应当采取客观标准,但是不排除考虑个案中某些特殊因素。至于何种特殊因素应予考量,可能又会产生不同的解释结果。

从实务界的角度来看,最高人民法院在判例中对如何区分情势变更与商业风险制定了一定的标准。首先,从时间的角度来说,情势变更原则适用的前提是存在合同成立后客观情况发生变化的情形,当事人对合同履行有预判的,应为正常的商业风险。例如在"山西华晋纺织印染有限公司、上海晋航实业投资有限公司与戴军合资、合作开发房地产合同纠纷案"中,最高人民法院认为本案不存在合同成立后客观情况发生变化的情势变更情形,而应为正常的商业风险。② 其次,判断风险属于情势变更还是商业风险,需要参照合同约定,并从可预见性、归责性以及产生后果等方面进行分析。例如,在"大宗集团有限公司、宗锡晋与淮北圣火矿业有限公司、淮北圣火房地产开发有限

---

① 参见王利明:《情事变更制度若干问题探讨——兼评〈民法典合同编(草案)〉(二审稿)第 323 条》,载《法商研究》2019 年第 3 期。
② 参见最高人民法院(2015)民一终字第 72 号民事判决书。

责任公司等股权转让纠纷案"中,最高人民法院认为政策原因并非造成合作开发项目得不到核准的唯一原因,而且在国家能源局《关于调控煤炭总量优化产业布局的指导意见》(国能煤炭〔2014〕454号)出台之前,在第一笔转让款期满不能支付的情况下,圣火矿业有限公司向大宗集团有限公司出具了违约金欠条并实际履行了部分款项,因此不符合情势变更原则。① 最后,在合同履行过程中发生了客观情况变化,如果当事人对如何继续履行合同已经进行了明确约定,表明当事人对合同履行过程中发生的有关变化以及由此带来的影响已经作出判断并就相关事宜的变更达成了合意,则不构成情势变更。例如,在"陕西圣安房地产开发有限公司、陕西圣安房地产开发有限公司延安分公司与延长油田股份有限公司川口采油厂商品房销售合同纠纷案"中,最高人民法院认为:"在案涉房屋建设主体工程已经完成的情况下,当事人于2010年1月8日达成会议纪要,对如何继续履行合同进行了明确约定,表明当事人对合同履行过程中发生的有关变化以及由此带来的影响已经作出判断并就相关事宜的变更达成了合意,延长川口采油厂据此支付了相应的购房款,圣安公司及圣安延安分公司按照约定应于2010年5月15日'交付住房钥匙',但其却迟迟未能依约履行,故本案并不存在适用情势变更的前提条件。"②具体到本案,《汽车租赁合同》中似乎也存在类似的条款,即"租金、定金、履行保证金一经商定,除情势变更外,不随国家的政策及市场变化而变化,双方必须严格按合同约定执行"。但是从解释上来说,本条约定只是要求当事人在未发生情势变更的情形下,应当严守合同,不得轻易变更租金、定金以及履行保证金,并未明确约定可能遇到的客观情况,更未明确约定发生此种情况后的处理结果,因此本条不能作为当事人对出现情势变更情形后合同项下权利义务的再安排。另外,从反面解释的角度来说,本条亦无法得出允许当事人在出现情势变更情形后可以直接解除合同的结论。关于情势变更与解除合同的关系,将在后文予以探讨。

综合上述理论界和实务界的观点,编者认为,判断客观情况的变化究竟属于情势变更还是商业风险,难以得出一个统一的判断标准,仍需根据各案不同的情形分别进行判断。但是在大体上,应当从可预见性、可归责性、后果承担、影响范围等因素进行综合判断。至于本案中提出的企业经营异常这一

---

① 参见最高人民法院(2015)民二终字第236号民事判决书。
② 最高人民法院(2015)民一终字第179号民事判决书。

情况,申请人作为签订融资租赁合同的商事交易主体,理应预见到交易对手可能出现经营异常这种商事交易中常见的情形,而且在签订合同前被申请人已经被列入经营异常名录,这显然是申请人可以预见的风险;从可归责性的角度来看,鉴于在订立合同前被申请人已经被列入经营异常名录,申请人完全可以查询到被申请人的情况,因此申请人具有一定的可归责性;从后果承担的角度来说,被申请人被列入经营异常名录并不会必然造成申请人的严重损失,案涉车辆仍为申请人所占有,申请人承担的仅为合同期满后无法获得案涉车辆所有权的风险。对申请人而言,该后果并非无法承担的后果。从影响范围的角度来看,被申请人被列入经营异常名录仅对与其进行民商事交易的民商事主体产生潜在的风险,并未对不特定人产生风险,影响范围是有限的。综上所述,被申请人经营异常,被列入经营异常名录并不属于足以引起情势变更的风险,而应当属于正常的商业风险。

(二)关于情势变更与合同解除

本案带来的另一个问题是,情势变更是否为一种法定解除事由？即如果构成情势变更,当事人能否解除合同？以及如果可以的话,应当如何行使解除权？

法定解除事由规定在《合同法》第94条(《民法典》第563条):"有下列情形之一的,当事人可以解除合同:(一)因不可抗力致使不能实现合同目的;(二)在履行期限届满之前,当事人一方明确表示或者以自己的行为表明不履行主要债务;(三)当事人一方迟延履行主要债务,经催告后在合理期限内仍未履行;(四)当事人一方迟延履行债务或者有其他违约行为致使不能实现合同目的;(五)法律规定的其他情形。"从内容上看,一般认为,《合同法》第94条第1项属于不可抗力解除;第2项属于预期违约解除;第3项属于迟延履行时的催告解除;第4项为违约解除的一般规定,其未区分违约行为所违反的义务类型,也可以理解为违约解除的概括规定;第5项则是兜底性的规定。[1]

《合同法解释(二)》中有条件地将情势变更纳为合同的法定解除事由。之所以称为有条件的法定解除事由,是因为此处的措辞与《合同法》第94条有明显不同:"合同成立以后客观情况发生了当事人在订立合同时无法预见

---

[1] 参见朱广新:《合同法总则》(第二版),中国人民大学出版社2012年版,第519页。

的、非不可抗力造成的不属于商业风险的重大变化,继续履行合同对于一方当事人明显不公平或者不能实现合同目的,当事人请求人民法院变更或者解除合同的,人民法院应当根据公平原则,并结合案件的实际情况确定是否变更或者解除。"在情势变更的情形下,当事人没有绝对的法定解除权,仅能向人民法院请求解除,并由人民法院根据公平原则进行确定。因此,在行使方式上,这一解除权与《合同法》第94条(《民法典》第563条)规定的解除权是不同的,前者仅能通过诉讼行使,其性质是一个形成诉权;而后者既可以通过诉讼的方式行使,也可以通过单方通知的方式行使,因此包括形成权和形成诉权。实践中,有些人民法院会通过一些方式规避情势变更原则的适用。例如,在"叶某诉潘某房屋买卖合同纠纷案"中,法院认为"受到限购令政策的影响,原告已实际不能履行该居间(买卖)合同,故原告据此要求解除合同,合法有据,本院予以支持"[1],但是在裁判依据中运用的是《合同法》第94条第5项。实际上,该法院支持原告解除合同的原因在于发生了情势变更,但是却使用了《合同法》规定的法定解除情形中的兜底条款。虽然在效果上区别不大,但是考虑到解除方式的不同以及上级法院审核情势变更原则适用的初衷,这种判决方式是不值得鼓励的。如果进一步探究这个问题,一个显著的疑问是,《合同法》第94条第5项(《民法典》第563条第5项)中的"法律规定"具体是指哪条规定?这时可能仍要回归《合同法解释(二)》第26条的规定,由此可能又会带来一个解释上的难题,即如何把最高人民法院出台的司法解释认定为《合同法》第94条第5项中的法律?由此可能导致解释上的困难。

此外,最高人民法院在《指导意见》中对于情势变更的具体适用问题进行了规定。尤其值得注意的是,最高人民法院在《指导意见》中强调了其司法政策和价值取向,"在调整尺度的价值取向把握上,人民法院仍应遵循侧重于保护守约方的原则。适用情势变更原则并非简单地豁免债务人的义务而使债权人承受不利后果,而是要充分注意利益均衡,公平合理地调整双方利益关系。在诉讼过程中,人民法院要积极引导当事人重新协商,改订合同;重新协商不成的,争取调解解决"。编者认为,《指导意见》的规定在一定程度上体现了我国合同法上的鼓励交易原则。归根结底,情势变更是对合同严守原则的突破,对双方当事人的影响甚巨。因此,在发生情势变更情形后,实践

---

[1] 上海市松江区人民法院(2011)松民三(民)初字第1526号民事判决书。

中应当优先考虑变更合同,在双方实在无法达成一致、无法实现合同目的的情况下,再考虑解除合同。

(本案例由北京大学法学院民商事争议解决方向硕士研究生赵晴宇先生编撰)

案例 27 建设工程合同项下物料价格上涨是情势变更还是商业风险

——A 建设工程有限公司与 B 房地产开发有限公司
建设工程合同争议仲裁案

仲裁要点：情势变更原则作为合同严守原则的例外和补充应谨慎适用。本案双方当事人已约定排除因物料价格上涨而调整合同价款的可能性，且当事人未能举证证明价格上涨会导致合同继续履行显失公平，仲裁庭不能轻易适用情势变更原则干涉当事人的合同自治。

一、案 情

申请人 A 建设工程有限公司作为承包人、被申请人 B 房地产开发有限公司作为发包人，双方经招投标于 2002 年 5 月签署《中标通知书》，2002 年 8 月 G 市建设工程交易中心发函确认申请人为案涉总承包工程中标单位。双方之间的合同文件主要有《协议书》《中标通知书》及合同有关函件、《合同条件》《议标书》《议标人须知》《合同图纸》《工程规范》《工程量清单》《单价细目表》等。关于本案合同类型和工程价款的约定如下：

《中标通知书》第 1.4 条约定：合同金额的承包范围如本通知书第 3 条所述并为大包干，即包括一切人工费、物料费、测试、验收、进口税及增值税、政府的其他税项及收费、技措费、赶工费、经营管理费、开办费、管理费、劳保基金、深化施工图及编制竣工图费、风险、利润及其他合同文件的要求所涉及的费用等。

《中标通知书》第 6.9 条约定：总承包人表示已对其于 2002 年 5 月 22 日重新提交之工程量清单内的工程项目及数量等进行复核，并确认上述工程量与合同图纸内所显示工程量之间可能存在的差异风险已被充分考虑,并同意放弃日后对此提出任何索偿申请的权利。

《中标通知书》第7条约定:合同形式及安排:本工程的合同是以合同条件、合同图纸、合同工程规范和其他合同文件为基础的大包干形式合同(包工包料,包工期,包质量,包工资及材料价差,总包及施工管理费,直接费,其他直接费,所有间接费,利润,国家规定的税金和取费)。除不可预见费、暂定金额、指定金额、工程范围改变或根据合同条件明确规定外,承包金额不得以任何形式调整或变更,而项目金额、项目单价和工程量清单内的单价则根据本通知书所订不得再作任何调整或改变(包括国家政策及费率、工料价格及货币汇率变动),并将会作为日后工程变更之计算依据。最终工程结算金额,应由合同金额加上由建设单位发出的工程变更指令的变更金额调整所构成。

《合同条件》第13条约定:除根据本合同条件的明确规定外,承包金额无论如何不得以任何方法调整或变更,同时受本合同条件第12条第2款所限,任何错误无论是否属于计算承包金额时的算术错误应视为被双方接受。承包金额将不受薪金、物料的成本、货币兑换率或政府因上述工资、物料、汇率波动而发出的指令、公告或通知的影响而作出进一步修订。

在工程施工期间,钢材价格遇较大幅度上涨[①],后工程于2004年4月竣工验收,在结算过程中,双方就结算款发生争议,争议点主要包括工程欠款及利息、钢材补差价、工程拖期违约金、保修费等。申请人遂依据合同中的仲裁条款,于2006年12月向华南国仲提起仲裁,请求被申请人支付工程欠款、逾期付款违约金、因钢材价格上涨而产生的差价款等。被申请人提出反请求,要求申请人支付工程拖期违约金和保修费等。

二、当事人争议要点

申请人认为:

案涉工程施工期间,适逢钢材价格大幅上涨,涨幅已超过2002年平均价

[①] 关于价格涨幅,申请人称完工时即2004年4月的钢材价格涨幅超过签署施工合同时的2002年钢材均价的20%。对此涨幅数据,被申请人未作回应、仲裁庭亦未在裁决书中予以查明。编者查询广东省建设厅2003年7月15日下发的《关于调整钢材结算价格指导性意见的通知》(粤建价函〔2003〕351号),该通知指出,"今年以来,钢材价格持续大幅度上涨,涨幅已超过2002年平均价的20%以上",故编者在本案例评析中对该钢材价格的涨幅予以采纳。

的20%以上,上涨幅度是一般企业和申请人无法预测的,根据广东省建设厅2003年7月15日下发的《关于调整钢材结算价格指导性意见的通知》(粤建价函〔2003〕351号)的规定、法律关于情势变更原则的规定及广东省高级人民法院《关于审理建设工程合同纠纷案件的暂行规定》第27条关于"因情势变更导致建材价格大幅上涨而明显不利于承包人的,承包人可请求增加工程款"的规定,申请人请求支付因钢材价格大幅上涨而增加的工程款是合理合法的。

被申请人认为:

本案工程属于总承包工程,合同金额为大包干。根据《合同条件》第13条的约定,已经明确排除了对本案工程钢材款进行调整的可能。该约定不仅明确排除了申请人就本工程施工过程中钢材涨价而要求增加工程款的权利,也排除了对政府部门有关此等情况发布的指令、公告或通知等的适用。并且申请人该项请求的依据是广东省建设厅《关于调整钢材结算价格指导性意见的通知》(粤建价函〔2003〕351号),该通知只是广东省建设厅指导性政策文件,仅供建设单位和施工单位在工程价款调整和工程结算时参考,并不具有强制效力。因此,申请人请求被申请人支付钢材差价款没有事实和法律依据。

三、仲裁庭意见

仲裁庭部分支持了申请人的仲裁请求和被申请人的反请求,裁决被申请人支付申请人部分工程款及利息。就申请人支付钢材差价款的请求,仲裁庭未予支持,理由如下:从本案合同约定可知,本案合同金额是大包干金额,并排除了对材料价格进行调整的可能性。对申请人提出情势变更的理由,仲裁庭认为:首先,《合同法》没有规定情势变更制度,此主张没有法律依据。其次,只有在极端的情况下,情势变更或类似原则才有可能被援引从而背离双方在合同中的约定,一般的商业风险不能等同于情势变更。本案中申请人要求被申请人支付钢材差价款,但未提供任何证据证明当时的钢材价格波动已经使得履行合同严重不公平或无法继续履行而必须进行变更;且钢材涨价不属于《中标通知书》第7条约定的"不可预见费、暂定金额、指定金额、工程范围改变或根据合同条件明确规定"的除外情形。另外仲裁庭注意到,广东省建设厅下发的通知仅是行政指导性政策文件,不具有法律强制性效力,更不具有可变更具体合同约定的效力。

四、评　析

关于本案系争钢材价格的上涨是否构成情势变更,编者试作以下讨论。

申请人提出本案合同签订后、合同履行期间,钢材价格大幅上涨,涨幅已超过签订合同时的钢材均价的20%以上,该上涨幅度是一般企业和申请人无法预测的,应构成情势变更。仲裁庭在裁决理由中分析该钢材价格上涨不构成情势变更时,给出了如下五项理由:(1)案件争议发生时适用的法律未有关于情势变更的规定;(2)一般的商业风险不能突破合同严守原则;(3)钢材价格上涨未导致合同履行显失公平或无法继续履行;(4)案涉合同约定排除了材料价格嗣后调整的可能;(5)申请人提出的据以认定情势变更的广东省建设厅下发的《关于调整钢材结算价格指导性意见的通知》(粤建价函〔2003〕351号)属于行政意见,不具有法律强制力,不能据此变更当事人的合同约定。

情势变更是现代合同法上的一项原则,解决的是合同当事人之间的公平问题,通说认为该原则是合同严守原则的例外和补充。在争议发生时适用的法律未有关于情势变更的规定时,仲裁庭在是否直接适用情势变更原则突破合同当事人的约定方面,采取了比较严格的审查,充分体现了情势变更原则是合同严守原则的补充和例外,值得学习借鉴。

我国立法实践中,《合同法解释(二)》第26条最早以司法解释的形式确立了情势变更原则,而《民法典》则对此进行了补充和修改。[①]

那么,在现行法框架下,本案系争钢材价格上涨可否构成情势变更?根据现行《合同法解释(二)》第26条的规定,编者试列出适用情势变更原则的构成要件:(1)存在情势变更的客观情况;(2)该情势变更的客观情况是当事人不可预见、不能预见且是不可归责于当事人的原因引起的;(3)该情势变更的客观情况发生在合同成立之后、合同义务履行完毕之前;(4)在新情势

---

① 《民法典》第533条规定:"合同成立后,合同的基础条件发生了当事人在订立合同时无法预见的、不属于商业风险的重大变化,继续履行合同对于当事人一方明显不公平的,受不利影响的当事人可以与对方重新协商;在合理期限内协商不成的,当事人可以请求人民法院或者仲裁机构变更或者解除合同。人民法院或者仲裁机构应当结合案件的实际情况,根据公平原则变更或者解除合同。"

下,若按原定合同履行义务,将会显失公平;(5)该情势变更的客观情况不属于不可抗力,也不属于商业风险。值得注意的是,《民法典》第533条关于情势变更的规定,取消了与不可抗力的区分、保留了与商业风险的不同,同时引入了情势变更发生后当事人的再交涉义务。

结合本案仲裁庭在判定系争钢材价格上涨不构成情势变更时给出的五项理由,可以发现,现行法框架下本案钢材价格上涨是否构成情势变更主要取决于三个要素:(1)该价格上涨是否属于商业风险;(2)价格上涨是否导致合同履行显失公平①;(3)合同是否可以约定排除情势变更原则的适用。事实上,由于实务中建设工程合同的争议大多集中在工程价款结算上,前述三个要素也是现行法框架下适用于判定大多建设工程合同中原材料等要素价格上涨是否构成情势变更的着眼点。现对该三个要素作逐一分析。

1. 区分情势变更与商业风险

现行《合同法解释(二)》第26条和《民法典》第533条都强调了认定情势变更时需要与商业风险区分。商业风险,是指市场主体作为一个理性的商人,在从事商业活动时应当意识到并自愿承担的固有风险,其最典型的表现是由于价格的涨落和市场供求关系的变化而导致的商人在财产上受到的损失。② 关于如何区分情势变更和商业风险,就价格涨落而言,王利明教授指出,应综合考虑价格涨落的原因,如国家政策、供求关系的变化及国际市场的影响等,同时也要考虑价格涨落的后果,如影响范围、对于当事人利益关系的影响程度等。③ 结合司法实践,王利明教授给出了几点区分情势变更和商业风险的判断标准:(1)可预见性标准——凡是能够为一般理性商人所预见的交易风险,均不能视为情势变更;(2)获益标准——风险与回报成正比,因此如果某项合同给当事人带来的利益越大,则其应当预见并承担的商业风险也就越高;(3)影响广泛性标准——作为情势变更风险的影响应当具有广泛性,对诸多交易产生影响;(4)外部性标准——情势变更的内容往往不是交

---

① 此处仲裁庭意见亦包含了合同无法履行的结果,鉴于合同无法履行属于典型的不可抗力的构成要件而非情势变更的构成要件,在现行法依然区分不可抗力和情势变更的情况下,编者在此对合同无法履行的情况暂不讨论。

② 参见王利明:《情事变更制度若干问题探讨——兼评〈民法典合同编(草案)〉(二审稿)第323条》,载《法商研究》2019年第3期。

③ 参见王利明:《情事变更制度若干问题探讨——兼评〈民法典合同编(草案)〉(二审稿)第323条》,载《法商研究》2019年第3期。

易中所固有的因素,其通常来源于与交易无关的外部因素,如疫情影响等;(5)风险防范标准——作为情势变更的风险无法预见,因此往往也是单个当事人无法防范的。① 此外,区分情势变更与商业风险也要在个案中具体判断。

参考上述判断标准,本案中钢材价格在合同履行期内上涨超过 20%,该涨幅是否为建筑工程行业中一般理性的商人不可预见、此上涨的风险是否与回报相匹配、该价格上涨是否为行业内的全面上涨从而影响广泛以及导致钢材价格上涨的因素是什么——这些问题尚有查明和讨论空间。因此,在现行法框架下,对于本案仲裁庭认定系争价格上涨属于商业风险或可商议。

2. 价格上涨是否导致合同履行显失公平

认定价格的上涨是否导致合同按原有价格条件履行对一方当事人显失公平,需要考量价格上涨的幅度。本案中,仲裁庭指出,申请人未提供任何证据证明合同履行期间价格的上涨使合同履行显失公平,因此申请人自行承担举证不能的不利后果。经编者查询,申请人提出的广东省建设厅 2003 年 7 月 15 日下发的《关于调整钢材结算价格指导性意见的通知》(粤建价函〔2003〕351 号)中指出,"今年以来,钢材价格持续大幅度上涨,涨幅已超过 2002 年平均价的 20%以上",因此,申请人主张的钢材价格涨幅超 20%应是真实的。关于相近幅度的材料价格上涨是否构成情势变更,深圳国际仲裁院有一宗类案可供参考:

2016 年 11 月,申请人与被申请人签订了钢制管道设备采购合同,约定被申请人向申请人购买钢制管道设备,该合同为固定单价合同。合同签订后,申请人遂按合同约定进行原材料采购和供货,在采购过程中,申请人发现原材料价格较投标时已经大幅上涨,申请人为此与被申请人协商,希望对合同价款进行调整,被申请人未予同意。申请人遂提起仲裁,基于情势变更原则,请求被申请人对因原材料价格上涨导致的差价予以调增补差。被申请人则辩称,双方签订的是固定单价的买卖合同,且双方并未约定可以调价的事由,故申请人的请求不能成立。②

---

① 参见王利明:《情事变更制度若干问题探讨——兼评〈民法典合同编(草案)〉(二审稿)第 323 条》,载《法商研究》2019 年第 3 期。
② 参见何音、周春玲:《以案说法|新冠肺炎疫情影响合同履行的,可否适用情势变更原则?》,载"深圳国际仲裁院"微信公众号(https://mp.weixin.qq.com/s/s1eOgm1P-m20BXQz3kfnkA),访问日期:2020 年 2 月 8 日。

仲裁庭经审理查明,案涉采购合同并未约定因原材料单价上涨而调整价格的情形;此外,在履行采购合同期间,双方约定的钢材价格较合同签订时的价格有较大幅度上涨,上涨幅度达 30%。仲裁庭一致意见认为,在申请人履行合同过程中没有违约行为的情况下,因市场原因导致价格上涨的后果由申请人单方承担,有违等价有偿及公平原则,因此,仲裁庭参照《合同法解释(二)》第 26 条的规定,部分支持了申请人提出的补偿因钢材价格上涨造成的差价的请求。

可以看出,该案事实与本案情形有诸多相似之处:均为固定价格合同、合同中均未约定结算价格可因原材料价格上涨而调整、合同履行中案涉钢材价格均有大幅度上涨(该案为 30%,本案为 20% 以上)。不同的是,该案仲裁庭参照《合同法解释(二)》第 26 条规定的情势变更原则,更多考虑了实质公平,部分支持了申请人的请求;而本案仲裁庭更多坚持合同严守原则,未对钢材 20% 的上涨幅度可能造成的合同履行不公平作更详细的阐述,而是将举证责任分配给申请人,由其自行承担举证不能的不利后果。编者以为,在现行《合同法解释(二)》第 26 条明确引入了情势变更原则且《民法典》第 533 条继续细化情势变更规则的情况下,裁判者在坚持合同严守原则的同时,是否也可以适当兼顾实质公平,发挥情势变更原则应有的补充和修正作用。比如本案,抛开申请人举证不利的责任,只论钢材价格 20% 的涨幅,应先查明造成该涨幅的原因、是否可预期和可控制等,然后以此认定按原价款履行合同是否会导致显失公平,编者认为或许可行。

3. 合同是否可以约定排除情势变更原则的适用

本案合同约定金额为大包干,即固定总价合同,并约定排除了因情事变更对材料价格进行调整的可能性。仲裁庭支持了该合同约定,体现了其合同严守的主张,不轻易适用情势变更原则变更当事人的约定。与此相反,上文引述的深圳国际仲裁院的案例,为固定单价合同,同样约定排除了因情势变更原则对原材料价格进行调整的可能性,但仲裁庭从公平原则出发,部分认可了情势变更原则引起的材料价格变化,突破了合同约定。

无独有偶,在一宗诉讼案例中,一、二审法院对此问题也作出了截然不同的判定。

在 Z 公司与 W 指挥部有关建设工程价款纠纷案中,就施工期间建材价格大幅上涨、发包人是否应给付材料差价补偿的问题,一审法院援用情势变更原则,判决支持承包人的材料差价补偿请求,但二审法院则认为不能适用情势变更原则。一审法院在判决理由中指出,虽然案涉合同中约定施工期间不进行价格调整,但合同中不调价的约定是建立在双方协议时的合同基础之上,以能够实现双方当事人的合同目的为前提,当建材价格上涨的幅度"超过了施工单位的承受能力",作为合同基础环境因素的建材价格发生了根本性的、超出了合同当事人所能预测的范围变化,按原合同履行将对承包人产生显失公平的后果,导致承包人的合同目的无法实现。二审法院的意见则是,当事人在合同中已经明确排除了因材料价格上涨而调整合同价款的可能,并且材料价格上涨的幅度并未使当事人之间的权利义务严重失衡,故而不能擅用情势变更原则干涉当事人的私法自治。[①]

从上述案例可看出,解决合同是否可以约定排除情势变更原则的适用问题,主要看如何处理合同严守和实质公平的关系。通说认为,处理实质公平问题的情势变更原则是合同严守原则的补充和例外,只有当发生了使合同基础发生重大变化的变更事由以致按原合同履行会导致明显不公的情况下,才可以因情势变更而突破合同约定,因此,判断合同约定能否排除情势变更原则的适用,需要针对个案案情具体判断。不过,从情势变更原则的立法变化中——从《合同法》中未规定情势变更原则,到《合同法解释(二)》第26条首次以司法解释形式确认,再到《民法典》第533条的细化补充,我们或许可以推论出情势变更原则在合同法领域的实践会越来越多,但这并不意味着情势变更原则的滥用,依然需要处理好合同严守与情势变更的关系。

综上,在现行法框架下,判断类似建设工程合同中钢材等材料价格上涨是否构成情势变更,需要充分权衡严守当事人的意思与保障实质公平之间的关系,在个案中具体判断系争事实是否属于商业风险、是否导致合同履行显失公平以及合同是否可以约定排除情势变更原则的适用。

(本案例由深圳国际仲裁院付汶卉女士编撰)

[①] 参见武汉绕城公路建设指挥部与中铁十八局集团第二工程有限公司建设工程施工合同纠纷上诉案,最高人民法院(2007)民一终字第81号民事判决书;黄喆:《情势变更原则在建设工程合同中的适用——德国建筑私法实践及其对我国的启示》,载《法律科学(西北政法大学学报)》2013年第5期。

案例 28　房屋租赁合同项下次承租人退租是情势变更还是商业风险

——自然人甲与 A 科技有限公司
房屋租赁合同争议仲裁案

仲裁要点：情势变更是当事人在缔约时无法预见的非市场系统固有的风险。在判断某种重大客观变化是否属于情势变更时，应当考察该风险是否属于社会一般观念上的事先无法预见的风险、风险程度是否远远超出正常人的合理预期、风险是否可以防范和控制等因素。在租赁合同中，次承租人退租导致承租人无法承担高额租金这一事由系承租人在签订租赁合同前可预见的商业经营风险，其转租的高收益对应可能发生亏损的风险，该风险并未超出一个正常的完全民事行为能力人的合理预期。同时，双方当事人在签约时已就涉案租赁房屋可能出现的拆迁改造情形进行约定，因此拆迁改造对周边经营环境带来一定的负面影响也应在承租人可预见范围内。故以上两种事由均不满足情势变更原则的适用条件。

一、案　情

2016 年 9 月 13 日，申请人 A 科技有限公司与被申请人自然人甲签订《房产租赁合同》（以下简称《租赁合同》），约定申请人将其位于 S 市 F 区 T 工贸园×××栋××楼××号房产及其设备（以下简称"涉案租赁房屋"）出租给被申请人，用作厂房。合同约定租期自 2016 年 11 月 1 日至 2022 年 10 月 31 日，租金标准从 2018 年 11 月 1 日起在上一年度租金基础上递增 5%。《租赁合同》还约定，租赁期间，被申请人在无须申请人同意的情况下可将该房产转租或分租，但被申请人不得转租给 T 集团及其下属部门，不得转租给娱乐场所、非法、无证照经营者、高污染行业等，并约定了涉案租赁房屋如需拆迁改造时，申请人向被申请人予以赔偿的标准。

被申请人承租后将涉案租赁房屋转租给 B 电子商务有限公司（以下简称"次承租人"），每月赚取转租差价。

2019 年 1 月 17 日，被申请人通过 EMS 向申请人寄出《解除合同及接收物业通知书》，称次承租人退租导致其无力承担高额租金，无法继续履行合同，并以此为由解除《租赁合同》，同时通知申请人自收到通知书之日起 3 日内接收涉案租赁房屋。因申请人拒收，被申请人于 2019 年 1 月 18 日将该通知书通过微信发送给申请人。

2019 年 1 月 21 日，申请人通过 EMS 向被申请人寄出《关于催交拖欠房租并要求继续履行房产租赁合同通知书》，表示被申请人提出的无法继续履行合同的理由不成立，不同意解除《租赁合同》，要求被申请人继续履行合同。

2019 年 1 月 23 日，被申请人通过 EMS 向申请人寄出《关于再次要求解除房产租赁合同的通知》，称因次承租人退租，且涉案租赁房屋所在物业已经面临拆迁限期，到处写着红色的"拆除"大字，涉案租赁房屋已不具备稳定的租赁条件，已无法找到租户承租，且涉案租赁房屋已基本空置，其已无力承担高额租金，无力履行合同，并以此为由再次提出解除《租赁合同》。因申请人拒收，被申请人于 2019 年 1 月 26 日将该通知书通过微信发送给申请人。

2019 年 1 月 31 日，申请人通过 EMS 向被申请人寄出《关于再次催交房租并要求继续履行房产租赁合同通知书》，称在《租赁合同》签订时已告知被申请人涉案租赁房屋面临拆迁的事实，原次承租人也未退租，故不同意解除《租赁合同》。同时，要求被申请人支付拖欠的 2018 年 11 月、12 月递增部分租金及 2019 年 1 月租金。

2019 年 3 月 12 日，申请人向被申请人寄出《第三次催交房租并要求继续履行合同通知书》，要求被申请人继续履行合同并于 2019 年 3 月 21 日前支付拖欠的租金。

如上所述，申请人与被申请人在 2019 年 1—3 月间通过 EMS 邮寄书信的形式多次进行是否解除合同的交涉，被申请人要求解除合同，而申请人则催交房租并请求其继续履行，双方当事人多次交涉均无果。被申请人于 2019 年 8 月 8 日完成搬迁，8 月 26 日完成了涉案租赁房屋的交接。

后双方当事人因《租赁合同》的未履行数额及合同是否解除问题产生争

议,申请人依据《租赁合同》中的仲裁条款于 2019 年 5 月向华南国仲申请仲裁,请求被申请人支付拖欠的租金及利息等。

二、当事人争议要点

申请人认为:

被申请人提出的无法继续履行合同的理由不成立,在《租赁合同》签订时申请人已告知被申请人涉案租赁房屋面临拆迁的事实,原次承租人也未退租,申请人不同意解除《租赁合同》,合同未被解除,因此请求被申请人履行合同,支付拖欠的租金。

被申请人认为:

1. 次承租人退租导致其无力承担高额租金,无法继续履行合同。

2. 涉案租赁房屋所在物业已经面临拆迁限期,到处写着红色的"拆除"大字,涉案租赁房屋已不具备稳定的租赁条件,已无法找到租户承租,且涉案租赁房屋已基本空置,其已无力承担高额租金,无力履行合同。被申请人据此主张,租赁合同应当于被申请人发出解除通知之日解除。

三、仲裁庭意见

仲裁庭认为,被申请人是否有权单方解除涉案租赁合同,是本案中的关键问题。

根据《合同法》的规定,单方解除权分为约定解除权与法定解除权。本案中,《租赁合同》中并未明确约定解除权事由,且申请人已明确表示不同意提前解除合同,被申请人也未举证双方就提前解除合同事宜最终达成一致意见,故不符合约定解除的条件。《合同法》第 94 条规定了法定解除权的五种情形,被申请人并未举证申请人存在《合同法》第 94 条规定的行为。故本案不符合法定解除的条件。

本案中,被申请人以"自 2018 年 12 月开始,因租户退租,导致我司实在无力承担每月高额的租金,无法继续履行合同""涉案租赁房屋因面临拆迁,已不具备租赁条件"等为由提出单方解除合同,该内容似乎隐含着合同因情势变更而不能继续履行的意思表示。"仲裁庭认为,情势变更是当事人在缔约时无法预见的非市场系统固有的风险。在判断某种重大客观变化是否属于情势变更时,应当考察该风险是否属于社会一般观念上的事先无法预见的风险、风险程度是否远远超出正常人的合理预期、风险是否可以防范和控制等因素。本案中,被申请人是完全民事行为能力人,对在租赁合同履行过程中发生经营、转租困难,有可能产生转租收益不能覆盖租赁成本出现亏损应属于被申请人在签订租赁合同前可预见的商业经营风险,其转租的高收益对应可能发生亏损的风险,该风险并未超出一个正常的完全民事行为能力人的合理预期。仲裁庭还注意到,《租赁合同》第 12 条"备注条款"中已明确约定了涉案租赁房屋如需拆迁改造时,申请人向被申请人予以赔偿的标准。由此可知,双方当事人在签约时已预见到涉案租赁房屋可能被拆迁改造,而因拆迁改造对周边经营环境带来一定的负面影响也应在被申请人可预见范围内。仲裁庭认为,在租赁合同关系中,承租人一方因自身经营困难,无力交租并不构成情势变更的条件,承租人无权以此单方解除租赁合同。故本案中,被申请人不享有情势变更情形下的合同解除权,被申请人不能据此要求单方解除合同。

综上,仲裁庭认为,本案中被申请人发出的《解除合同及接收物业通知书》和《关于再次要求解除房产租赁合同的通知》均不发生合同解除的法律效力。故仲裁庭裁决支持了被申请人支付拖欠的租金及利息等仲裁请求。

四、评 析

分析本案情形能否适用情势变更原则,重点在于分析被申请人所提出的两个理由是否构成情势变更,即:(1)次承租人退租致其无力履行合同;(2)涉案租赁房屋因面临拆迁,已不具备租赁条件。对此,应首先明确情势变更原则的内涵与适用条件。

依法成立的合同,应当对当事人具有法律约束力.当事人应遵守合同,不得擅自变更或解除合同,此即契约严守原则,规定于《合同法》第 8 条(《民法典》第 465 条)。但当事人订立合同时作为前提却又没有明确约定的某些"情势"发生变化的,会导致当事人作为前提的给付与对待给付关系失衡,严重超出通常的法律风险。此时,继续履行合同对一方当事人明显不公平,不可以期待当事人继续履行合同,故应允许当事人变更或解除合同。因此,所谓情势变更原则,是指合同有效成立后,因当事人不可预见的事情的发生(或不可归责于双方当事人的原因发生情势变更),导致合同的基础动摇或丧失,若继续维持合同原有效力有悖于诚实信用原则(显失公平)时,则应允许变更合同内容或者解除合同的法理。究其实质,情势变更原则为诚实信用原则的具体运用,目的在于消除合同因情势变更所产生的不公平后果。①

情势变更原则规定于《合同法解释(二)》第 26 条和《民法典》第 533 条。《民法典》第 533 条规定:"合同成立后,合同的基础条件发生了当事人在订立合同时无法预见的、不属于商业风险的重大变化,继续履行合同对于当事人一方明显不公平的,受不利影响的当事人可以与对方重新协商;在合理期限内协商不成的,当事人可以请求人民法院或者仲裁机构变更或者解除合同。"根据该条,情势变更原则的构成要件包括以下几点:

第一,须有情势变更的事实,即交易基础的丧失或发生重大变化。在我国法上,一般认为交易基础指客观交易基础,泛指一切与合同有关的客观事实②,并且其丧失或发生重大变化会导致等价关系的破坏或合同目的不能实现。

第二,情势变更须发生在合同成立后履行完毕前。

第三,情势变更的发生不可归责于当事人,主要是指情势的变更不为当事人尤其是受不利影响的当事人所能控制,如战争、金融危机、国家政策等。

第四,情势变更是当事人缔约时所不能预见的,预见的内容为情势变更发生的可能性,预见的时间为合同缔结之时。如果当事人尽管认为情况变化是可能的,仍然在相关条件下订立了合同,则就具有可预见性,不构成情势变更。

第五,情势变更使继续履行原合同显失公平。情势变更相对于契约严守原则而言,其适用具有例外性和补充性,因此对其后果的严重程度应有要求。

本案中,对于被申请人主张的两个理由是否能够适用情势变更原则,以下结合上述构成要件逐一分析。

第一,被申请人主张因次承租人退租致其无力履行合同,这一点理由能否构成情势变更,关键在于对情势变更与商业风险的区分。商业风险指在商业活动中,由于各种不确定因素引起的,给商业主体带来获利或损失的机会或可能性的一种客观经济现象。现实中的商业风险无处不在,其与情势变更

---

① 参见韩世远:《合同法总论》(第四版),法律出版社 2018 年版,第 488 页。
② 参见王洪亮:《债法总论》,北京大学出版社 2016 年版,第 338—339 页。

的区别在于:情势变更为意外风险,当事人在订立合同时根据当时的客观条件和能力没有预见且不可能预见,情势的变化超出了正常范围;而商业风险属于商事经营过程中的固有风险,当事人可以预见到,交易基础的变化并未达到异常的程度。情势的变化使合同继续履行显失公平,如对一方而言显失公平而另一方却获得暴利;而当事人对商业风险的承担可能会导致正常的商业亏损,但其通常可以自行承担,并且一般会在缔约时合理计算商业风险,不至于造成显失公平的后果。

本案中,首先,被申请人转租困难这一事由属于正常的商业风险而非情势变更。根据常理可知,租赁的房屋能否找到合适的次承租人、是否能够赚取转租差价,本身就是无法确定的,存在一定风险,且是固有的商业风险。被申请人作为理性、谨慎且以转租谋利的成年人,必然在订立合同时就清楚地知道转租的风险,包括转租失败、转租困难或无法盈利甚至亏损的可能。正如仲裁庭所述:"其转租的高收益对应可能发生亏损的风险,该风险并未超出一个正常的完全民事行为能力人的合理预期。"因此该情形不满足情势变更原则适用的第四个要件即不可预见性。其次,因转租困难从而被申请人无法利用转租金额的一部分来履行与申请人的租赁合同这一理由无法说明该合同显失公平。实际上,申请人与被申请人签订的租赁合同内容为申请人将涉案租赁房屋及其设备的占有、使用和收益的权利转让给被申请人,被申请人支付相应的价款,至于被申请人如何使用涉案租赁房屋在所不问。即使被申请人转租困难,但其仍然享有对涉案租赁房屋的占有、使用、收益权,与其所应支付的价款形成平等的对价关系,不构成显失公平。虽然被申请人与申请人签订合同的目的是为了赚取转租差价,但这仅是被申请人的动机,而非其签订合同的目的,合同目的为被申请人取得对租赁房屋的占有、使用、收益权,而这一目的完全可以按照合同约定公平、合理地实现。因此,合同具备继续履行的条件,且继续履行并不违背公平原则和诚实信用原则。所以,本案不满足情势变更原则适用的第五个要件。

因此,被申请人的第一个理由不构成情势变更。

第二,被申请人主张涉案租赁房屋因面临拆迁,已不具备租赁条件,这一理由也不能构成情势变更。如仲裁庭所述,《租赁合同》第12条"备注条款"中已明确约定了涉案租赁房屋如需拆迁改造时,申请人向被申请人予以赔偿的标准。由此可知,双方当事人在签约时已预见涉案租赁房屋可能被拆迁改造,显然被申请人也预见到了涉案租赁房屋被拆迁改造时会对其自身经营和对房屋的使用、收益产生不利影响。因此,该理由不满足情势变更原则适用的第四个要件即不可预见性。若被申请人确因租赁房屋被拆迁改造而遭受不利影响,其可以根据合同约定向申请人请求相应赔偿,但无法据此主张适用情势变更原则而解除合同。

因此,被申请人主张的第二点理由不构成情势变更。

由本案可知,在适用情势变更原则时,一要注意区分情势变更与商业风险,二者存在一定的模糊之处,关键在于把握好不可预见性,结合合同约定、当事人的生活经历、实际能力和社会一般观念来判断;二应注意区分订立合同的动机与真正的合同目的的区别;三应针对合同内容本身来判断继续履行合同是否显失公平、是否可期待当事人坚守合同、继续履行合同是否有违诚实信用原则。

综上所述,仲裁庭意见有理有据,分析详尽。本案中,被申请人主张的两个理由均不能适用情势变更原则,被申请人不能据此要求单方解除合同。

(本案例由北京大学法学院民商事争议解决方向硕士研究生王越女士编撰)

专题八
情势变更的法律后果

案例29　金融市场重大变化构成情势变更如何处理

——A资产管理有限公司与B俱乐部有限公司、自然人甲、乙及C实业有限公司涉外上市及投融资合同争议仲裁案

仲裁要点：美国对中国借壳上市公司的针对性关注和阻挠属于金融市场的重大变化，是当事人双方在签订合同时无法预料且不属于不可抗力的客观情况，亦有别于价格波动等一般性商业风险，继续履行合同将导致合同目的落空，可以适用情势变更原则解除合同，但双方均无权请求违约金，一方为履行合同支付了费用的，仲裁庭可根据公平原则裁决另一方酌情给予补偿。

一、案　情

2010年8月6日，以第一被申请人B俱乐部有限公司作为丙方，第二被申请人自然人甲、第三被申请人自然人乙和第四被申请人C实业有限公司作为甲方（四个被申请人以下合称"被申请人"），申请人作为乙方，三方共同签订了《框架协议》，约定各方就第一被申请人B俱乐部有限公司在美国纳斯达克场外柜台交易系统间接挂牌上市相关事宜进行合作。2011年1月3日，申请人与被申请人共同签署了《上市及投融资合同》（以下简称"本案合同"），确认由申请人作为战略合作方负责统筹第一被申请人赴美上市相关事宜。申请人为履行《框架协议》以及本案合同，安排财务及法务等专业人员组成项目组为第一被申请人赴美挂牌上市事宜租用了相关办公场所进行各项前期工作。申请人委派法务人员对第一被申请人进行尽职调查，与财务顾问公司合作对第一被申请人的账务进行规范及理账工作。此外，申请人还先后派员赴中国香港特别行政区及美国等地为第一被申请人并购其他企业

以扩大规模寻找资金。

2011年7月15日,第一被申请人向申请人发出《关于解除合同的函》,称"鉴于双方签署上市合同时的情势发生了重大变更",单方面要求解除本案合同。申请人于2011年8月1日书面回复第一被申请人,要求继续履行本案合同,但被申请人拒绝履行。

故申请人基于本案合同中的仲裁条款于2012年8月向华南国仲提起仲裁,请求被申请人支付违约金以及其因履行本案合同而支出的成本。被申请人认为本案合同订立后,申请人在迟延履行本案合同后,又单方要求变更本案合同的内容,使本案合同名存实亡,没有继续履行的必要。被申请人发现申请人在融资市场名誉不佳,对申请人的能力、信誉产生怀疑,且由于美国市场形势变化,被申请人认为申请人设计的融资方式已经不能实现。故被申请人提起反请求,请求确认解除各方共同订立的本案合同。

二、当事人争议要点

申请人认为:

关于被申请人的相关报道属于网络传言,不能作为解除合同的理由。被申请人解除合同的真正原因是不愿解决其存在的严重财务问题,并且不愿履行申请人在上市公司占股40%的约定。

被申请人认为:

申请人在履行合同过程中,没有按期完成相关义务,同时由于美国出现了阻击中国概念股的风潮,相关报道中提及了第一被申请人,客观形势亦使本案合同目的无法实现。申请人曾主动发函要求变更本案合同内容,将原上市方案变更为IPO方案,对本案合同内容进行了全面变更,被申请人认为申请人本身已意识到本案合同目的无法实现。

三、仲裁庭意见

仲裁庭认为,根据双方当事人签订的《上市及投融资合同》,本案争议适用中华人民共和国法律。关于被申请人提出的美国金融市场形势变化导致本案合同目的无法实现的抗辩意见,仲裁庭认为:

第一,此次美国金融形势发生的重大变化,即美国对中国借壳上市公司的针对性关注和阻挠,是双方在签订合同时无法预料的,否则申请人亦不会提出、被申请人也不会接受合同原约定的上市模式。

第二,此次美国对中国概念股的阻击,是美国相关机构对市场的针对性整顿,显然不属于自然灾害、政府征收、征用等不可抗力范畴。

第三,美国相关机构对中国概念股的针对性阻击,并非一般商业风险,而是美国相关机构在发现个别中国借壳上市公司存在财务造假行为后,对全部中国概念股的针对性检查与排斥。因此,美国金融市场形势变化并非商业活动中存在的市场交易风险、价格波动等一般性商业风险。

第四,由于美国对中国概念股的阻击已经使得数家中国企业退市或放弃以借壳上市模式在美上市,同时从申请人向被申请人发送的《IPO合作方案》可以看出,申请人亦认为,本案合同因市场形势发生变化,已无法继续履行,因而提出变更上市方案。因此仲裁庭有理由认为,继续按合同原约定的上市方案履行将导致合同目的落空。

第五,本案合同第6条第4款约定,"因法律法规发生变化、非本合同当事人的原因导致上市方案和技术环节不可执行及不可抗力因素造成上市迟延、费用增加或上市失败的,各方不承担责任,各方基于合同已经支出的费用由各自承担"。但是,如上所述,本案情形并非"法律法规变化",而是美国相关机构在执法过程中对中国概念股的针对性关注,同时本案情形亦不属于不可抗力,因此双方的上述约定在此处并不适用。

综上所述,本案情形符合《合同法解释(二)》中规定的可解除合同的情况,仲裁庭结合本案实际情况,本着公平原则,认定本案合同因情势变更致使合同目的无法实现而解除。

鉴于本案合同因情势变更致使合同目的无法实现而解除,双方均无权请求违约金赔偿;同时,鉴于申请人确实为履行本案合同支付了费用,因此,本着公平原则,仲裁庭认为,对于申请人为履行合同而支出的费用,被申请人可以酌情给予补偿。

四、评 析

关于情势变更,其主要的规定及解释在2009年5月13日施行的《合同法解释(二)》以及将于2021年1月1日起施行的《民法典》中。在《合同法解释(二)》第 26 条规定的基础上,《民法典》第 533 条进一步明确了情势变更的规定:"合同成立后,合同的基础条件发生了当事人在订立合同时无法预见的、不属于商业风险的重大变化,继续履行合同对于当事人一方明显不公平的,受不利影响的当事人可以与对方重新协商;在合理期限内协商不成的,当事人可以请求人民法院或者仲裁机构变更或者解除合同。"

根据上述法律及司法解释的规定及本案仲裁庭的推论,适用情势变更存在前提条件,即存在已经成立的合同且情势变更发生在合同成立后履行完毕前。

情势变更的适用还存在以下几个要点:

(一)客观情况发生变化,变更的情势使得合同赖以存在的客观情况发生重大变化

情势变更的事实一般是客观行为基础发生重大变化,比如,因国家政策调整造成的双方等价关系的破坏,以及合同目的不能实现导致合同丧失继续履行必要的情况。[1]

本案中,美国金融形势已发生的重大变化,具体而言是美国对中国借壳上市公司的针对性阻挠,由于美国对中国概念股的阻击已经使得数家中国企业退市或放弃以借壳上市模式在美上市,而本案合同的主要目的在于第一被申请人通过"VIE 模式"借壳于美国纳斯达克场外柜台交易系统间接挂牌上市,因此,该重大变化是客观的,直接动摇了合同赖以存在的客观情形使得合同目的难以实现。[2]

(二)该重大变化不应为不可抗力或商业风险且不可归责于当事人

情势变更原则可适用的一个前提,即重大变化不能由受不利影响的一方当事人控制,否则为该当事人过错,应自行承担相应损失。[3]

1.重大变化不应为不可抗力导致

本案仲裁庭在推论中着重认定了本案所述美国对中国概念股的阻击是

---

[1] 参见韩世远:《合同法总论》(第四版),法律出版社 2018 年版,第 505 页。
[2] 参见中国长城资产管理公司北京办事处与沈阳东油(集团)股份有限公司、沈阳中油天宝(集团)物资装备有限公司等金融不良债权追偿纠纷案,最高人民法院(2016)最高法民终 727 号民事判决书。
[3] 参见韩世远:《合同法总论》(第四版),法律出版社 2018 年版,第 506 页。

美国相关机构对市场的针对性整顿,其并非属于不可抗力的范畴,亦不属于当事人约定的"法律法规变化导致的不可执行"情形。

目前我国现有法律已经有关于不可抗力的规定,而根据情势变更原则,不可抗力与情势变更亦存在诸多不同。情势变更不同于不可抗力,不可抗力是一种形成权,其目的在于未能履行义务的一方基于不可抗力情形通过及时通知对方即可免责;而情势变更是一种请求权,当事人可以通过申请适用情势变更原则并经法院或仲裁庭来变更或解除合同,其目的在于通过法院或仲裁庭认定来解决当事人利益失衡问题,以实现公平原则。

2.商业风险不能构成情势变更

仲裁庭排除了美国对中国概念股的阻击属于价格变动、市场变化等一般商业风险的范畴。

《民法典》以及《合同法解释(二)》中关于情势变更的规定亦明确排除了其属于商业风险的情形。就个案而言,属于情势变更还是商业风险,需参照合同约定从可预见性、归责性以及产生后果等方面予以推演分析。①

(三) 当事人在订立合同时无法预见该重大变化

如果当事人在订立合同时,对特定事项明知且依照一般理性人标准可以预见该特定事项可能产生的不确定性及其后果,那么情势变更原则不应适用。

本案中,仲裁庭认为,本案当事人在签订本案合同时,其目的是通过明确约定的 VIE 模式在美国借壳上市,而在订立合同后履行合同过程中,美国出现了对中国概念股的阻击,这显然是当事人无法预料的,否则申请人不会提出、被申请人也不会接受合同原约定的上市模式。

(四) 若继续履行合同将显失公平或者不能实现合同目的

在不能预见的重大变化发生后,如果继续履行合同对于一方过分艰难或者导致合同目的落空,那么继续履行合同则违反了公平原则,因而才可能由法院或仲裁庭决定对合同进行变更或解除。

本案仲裁庭认为,在美国对于中国概念股阻击的背景下,数家中国企业

---

① 参见大宗集团有限公司、宗锡晋与淮北圣火矿业有限公司、淮北圣火房地产开发有限责任公司等股权转让纠纷案,最高人民法院(2015)民二终字第 236 号民事判决书。

退市或放弃以借壳上市模式在美上市,可以认为在重大变化背景下,已经出现合同目的落空的极大可能性;同时,申请人向被申请人发送的更改的上市方案可以证明,申请人亦认为本案合同因市场形势发生变化,已无法继续履行。此外,值得注意的是,对于申请人为履行合同已产生的成本支出,仲裁庭认为,鉴于原合同因情势变更解除,不应归责于任何一方,故决定适用公平原则,由双方当事人进行平摊,但鉴于申请人存在举证方面的不足,因此酌情减少了被申请人分摊的份额。

本案属于典型的金融形势变动导致的情势变更,针对类似情形,特对比部分法院案例进一步讨论。

在最高人民法院审理的一则案例中,被上诉人以金融市场大幅震荡导致交易标的有色金属原材料价格大幅变化为由进行抗辩,但法院认为,"2008年全球性金融危机和国内宏观经济形势变化并非完全是一个令所有市场主体猝不及防的突变过程,而是一个逐步演变的过程。在演变过程中,市场主体应当对于市场风险存在一定程度的预见和判断。……约定参照上海期货交易所期货合约卖盘报价进行定价,双方均应当预见也有能力预见到有色金属这种市场属性活泼、长期以来价格波动较大的大宗商品存在投资风险",且在双方当事人后续签订备忘录时,原材料价格上涨,对于答辩人是有利的[①],因此法院认定该案属于答辩人对于价格走势的误判,不应认定为情势变更。在该案中,有以下两点值得关注:第一,在普遍性的广泛的金融形势变化,如金融危机背景下签订的合同,当事人理应预见该形势变化对于合同后续履行的影响;第二,在金融市场正常状态下,交易标的价格在金融、期货市场本身就具有较大幅度波动的,可显著削弱金融形势变化与标的价格波动间的因果关系。

在温州市中级人民法院审理的一则案例中,各方当事人签订了增资协议,约定新增资人出资后,目标公司应在特定日期前上市,否则适用股权回购条款。但是新出资人在履行增资义务后,目标公司未能上市,上诉人称,欧美的反倾销反补贴政策是目标公司未能正常上市的原因,应适用情势变更原则。一审法院认为,"欧美的反倾销反补贴政策及相关制裁措施并不直接作用于个体企业,并不会必然导致目标公司无法上市";二审法院进一步认为,

---

① 参见上海同在国际贸易有限公司与远东电缆有限公司买卖合同纠纷案,最高人民法院(2011)民二终字第55号民事判决书。

"该股权回购条款属于对赌条款,作为对赌方的朱立起、鼎发公司在作出该决策时应对可能遭遇的市场风险及自身的抗风险能力有较普通商业决策更为充分的预估。光伏产业遭遇反倾销反补贴政策及相关制裁措施虽非普遍现象,但亦属能够预见的市场风险,且并非直接影响乐园公司,不会必然导致乐园公司无法按期上市"[1]。法院在该案中阐明,针对特定产业或行业的常规政策变动导致的变化并不能对合同义务造成直接的、具体的影响时,该变化不能构成情势变更适用的情形。

结合以上两起案件,本案最明显的特征是美国金融市场的变化,即美国对中国借壳上市公司的针对性关注和阻挠具有突发性、非寻常性以及直接性,即当事人对该金融市场的变化无法预料,该变化也并非正常的金融市场本身所固有的特点,且该变化直接作用于本案当事人,对本案合同履行产生直接且具有针对性的影响。

综上,不难看出,对于适用情势变更原则,尤其在金融市场领域,有较高的标准,需要对各个要点结合案件事实进行具体和周全的分析,在满足了以上要点及特征后,才可能突破合同自治原则适用情势变更以对合同进行变更或解除。

(本案例由深圳国际仲裁院张晨光先生编撰)

---

[1] 朱立起、连云港鼎发投资有限公司等股权转让纠纷案,浙江省温州市中级人民法院(2016)浙 03 民终 660 号民事判决书。

案例 30　建设工程合同项下发生情势变更如何处理

——A 岩土集团有限公司与 B 投资集团有限公司
建设工程施工合同争议仲裁案

仲裁要点:建设工程施工过程中因设计图纸变更导致工程量增加时,申请人可否请求变更价款,需要判断案涉事实是否充分符合情势变更原则的适用条件,在本案中应主要考虑导致工程量增加的具体事实是否符合可预见性、外部性以及可防范性等标准,同时综合运用公平原则和诚实信用原则来进行风险划分。因为措施项目的建造导致施工费用的增加,原则上属于建设工程领域特有的商业风险而不适用情势变更原则。在判断具体事实是否符合可预见性标准时,需要对具体情形之下行为主体对特定事件的认识能力进行具体化分析,因此,沿海地区台风暴雨天气不属于不可预见的情形。

一、案　情

2015 年 2 月 5 日,申请人 A 岩土集团有限公司(承包人)与被申请人 B 投资集团有限公司(发包人)签订《施工合同》,该合同为固定单价合同,其中约定由申请人承建被申请人发包的 HT 广场土石方、基坑支护及桩基础工程,价款共为 141 464 232.85 元,被申请人已经足额支付。在工程开工后,被申请人考虑到台风暴雨天气可能带来的影响以及施工场所特殊的土质条件,要求更改基坑支护工程、桩基础工程的施工图纸,导致申请人实际工程量相应增多。申请人认为新增的工程量超出了原本合同约定的范围,进而导致施工费用增加,因此应当对合同约定的工程价款进行调整。被申请人则认为,该部分价款属于"措施费用",根据合同约定应当按照投标报价包干,结算时不再予以调整,因此申请人调整工程价款的请求不能成立。关于这一争议,申请人依据《施工合同》中的仲裁条款于2018年10月向华南国仲申请仲裁，请求裁决被申请人向申请人支付因工程变更增加的工程价款等。

二、当事人争议要点

申请人认为：

开工后施工图纸的相应变更不属于投标报价时施工图纸的范围，也不属于《施工合同》第2条约定的工程承包范围，而是额外增加的工程量。根据《施工合同》通用条款第11.32(1)条的约定，被申请人变更施工图纸应视为工程变更，应当按照《施工合同》约定的变更工程计价方式重新确定变更工程的价款。申请人在向仲裁庭提交的《申请仲裁计价表》中逐一列明了变更项目的工程费用作为调整工程价款的参考，主要包括空孔回填以及因台风造成桩塌孔后的处理费用、金属扶手栏杆和栏板的费用、实心砖墙以及护栏踢脚板费用、水泥混凝土硬化地面费用、挖基坑土石方费用、垫层费用以及相应税金。关于第1项基坑支护工程支护桩、支撑桩空孔回填费用，申请人认为，作为报价依据的原有图纸仅供施工招标使用，不能作为施工依据，要求其根据此图纸对空孔回填措施费进行报价有失公允。关于第2项金属扶手、栏杆、栏板费用，第3项实心砖墙、护栏踢脚板费用，申请人主张这部分费用不是措施费。关于第4项水泥混凝土硬化地面费用，申请人认为虽然《施工合同》没有约定水泥混凝土硬化地面费用是否属于措施费用，但是深圳市现行计价规范规定基坑内的场地硬化应单独计价。即使《施工合同》专用条款第10.2(2)条约定，"承包人应做好工程场地围墙范围内的土地硬化工作"，其也只有义务对施工道路、生产区、生活区的地面进行硬化。基坑内的软基处理，不属于承包人硬化场地的义务范围。关于第5项桩基础工程中的工程桩空孔回填费用，申请人认为，其为防止工程隐患发生而加大桩径的建议已经设计单位、监理单位、被申请人同意。虽然这一建议确会导致工程造价大幅增加，但随后其在项目工程变更申报审批表中对新增费用进行了补充报价。关于第6—11项主楼工程桩区域出现严重下沉及塌陷进行软基处理的费用，其中第6、7、8项费用是由于余下主楼工程桩区域过于集中，填砂不能保证地基稳定，经多方研究考虑采取混凝土替代中砂的方案所导致；第9、10、11项费用是由强台风导致桩塌孔和地面随塌孔沉陷而产生，而台风的发生不属于申请人事先可以合理预见的范围。关于第12项挖基坑土石方产生的费用，申请人主张为漏报的工程量对应的费用。关于第 13 项垫层费用，申请人则主张垫层施工已经超出其合理预测的配合检测工作范围，应当属于新增施工内容。

被申请人认为：

被申请人已经按照双方签订的《施工合同》的约定足额支付了工程款（包括因工程变更应支付的工程款）。根据《施工合同》补充条款第2.1(3)条的约定，措施项目费用包括但不限于环境保护费、工程保险费、施工企业现场安全文明施工措施费、脚手架费、垂直运输机械费、施工排水费、已完成工程及设备保护费、承包人自身的基坑变形等所有检测和监测费用、与专业监测机构的相关检测和监测配合及施工期间监测点的埋设配合、监测点保护费用等为保证工期、技术、安防、质量的所有费用，如果承包人未单列以上费用，视为承包人在投标报价项目单价中已综合考虑，结算时无论是否发生上述该类措施项目费用或与实际发生数量是否一致，该部分费用不因分部分项工程的项目、工程量的变化和其他原因而调整。因不可抗力引起的清理、修复费用增加已含在合同价以内，不另行增加。通过逐条分析《申请仲裁计价表》列出的 13 项变更工程项目费用可知，其中第 1、5、6、7、9、10 项属于"空孔回填"费用，其与第 2、3 项中的安全护栏安装费用均为保障施工安全而采取的安全维护措施，是施工过程中必然发生的费用，申请人作为有经验的承包商足以预见到并在计算投标价格时予以考虑，既然承包人未在《施工合同》中单列上述费用，根据合同约定视为其在投标报价项目单价中已经综合考虑。关于第 4 项中的地面硬化费用，应当注意到本项目合同于 2015 年 2 月签订，2015 年 4 月正式开工，故《S 市建设工程计价费率标准（2017）》不适用于本案情况。设计图纸上明确载明，地质报告显示施工场地地质为人工杂填土及淤泥层。在此情况下，只要作业就需要保证机械施工时机械的稳定，这一费用应包含在施工措施费中。根据《施工合同》专用条款第 10.2 条以及相关工地例会文件，地面硬化属于承包方的工作内容，应当由申请人承担施工义务和由此产生的费用。除此之外，第 13 项中的配合检测费用，根据《施工合同》专用条款第 23.3 条的约定应当由申请人承担。根据如上分析，《申请仲裁计价表》中的 13 项变更项目工程费用均为保证工期、技术、安防、质量的"措施费用"，该部分费用按照合同约定已经包含在原工程价款中，不应再做调整。

三、仲裁庭意见

仲裁庭认为,申请人与被申请人签订的《施工合同》,系双方真实意思表示,不违反法律法规的强制性规定,合法有效。由于被申请人并未在庭后提交的书面意见中对申请人主张的每个新增工作项目对应的工程造价表示异议,并且申请人均已完成其主张变更价款所对应的工作项目。因此,双方当事人之间的主要争议在于新增项目所对应的费用在性质上是否属于约定不在工程结算时另行调整的、已包括在投标报价中的措施费,以及申请人可否适用情势变更原则来调整合同价款。仲裁庭对双方当事人主要争议的项目费用进行了如下分析。

(一)空孔回填费用及桩塌孔后的处理费用

相应证据表明,被申请人自认作为报价依据的原图纸仅供施工招标使用,无法作为施工依据。一方面,尽管《施工合同》补充条款第 2.1(3)条约定申请人有义务对支护桩、支撑桩空孔回填产生的措施费在报价时予以考虑,但是要求其使用无法作为施工依据的图纸对空孔回填产生的措施费进行报价,有失公允。另一方面,设计图纸上载明,地质报告显示施工场地地质为人工杂填土以及淤泥层,申请人作为有经验的施工主体,在报价时未能充分考虑到本案特殊的地质条件会导致挖出的土不能直接进行回填,而只能采用造价更高的中砂。因此,第 1 项基坑支护工程支护桩、支撑桩空孔回填费用应当由双方当事人分担。第 5 项桩基础工程中的工程桩空孔回填费用应属于安全文明施工措施费。如前所述,申请人在报价时有义务预见因回填空桩将会产生较多的安全文明施工措施费,并在报价时予以体现,因此该项费用应当由申请人承担。

申请人虽然有义务预见无法用挖出的淤泥进行回填,但是要求申请人预见到施工过程中,因实际施工情况所导致空桩部位填砂不能保证地基稳定而应换填低标号混凝土,有失公允。同时,申请人的相关处理方法也得到了监理单位、设计单位的确认,应当认定为合理的处理方式。因此,对第 6、7、8 项主楼工程桩区域空孔回填物由中砂变为 C15 混凝土,之后再将回填的混凝土凿除的费用应当予以支持。

申请人所主张的第 9、10、11 项费用是因台风暴雨导致桩塌孔和地面随塌孔沉陷而产生的确保施工安全的措施费用,应当属于《施工合同》补充条款第 2.1(3)条约定的不可抗力引起的修复费用,根据合同约定已包含在合同价内。而 S 市作为沿海城市,在施工过程中受到台风影响产生的施工安全措施费应当属于承包人能够合理预见的范围,因此不予支持。

(二)第 2 项金属扶手、栏杆、栏板费用,第 3 项实心砖墙、护栏踢脚板费用

第 2、3 项费用对应的项目应属于为确保施工安全、提供施工维护措施进行的工作项目,相应费用为施工企业现场安全文明施工措施费、已完成工程及设备保护费等措施费。如前所述,《施工合同》补充条款第 2.1(3)条已约定,施工企业现场安全文明施工措施费、已完成工程及设备保护费及其他措施费用已包含在合同总价中,工程结算时不予调整。因此该部分费用不再作出调整。

(三)第 4 项水泥混凝土硬化地面费用

本案《施工合同》于 2015 年 2 月 5 日签订,于 2015 年 4 月工程正式开工,约定竣工日期为 2016 年年底。在本案合同履行时,应当适用的计价规范是《S 市建设工程计价费率标准(2013)》,该文件并未规定基坑内场地硬地化费用应按实际工程量另行计算。此时,应适用《施工合同》专用条款第 10.2(2)条的约定,即承包人有义务做好工程场地围墙范围内的土地硬化工作。因此,在施工场地地质为人工杂填土及淤泥层的情况下,为确保施工顺利进行,申请人作为承包人对基坑进行软地基处理产生的费用属于措施费,应由其自行承担。

(四)第 13 项垫层费用

承包人配合检测的工作范围限于当施工活动客观上对检测工作造成障碍时,对于保证检测活动顺利进行提供方便。而垫层施工本身属于检测试验的一部分,让现场施工单位进行垫层施工应是由于检测单位不具备施工条件。因此,这超出了申请人能够合理预见的检测配合范围,属于新增施工内容,应当支持该项费用的调整申请。

四、评 析

双方当事人之间的主要争议点在于开工后因设计图纸变更导致工程量增加时,申请人可否依据情势变更原则请求变更合同。本案的关键即在于判断案涉事实是否符合情势变更原则的适用条件。

(一) 对"措施项目"的分析

1. 情势变更和商业风险的区分

《合同法解释(二)》第 26 条首次规定了情势变更原则,并引入"非不可抗力"及"不属于商业风险"对"情势"进行限定,意图将"不可抗力"及"商业风险"排除在情势变更原则的适用范围之外。2020 年 5 月 28 日新颁布的《民法典》第 533 条中的表述与《合同法解释(二)》第 26 条相比,虽然删除了情势变更适用于"非不可抗力"的限定条件,在一定程度上扩大了情势变更的外延及适用范围,但是依然肯定了"情势变更"与"商业风险"之间存在泾渭分明的界限。如何正确区分"情势变更"与"商业风险"并判定情势变更规则的适用性,一直以来都是司法实践中的热点问题。下文也将对二者之间的区别进行讨论。

所谓商业风险,一般指的是市场主体作为一个理性的经济人,在从事商事活动的过程中应当预见到并自愿承担的固有风险。其中最典型的就是基于正常的市场供求关系变化而导致的价格波动。一个理性的商人,其商业风险是可以通过交易中的约定来合理分配或者补偿的,这就决定了商业风险与情势变更之间存在着不可逾越的鸿沟,如果允许当事人依据情势变更原则,以自己本应预见而未能预见的商业风险发生为由变更或者解除合同,就会导致情势变更原则的滥用①,影响正常的交易秩序。区分情势变更和商业风险的重要意义毋庸赘言,但是关键在于如何确定二者的区分标准。虽然在客观上而言,难以确立一套区分情势变更和商业风险的普遍适用标准,但是确立多个衡量因素以期在个案中进行综合判断是可行的。

根据我国的司法实践,区分情势变更和商业风险可以参考下列标准,本

---

① 参见孙礼海主编:《〈中华人民共和国合同法〉立法资料选编》,法律出版社 1999 年版,第 163 页。

案中对于各项变更工程项目费用的分析也体现了对下述标准的考量。

(1) 可预见性标准

可预见性指的是当事人在缔约时对未来可能发生风险的预见程度。与情势变更相比,商业风险一般具有较高的可预见性。在合同缔结时,当事人只要尽到合理的谨慎和注意义务,就能够得知客观事实发生的可能性,便属于商业风险。[①] 关于谨慎和注意义务的程度,严格来说应当采取主观标准,即以特定订约人缔约时的预见状况为依据;但是在具体的法律适用中,该标准逐渐客观化,原则上以抽象的理性交易者为参考对象,而由于商事经营者长期参与商事交易活动,因此其对于各种专业领域内可能发生风险的判断能力较高[②],因此这种注意义务的程度应当高于一般的理性人标准。

(2) 外部性标准

情势变更中的重大变化往往不是交易中所固有的,通常来自于交易外部。这种外部性导致了相应变化的难以预测性。但是商业风险一般是伴随着特定类型的交易而生,是其内部所固有的必然的因素。

(3) 可防范性标准

情势变更中的重大变化往往是当事人无法预见也无法有效预防的。当事人可以对商业风险采取一定的措施进行预防,可以将可能发生的风险所带来的损失计算在合同价款内,或者在合同中用特殊条款进行风险的分担,甚至可以在符合法律强制性规范的前提下订立免责条款。

编者依据上述标准对仲裁庭未予支持的措施费用进行分析。首先,从"可预见性"角度分析,第2、3、4、5项费用均属于"措施费用",是为了确保施工安全、提供施工维护措施所进行的必要的工作项目,换言之,任何一个专业的施工团队都能够预见到在维护施工安全的必要范围内,因各种突发状况的发生而需要增加原定工作量。其次,从"外部性标准"的角度进行分析,"措施费用"的增加、实际施工过程中的客观变化导致的返工等往往是建设施工过程中所固有的,不具有"外部性"特征。除此以外,当事人完全可以预先在合同中就措施项目的建设导致的额外费用进行合理分配,因此也符合"可防范性标准"。故此,因土质或天气原因导致措施项目的建造从而造成费用增

---

① 参见张玉卿主编:《国际统一私法协会国际商事合同通则2010》,中国商务出版社2012年版,第479页。

② 参见王利明:《情事变更制度若干问题探讨——兼评〈民法典合同编(草案)〉(二审稿)第323条》,载《法商研究》2019年第3期。

加只是建设施工合同中特有的一类商业风险,不应包含在情势变更的适用范围之内。

2. 沿海地区台风天气的"可预见性"分析

值得注意的是,在采用前述标准对申请人所主张的各项费用进行分析时,会面临对第9、10、11项新增费用的认定问题。换言之,因台风暴雨天气所导致工程量的增加是否符合"不可预见性"?

2009年发布的《指导意见》对于我们理解"不可预见性"标准提供了参考。该指导意见列出了区分商业风险和情势变更的参考要素:该"情势"是否无法预见、风险程度是否远远超出正常人的合理预期、风险是否可以防范和控制、交易性质等,并且需要结合市场情况具体分析。有学者认为,这里在"无法预见"之外列出了"风险程度"的问题,意味着"无法预见"宜理解为:"完全无法预见该情势发生或者虽然该主体意识到该情势可能发生但是不能预见其所带来风险的严重性以及形势的不可控性。"[1]

仲裁庭在判断这一问题上并没有笼统地将自然灾害一律视为"不可预见",而是结合了特定地域范围内行为主体对特定自然事件种类的认识能力来进行具体分析。应当认为,虽然台风属于一种突发且危害力强的自然灾害,但是在我国东南沿海地区,几乎每年夏秋两季都会或多或少地遭受台风的侵袭,作为专业的建设施工团队理应对于施工当地的气候环境条件有基本的认识,更何况随着人类认识和改造自然能力的空前提高,不少在前人看来是不可预见和克服的自然灾害,现在至少能够有所预见。如何在现有的科学技术条件以及社会安全防护措施下,对于合同的权利义务做出最佳安排,将损失风险尽可能降到最低或者做出理性的分配,也是一个专业技能和社会经验丰富的理性经营者所能够做到的。借助现有的气象预报以及台风预警信息发布系统,至少能够预见到台风来袭所导致的工程量的增加,从而带来当事人之间对价关系失衡的可能性。

(二) 固定价格建设工程合同中的利益平衡原则

作为一种特殊的承揽合同[2],建设工程合同是承包人进行工程建设,发

---

[1] 万方:《我国情势变更制度要件及定位模式之反思》,载《法学评论》2018年第6期。
[2] 参见崔建远、韩世远、于敏:《债法》,清华大学出版社2010年版,第506页。

包人支付价款的合同,主要包括工程勘察合同、工程设计合同、工程施工合同①三类。本案中,双方当事人事先在合同中约定工程计价方式采用固定价格形式。对于双方当事人在合同中对工程计价方式的约定,司法实践的态度是在合同合法有效成立的前提下,充分尊重当事人真实的意思表示,根据《建设工程司法解释》第 16 条可知,无论双方当事人之间对于计价方式的约定是否合理公平,只要不违反强制性法律规范都应当予以支持。该条中提到的当地建设行政主管部门发布的计价方法或者计价标准仅仅属于政府指导范畴,是任意性规范而非强制性规范,即使当事人的约定与该规范不一致,也应当以当事人的约定为准。② 只有在设计变更导致工程量或者质量标准变化而当事人之间又难以达成一致意见时,可以对确定计价标准起到参考作用。

  固定价格合同一般是双方当事人在合同专用条款内约定合同价款包含的风险范围和风险费用的计算方法,在约定的风险范围内合同价款不再调整,风险范围以外的合同价款调整方法则在专用条款内约定的一类合同。实践中,对于工期较长且总价较高的合同,当事人约定采用固定价格的形式,是一种关于风险的事先安排。③ 固定价格合同在客观上会使承包方承担较高的风险,发包方却可以在总体上将工程造价控制在一定的范围内。由于建设施工合同属于继续性合同,且持续时间较长,在施工过程中很有可能发生市场环境变化、生产要素价格变化、工程量变更的情形,如果要求承包人事先完全预见到之后发生的重大变化并在订立合同确定工程价款时实现完全量化,未免强人所难。在发生上述重大变化后依然完全按照原先确定的固定价格进行结算,对于承包人而言难免有失公允。从比较法来看,英美等国通过发达的衡平法原则来处理由此产生的争议。④ 我国现行法上,固定价格合同约定范围内的风险发生时,承包人原则上不可以援引情势变更原则主张调整合同价款。但是若情势异动超出合同约定的风险范围和当事人的可预见范围,

---

  ① 《合同法》第 269 条(《民法典》第 788 条)规定:"建设工程合同是承包人进行工程建设,发包人支付价款的合同。建设工程合同包括工程勘察、设计、施工合同。"
  ② 参见杨景欣:《浅议建设工程价款结算纠纷》,载《北京仲裁》2010 年第 4 期。
  ③ See.John Adriaanse, Construction Contract Law, The Essential, Second Edition, Pavgrave Macmillan,UK,2007,P.4.
  ④ 参见谢哲胜、李金松:《工程契约理论与求偿实务》,台湾财产法暨经济法研究协会 2005 年版,第 48 页。

并且导致双方当事人对价关系严重失衡的情况下,受不利影响的当事人可以与对方重新协商;在合理期限内无法达成协商一致的意见时,可以请求采用情势变更原则对合同价款进行一定的调整。《指导意见》第 4 条指出:"在调整尺度的价值取向把握上,人民法院仍应遵循侧重于保护守约方的原则。适用情势变更原则并非简单地豁免债务人的义务而使债权人承受不利后果,而是要充分注意利益均衡,公平合理地调整双方利益关系。"该规定突出了利益平衡原则的重要性。若当事人因上述重大变化的发生而对工程价款产生争议,应当充分考虑到建设施工行业的特殊性,在尊重其事先达成的对建设施工过程中风险分配约定的前提下,依据公平原则和诚实信用原则对合同内容(主要是合同价款)进行一定的调整,合理分配承包方与发包方之间的风险[①],这也是仲裁庭认为双方当事人应当对第 1 项基坑支护工程支护桩、支撑桩空孔回填费用公平分担的主要依据。因为要求一个专业经验丰富的承包方对于设计图纸上已经明示的特殊地质条件予以一定的注意并预先在确定价款时进行适当考虑是合理的,这属于申请人的业务能力范围之内。但是要求申请人预见到实际上并不能作为施工依据的设计图纸未来可能的变化内容并预先在确定合同价款时计算清楚却是不合理的。

(三) 结论

本案中,因土质和天气原因导致措施费用的增加不应当包括在情势变更原则的适用范围之内。首先,申请人所提出的第 2、3、4、5、9、10、11 项费用所对应的项目工程均属于合同事先约定的"措施项目",即使具体工程量超出申请人预期,依然在双方当事人缔约时的可预见范围内。其次,这种工程量的变化并未严重到足以动摇合同基础或者使合同目的落空的程度;除此以外,考虑到目前建筑行业存在激烈的竞争,在多个承包方竞标同一个工程项目的情况下,承包方很有可能自愿承担更多的风险,这种承包人、发包人之间地位的不平衡是由市场运行的客观规律造成的,并不是由于合同订立后出现了"基础情势变更"所导致的,二者之间不存在因果关系。仲裁庭的意见表明了在司法实践中应当审慎适用情势变更原则的态度,这一方面是坚持合同严守原则的必然要求,另一方面也督促当事人在缔约时便应当承担足够的谨

---

① 参见潘军锋:《建设工程施工合同案件审判疑难问题研究》,载《法律适用》2014 年第 7 期。

慎和注意义务,而不是在合同订立后动辄以情势变更为依据请求变更或解除合同。

在情势变更原则适用上的谨慎态度并不代表申请人完全不能就设计变更所导致的新增工程量请求价款调整。本案中,仲裁庭对申请人因工程设计变更而增多的工程量进行逐项分析,综合考虑了当事人的合同约定、行业利润、行业规范、导致设计变动的原因以及当事人在特定情形下合理预见该变动的难易程度,选择对其中超出承包人合理预见范围以及约定施工范围的新增工程量对应的第1、6、7、8、12、13项费用予以支持,综合运用公平原则和诚实信用原则进行适当的调整,体现了对合同严守原则以及利益平衡原则的兼顾。

(本案例由北京大学法学院民商事争议解决方向硕士研究生赵萌女士编撰)

Topic 9

专题九
情势变更发生后相关问题的处理

案例 31　发生情势变更但当事人已继续履行合同如何处理

——A 房产有限公司与 B 投资有限公司、C 投资有限公司
中外合作开发房地产合同争议仲裁案

仲裁要点：中轴线用地的确定属于政府的行政行为，该行政行为将实质性改变项目用地规划，从而影响本案被申请人在签订合同时的预期利益。在双方当事人订立合同时所合理预期的情形发生重大改变的情况下，被申请人可以其根本丧失预期利益为由，依据情势变更原则要求修改合同，或者在双方当事人不能就修改合同达成一致意见时主张终止合同。被申请人在发生上述变化后继续履行合同的，应当视为对其权利的放弃，其后再以情势变更为由拒绝履行合同义务的，仲裁庭不予支持。

一、案　情

1998 年 1 月 12 日，申请人 A 房产有限公司与第一被申请人 B 投资有限公司、第二被申请人 C 投资有限公司（两被申请人以下合称"被申请人"）三方签订了《合作开发经营某房地产合同》（以下简称《合作合同》）。三方在《合作合同》中约定共同设立中外合作经营企业 D 房地产有限公司（以下简称"合作公司"），共同开发建设、经营该项目。合同约定各方提供的合作条件为：申请人提供项目土地批文及土地使用权；第一、第二被申请人负责提供建设所需的全部资金。

申请人应提供的近 1 000 亩土地的使用权中，申请人的义务可以分为三项：第一项是在《合作合同》生效之日起半年内将近 1 000 亩土地的建设用地规划许可证和红线图转至合作公司名下，前提条件是被申请人的征地补偿资金到位；第二项是移交其承包征地拆迁的 570 亩土地给合作公司，其中的 500

亩土地在1998年4月底前移交,剩余部分在1998年12月底前移交;第三项是协助合作公司进行570亩之外土地的征地拆迁工作,但该工作由合作公司按项目建设总体计划安排,并由合作公司按实际情况支付所需要的资金。

关于第二项土地移交,被申请人按第一被申请人占75%、第二被申请人占25%的比例向申请人支付给申请人的征地拆迁承包款共2.85亿元(按50万元/亩×约570亩,以实际丈量为准)及垫资利息共3 000万元。

1999年1月4日,合作三方及合作公司签署《确认书》,确认申请人于1998年12月23日已将其承包征地拆迁的570亩土地交给合作公司。在履约过程中,被申请人未能归还申请人上述征地拆迁承包款,申请人遂根据《合作合同》中的仲裁条款于2002年向华南国仲提起仲裁,请求归还上述征地拆迁承包款并支付违约金。

二、当事人争议要点

申请人认为:

其已将承包征地拆迁的570亩土地移交给合作公司,并已转移了红线图,被申请人应当偿付570亩征地拆迁承包款28 500万元和垫资利息3 000万元。

被申请人认为:

在关于570亩项目用地的相关费用中,应当减去138亩中轴线用地的征地拆迁承包款6 003万元。事实上,申请人并不是570亩土地的使用权人,其在《合作合同》项下的主要义务是负责办理用地手续,将原属于申请人名下的有效的可建设用地红线图转入合作公司名下,用地红线的规划红线是分别于2000年2月14日和2000年4月25日转入合作公司名下的。但是,转入时红线图已不是有效的可建设用地红线图了,因为在1999年4月9日G市规划局致G市H区规划分局的文件中已表明,早在1999年2月合作公司项目用地的红线上就已有城市中轴线的规划了,在570亩中共有138亩成为"G市新城市中轴线控制的不准建设用地",合作公司也因此无法在138亩土地上实现合同的目的。故被申请人拒绝支付上述征地拆迁承包款。

三、仲裁庭意见

在1999年4月9日G市规划局致G市H区规划分局的《关于严格控制G市新城市中轴线轴线范围内建设的函》中,G市城市规划局只是将"轴线控制范围初步确定为G大道和H大道之间",而在2000年5月13日致合作公司的《关于申领"D公司项目"规划设计要点的复函》中,G市城市规划局明确规定:G市新城市中轴线控制的不准建设用地应从合作公司项目用地中扣除;因此,后一份公函的出具时间,即2000年5月13日,应当作为确定合作公司项目用地受中轴线控制的时间。而在此之前,申请人已于1998年12月23日向合作公司移交了570亩土地,并于2000年2月14日和2000年4月25日分别向G市国土局和G市城市规划局办理了651 407平方米项目用地转名至合作公司的手续。由此可见,合作公司的项目用地受中轴线影响一事,发生在申请人履行了提供合作条件的义务之后。

中轴线用地的确定,使得原来在项目用地上建设别墅的规划改为只能建设高层建筑,毫无疑问影响了合作三方特别是被申请人在签订《合作合同》时的预期利益。仲裁庭认为,确定中轴线是政府的行政行为,如果被申请人认为中轴线的确定是对双方当事人在订立《合作合同》时所合理预期的情形的重大改变,并使其从根本上丧失了预期利益,被申请人可以依据情势变更原则要求修改《合作合同》,或者在双方当事人不能就修改《合作合同》达成一致意见时主张终止《合作合同》。但被申请人在确知合作公司项目用地受中轴线影响后并未这样行事,而是继续履行《合作合同》,其行为应当视为对其权利的放弃。被申请人直到本案提起仲裁才提出异议,不符合诚信原则。因此,仲裁庭对被申请人请求在征地拆迁承包款中减去138亩中轴线用地部分的抗辩不予支持。

四、评 析

本案主要焦点在于,在政府政策变化使得《合作合同》履行基础产生重大变化,而且该变化对于实现合同目的及保持双方当事人公平关系产生了重大影响的情况下,义务人一方未及时援引情势变更原则而选择继续履行合同后,是否可于事后再行就该重大变化请求适用情势变更原则予以变更或解除合同以免责。

《通则》以及《欧洲合同法原则》均提及了情势变更出现后的"再交涉义务",《合同法(草案)》也曾规定,受情势变更不利影响的当事人可以要求对方就合同内容进行重新协商。该义务体现了"尊重合同"原则、"合同法上的继续性原理"以及"鼓励交易"原则。①《欧洲合同法原则》进一步规定了法院可以对因一方当事人有悖于诚实信用及公平交易原则而拒绝磋商或终止磋商而遭受的损失判予赔偿损失。②

我国《民法典》也在原《合同法解释(二)》的基础上引入了双方可以针对情势变更进行再交涉的规定,即:"合同成立后,合同的基础条件发生了当事人在订立合同时无法预见的、不属于商业风险的重大变化,继续履行合同对于当事人一方明显不公平的,受不利影响的当事人可以与对方重新协商;在合理期限内协商不成的,当事人可以请求人民法院或者仲裁机构变更或者解除合同。"由于目前《民法典》尚未施行,缺少案例参考,仅从文义来看,该条规定是为尊重合同严守原则、鼓励交易原则、诚实信用原则以及公平原则而为双方当事人提供的一种选择性的具象安排及可能性的解决方案,且如果一方当事人拒绝再交涉,另一方当事人并不当然产生类似《欧洲合同法原则》关于对方拒绝磋商而产生的损害赔偿请求权。不过,在变更或解除合同的请求权作为兜底救济途径的情况下,再交涉为双方提供了更加积极的解决方案,双方一旦促成再交涉,其会对双方解决因情势变更产生的纠纷具有重要作用:一是有助于交易继续,以便实现合同目的;二是有助于双方权利义务的再次明确界定。

最高人民法院的一份判决中指出,当事人对合同履行过程中发生的有关变化以及由此带来的影响已经作出判断并就相关事宜的变更达成了合意,重新确定了合同权利义务,故适用情势变更的前提条件不复存在,因此,当事人应当根据诚实信用原则,按照当事人合意约定继续履行合同。③ 本案中,申请人转交案涉 570 亩土地至合作公司后,2000 年政府出台政策,导致其中

---

① 参见韩世远:《合同法总论》(第四版),法律出版社 2018 年版,第 507、508 页。
② 参见韩世远:《合同法总论》(第四版),法律出版社 2018 年版,第 510 页。
③ 参见陕西圣安房地产开发有限公司、陕西圣安房地产开发有限公司延安分公司与延长油田股份有限公司川口采油厂商品房销售合同纠纷案,最高人民法院(2015)民一终字第 179 号民事判决书。

138亩土地划入中心地段,合作公司无法依照原合同计划利用该地块进行项目推进,政府基于政策变动为合作公司所涉138亩土地问题进行了专门的文件回复,被申请人理应知悉该重大变化,因而被申请人也可以预见到在该情况下如果按照原合同继续履行将导致其利益受损,但是其并没有及时提出异议或者重新商讨合同内容,且在2001年及2002年两次向申请人支付原合同约定款项。被申请人后续继续按照原合同履行的行为实际上已经确认了其在情势发生变更后且明知按照原合同继续履行将对其不利的情况下,其依然愿意按照原合同履行,已经构成了对援引情势变更以维护自身权益的权利的放弃。因此,被申请人申请适用情势变更原则已经丧失前提,应当按照诚实信用原则继续履行原合同。

因此,当发生情势变更时,受不利影响的当事人应当积极地作出反应,通过与对方当事人再协商谈判调整原合同约定,或者通过提起诉讼或仲裁的方式请求变更或解除原合同。如果当事人就情势变更已明示或默示地形成了新的合意,那么当事人再援引适用情势变更的前提即丧失,法院及仲裁庭一般会适用合同严守及诚实信用原则要求当事人继续履行新的合意约定。

(本案例由深圳国际仲裁院张晨光先生编撰)

案例 32　情势变更事件障碍消除后拒绝履行是否构成违约

——A 金属有限公司与 B 实业有限公司
涉外买卖合同争议仲裁案

仲裁要点：本案双方当事人签订货物买卖合同后，卖方因地方政府要求企业改制而停产，改制完成后未继续履行供货义务。仲裁庭认为，企业改制停产构成影响合同履行的情势变更，双方当事人就改制停产导致卖方中止履行合同达成谅解，但未合意解除合同，卖方在改制完成后未恢复供货，构成违约，应承担相应的违约责任。

一、案　情

本案为涉外货物买卖合同纠纷，合同中未约定争议解决所适用的法律。2002 年 1 月 31 日，申请人 A 金属有限公司（香港特别行政区企业）作为买方，被申请人 B 实业有限公司作为卖方（内地企业），双方共同签订了铅锭贸易合同，约定被申请人在 2002 年 3 月至 2003 年 2 月的一年时间内每月供应申请人一定数量的铅锭，申请人向被申请人开出信用证。后被申请人以地方政府要求企业改制导致停产为由从 2002 年 6 月起停止履行供货义务。

2002 年 6 月，被申请人致函申请人，暂停当年 6 月、7 月两个月的供货，所欠货物数量于其后半年内补充，申请人在其代理词中称"双方当时对暂停的理解是至 2002 年 8 月恢复供货"。2002 年 6 月 28 日，被申请人经改制后取得新营业执照。2002 年 7 月 25 日，被申请人通知申请人改制工作已基本完成。2003 年 4 月，被申请人回函申请人承诺在恢复生产后，按合同约定继续履行义务，但被申请人自 2002 年 6 月起一直未能继续履行供货义务。

申请人向被申请人购买上述铅锭非自用，而是转售韩国 C 公司，该转售合同除货物价格与本案系争合同不同外，货物数量、供货期间均与本案系争合同相同。因被申请人自 2002 年 6 月起一直未能继续向申请人履行供货义务，申请人的下家韩国 C 公司遂从 2002 年 6 月起至 2003 年 2 月期间从他处购买相同数量的高价替代货物，由此引发的损失该韩国公司已要求申请人承担。

于是，申请人根据合同中的仲裁条款于 2007 年 2 月向华南国仲提起仲裁，要求被申请人赔偿因违约给申请人造成的损失。

二、当事人争议要点

申请人认为：

本案应适用《通则》。被申请人企业改制不会导致其无法履行合同。2002 年 3 月被申请人原企业下属氧化锌粉车间和选矿厂已恢复生产，2002 年 6 月 28 日被申请人已启用新营业执照，2002 年 7 月被申请人企业已可以正常运作，完全有能力履行合同。被申请人拒不履行合同的行为构成违约，应承担自 2002 年 6 月至 2003 年 2 月期间停止供货 9 个月给申请人造成的预期利润损失，补偿申请人下家韩国 C 公司向申请人的索赔金额以及两项损失相应的利息。

被申请人认为：

本案应适用中国内地法律。被申请人进行改制是响应地方党委政府深化企业产权制度改革的要求，但改制引发的问题导致企业停产关门且负债累累无法恢复生产履行案涉合同下的供货义务。该情形并非被申请人所能预见，应适用情势变更原则，免除其不能履行合同的责任。

三、仲裁庭意见

关于本案争议所适用的法律，由于本案合同订立时卖方所在地、合同的签订地、履行地、争议发生地和仲裁所在地均在内地，根据最密切联系原则，处理本案争议应适用内地法律。申请人所援引的《通则》，并不是中华人民共和国缔结或者参加的国际公约，不能优先于中国内地的法律而适用。根据《民法通则》第 142 条第 3 款的规定，只有在中华人民共和国法律和中华人民共和国缔结或者参加的国际条约没有规定的，才可以适用国际惯例，《通则》只能作为国际惯例适用。

关于被申请人改制停产是否构成情势变更,被申请人是否可以因此而免责的问题,《合同法》没有对情势变更作出规定,但根据《民法通则》第 142 条第 3 款关于中国内地法律没有规定的,可以适用国际惯例的规定,由于情势变更原则已为大陆法系多数国家所采用,可以作为国际惯例适用。政府的行为是当事人不能预见和不能控制的,应属于情势变更的一种事件。遭遇情势变更事件的一方当事人,可以要求中止履行合同。但在情势变更事件的障碍消除后,当事人仍要继续履行合同。事实上,本案被申请人一再向申请人表示,在改制完成、恢复生产后向申请人供货,并承诺向申请人交付其余未交付的货物。现关键要看,情势变更事件的障碍何时消除,即被申请人的改制何时完成、何时应恢复供货。仲裁庭认为,情势变更事件障碍消除的标志应是改制后的公司取得营业执照。仲裁庭还注意到,被申请人在其 2002 年 7 月 25 日给申请人的通知中称,改制工作已基本完成。但此后被申请人仍借口改制引发的问题导致停产关门且负债累累而未向申请人恢复供货。被申请人改制停产,虽得到申请人的谅解,但没有证据证明申请人已同意终止合同。被申请人仍应承担在情势变更事件障碍消除后向申请人继续供货的义务。被申请人在情势变更事件障碍消除后未恢复供货,构成违约,应承担相应的违约责任,赔偿申请人的预期利润损失、申请人的下家韩国 C 公司因购买高价替代物而向申请人的索赔金额及相应的利息。

四、评 析

(一) 何为情势变更

情势变更是现代合同法上的一项原则,指的是合同有效成立后,作为合同法律效力之基础或环境的情势,因不可归责于双方当事人的原因,发生了无法预料的变更,若继续履行合同则会显失公平时,允许变更合同内容或解除合同。① 因此,情势变更原则调整的是合同当事人之间的公平问题。

关于情势变更原则的立法实践,两大法系有所不同:大陆法上的情势变更原则着眼于"履行艰难",并区分不可抗力与情势变更;英美法上则将处理

---

① 参见梁慧星:《合同法上的情事变更问题》,载《法学研究》1988 年第 6 期;史尚宽:《债法总论》,中国政法大学出版社 2000 年版,第 444 页。

情势变更的原则称为"合同落空",其范围包括了大陆法上的情势变更和不可抗力,未将二者进行区分。①

但是,基于合同法充分尊重和保护当事人意思的价值取向和立法目的,对于情势变更原则只是作为合同严守原则的例外或补充,两大法系的观点是一致的。

由国际统一私法协会编撰的《通则》作为国际示范立法,也纳入了情势变更原则(第6.2.1条、第6.2.2条、第6.2.3条)作为合同严守原则(第1.3条)的补充。根据上述规定,《通则》用"艰难情形"代替了"情势变更"的称谓,根据第6.2.2条对"艰难情形"的定义,可以发现其规定更接近于大陆法上的情势变更,着眼于合同"履行艰难"而非"履行不能",并在第7.1.7条单独规定了针对履行不能可予免责的"不可抗力"事由,将艰难情形与不可抗力进行了区分。

我国立法实践中,《合同法解释(二)》第26条最早确立了情势变更原则,而在《民法典》中,则对此进行了补充和修改。②

(二)本案被申请人改制停产是否构成情势变更

本案争议发生时,《合同法解释(二)》尚未出台,彼时我国法律未有对情势变更原则的规定。因本案争议合同争议为涉外民事法律关系,故仲裁庭依据《民法通则》第142条第3款"中华人民共和国法律和中华人民共和国缔结或者参加的国际条约没有规定的,可以适用国际惯例"的规定,指出情势变更原则已为大陆法系多数国家采用,可以作为国际惯例适用。不过,作为国际惯例的情势变更原则的构成要件,仲裁庭并未予以详细说理,仅指出了"不能预见和不能控制"这一认定标准,并据此认定被申请人因地方政府要求改制导致停产可以认定为情势变更事件。编者在此试对情势变更的构成要件做一简要分析。

---

① 参见梁慧星:《合同法上的情事变更问题》,载《法学研究》1988年第6期;赵莉:《公平原则对契约严守的修正——国际示范立法中的情势变更》,载《法学评论》2007年第5期。

② 《民法典》第533条规定:"合同成立后,合同的基础条件发生了当事人在订立合同时无法预见的、不属于商业风险的重大变化,继续履行合同对于当事人一方明显不公平的,受不利影响的当事人可以与对方重新协商;在合理期限内协商不成的,当事人可以请求人民法院或者仲裁机构变更或者解除合同。人民法院或者仲裁机构应当结合案件的实际情况,根据公平原则变更或者解除合同。"

如上所述,本案仲裁庭认定情势变更可以作为国际惯例适用的理由是该原则已为大陆法系多数国家采用。结合前文,由于《通则》中关于"艰难情形"的规定实则体现了大陆法系的情势变更原则,因此,作为大陆法系国际惯例的情势变更原则,不妨以《通则》中关于"艰难情形"的规定为准。

根据《通则》第 6.2.2 条的规定,艰难情形也即情势变更的构成要件包括:(1)合同双方之间的均衡发生了根本改变;(2)事件的实际发生或当事人知道该事件的发生是在合同订立之后;(3)处于不利地位的当事人不能合理地预见该事件;(4)处于不利地位的当事人不能控制该事件的发生;(5)事件产生的风险不应由处于不利地位的当事人承担;(6)事件只针对未完成的义务。本案被申请人因政府要求改制导致停产,改制期间无法按约供应货物,该情形根本改变了合同双方之间原有的均衡,且该政府指令发生在合同订立之后、被申请人无法预见也不能控制、所致的风险也不应当由被申请人承担,本案合同亦尚未履行完毕,上述六个构成要件均符合,因此,本案被申请人因政府要求改制导致停产构成艰难情形或情势变更。

(三)被申请人是否可因情势变更而免责

如上所述,合同严守原则是合同法领域的基本原则,而作为调整当事人之间公平问题的机制,情势变更原则只是合同严守原则的补充和例外。因此,若当事人并未因情势变更而终止或解除合同,当情势变更的事由消除后,合同已具备继续履行的条件,此时当事人应继续履行合同,当事人拒不履行的构成违约,应承担相应的违约责任。

本案被申请人经企业改制,于 2002 年 6 月 28 日取得新营业执照,于 2002 年 7 月 25 日通知申请人改制工作已基本完成,因此被申请人从 2002 年 8 月起即恢复生产能力,即因企业改制导致停产的合同情势变更事由消除,被申请人已具备继续履行合同的条件,此时被申请人应继续履行合同,而非借口情势变更拒绝履行。因此,仲裁庭裁决本案在没有终止合同的情况下,被申请人仍应承担在情势变更事件障碍消除后向申请人继续供货的义务,被申请人未恢复供货即构成违约,应承担相应的违约责任。

法院亦有类似判决与本案仲裁庭意见不谋而合:在该案中,J 公司与 L 公司签订供气协议,约定 J 公司在某时期内向 L 公司供应煤气,后因国家政策调整,J 公司供气项目进行改造导致改造期间不能履行对 L 公司的供气义务,后 J 公司项目改造完成,可以继续履行合同义务。法院裁判要点指出,合同成立后,虽然发生了因国家经济政策调整造成合同一时无法履行的客观情况构成情势变更,但双方当事人未明示解除合同,合同并不当然解除,在情势变更事由消除、合同具备履行条件后,L公司要求继续履行,J公司拒不履行应承担相应的违约责任。①

不过,关于违约损失额的确定,上述法院案例裁判观点与本案仲裁庭意见有所不同。该案裁判理由指出,对于J公司项目改造过程中L公司所受的损失,因系合同履行中的情势变更所致,非因当事人自身意志所能控制,J公司对此期间的损失不负有赔偿责任,因此在确定可得利益损失赔偿额中应扣减因情势变更造成的不可预见的损失。② 本案仲裁庭在确定申请人因被申请人违约而造成的损失时,指出该损失应由两部分构成(暂不考虑利息——编者注):申请人本可转售货物给下家韩国C公司所带来的预期利润损失,以及韩国C公司因购买高价替代物而向申请人进行的索赔金额,上述两项损失的计算期间均为9个月——即被申请人于2002年6月停止供货起至2003年2月合同履行期限届满止。理由为,根据《合同法》第113条之规定,申请人的上述两项损失是被申请人在订立合同时可以预见到或者应当预见到的因违反合同约定可能造成的损失,即被申请人违约所造成的损失,应由被申请人承担。可以发现,仲裁庭在确定该损失赔偿额时没有扣减因情势变更所造成的损失。

对于仲裁庭对损失赔偿额的认定,编者赞同该损失应包括申请人转售货物的预期利润损失与申请人向其下家的赔偿损失两部分。但对于该损失期间的计算,编者认为或可参考上述法院案例的思路——对于2002年6月和7月两个月的损失,应当认定为因情势变更造成的损失予以扣减。此外,或亦可认为当事人就该两个月被申请人暂停履行合同义务达成了合意,因此这两个月的损失不属于被申请人违约造成,不应由被申请人承担。具体分析如下:

1. 2002年6月、7月应属合同情势变更期间

被申请人于2002年7月底基本完成改制,恢复产能似应从2002年8月起算,即构成本案情势变更的事由乃于2002年8月消失,因此2002年6月、7月应属合同情势变更期间,且申请人的下家韩国C公司从2002年6月起就已购买高价替代物,故即使被申请人在情势变更事由消除后,从2002年8月

---

① 参见陕西龙钢集团富平轧钢有限公司诉陕西陕焦化工有限公司供气合同纠纷案,陕西省高级人民法院(2011)陕民二终字第00051号民事判决书。
② 参见陕西龙钢集团富平轧钢有限公司诉陕西陕焦化工有限公司供气合同纠纷案,陕西省高级人民法院(2011)陕民二终字第00051号民事判决书。

起继续履行合同,申请人也无法再将被申请人后补的 6 月、7 月两个月的供货转售给其下家,因其下家已购买替代物,不再需要多余的货物。故而,6月、7 月申请人的预期利润损失和给下家的赔偿损失并非由被申请人违约所致,而是由非被申请人所能预见和控制的情势变更事由导致。根据《合同法》第 113 条第 1 款"当事人一方不履行合同义务或者履行合同义务不符合约定,给对方造成损失的,损失赔偿额应当相当于因违约所造成的损失,包括合同履行后可以获得的利益,但不得超过违反合同一方订立合同时预见到或者应当预见到的因违反合同可能造成的损失"的规定,申请人 6 月、7 月的损失非被申请人订立合同时所能预见的,故该部分损失不应由被申请人承担。

2. 被申请人在发生情势变更后,与申请人进行了再交涉并就暂停履行达成一致

关于情势变更发生后当事人的再交涉制度,《通则》6.2.3 条有所体现。我国《合同法解释(二)》第 26 条没有规定,而在《民法典》中,则引入了再交涉制度,指出"受不利影响的当事人可以与对方重新协商"。

本案申请人从未同意被申请人终止履行合同,但双方曾就暂停履行合同达成一致。被申请人依政府要求进行企业改制后,于 2002 年 6 月致函申请人,告知暂停当年 6 月、7 月两个月的供货,所欠货物数量于其后半年内补充,申请人虽未明确表示同意,但在其代理词中称"双方当时对暂停的理解是至 2002 年 8 月恢复供货",因此,可以视为申请人对被申请人针对情势变更情况下合同履行的再交涉方案的同意,也即双方对合同的履行进行了合意变更,同意 6 月、7 月暂停履行,于 8 月恢复履行并在半年内补充所欠货物。

因此,被申请人在 2002 年 6 月、7 月暂停履行合同的行为是双方当事人合意变更合同履行的结果,不属于被申请人单方违约行为,故不应承担该两个月申请人的损失。

因此,基于上述两点考虑,编者以为被申请人应予赔偿的损失应为申请人 7 个月的损失而非 9 个月,6 月和 7 月的损失应予扣减。

综上,情势变更事由消除后当事人拒绝履行合同构成违约,应承担相应的违约责任,违约方所承担的损失赔偿额应扣减因情势变更造成的不可预见损失或当事人合意变更合同后可能的损失。

(本案例由深圳国际仲裁院付汶卉女士编撰)

附录

2020年2月10日全国人大常委会法工委发言人关于企业因疫情不能正常履行合同相关法律问题的解答[①]

近期不少企业反映,受此次疫情影响,很多合同规定的义务不能正常履行。对此情形,法律有没有针对性的规定?

对此,全国人大常委会法工委发言人、研究室主任臧铁伟说,当前我国发生了新型冠状病毒感染肺炎疫情这一突发公共卫生事件。为了保护公众健康,政府也采取了相应疫情防控措施。对于因此不能履行合同的当事人来说,属于不能预见、不能避免并不能克服的不可抗力。根据合同法的相关规定,因不可抗力不能履行合同的,根据不可抗力的影响,部分或者全部免除责任,但法律另有规定的除外。

[①] 引自中国人大网(http://www.npc.gov.cn/npc/c30834/202002/b9a56ce780f44c3b9f6da28a4373d6c3.shtml),原题为《企业因疫情不能正常履行合同怎么办?全国人大常委会法工委发言人臧铁伟说法律有相应规定》,访问日期:2020年4月10日。

最高人民法院印发《关于依法妥善审理涉新冠肺炎疫情民事案件若干问题的指导意见(一)》的通知

(法发〔2020〕12号)

各省、自治区、直辖市高级人民法院,解放军军事法院,新疆维吾尔自治区高级人民法院生产建设兵团分院:

现将《最高人民法院关于依法妥善审理涉新冠肺炎疫情民事案件若干问题的指导意见(一)》印发给你们,请认真贯彻执行。

最高人民法院
2020年4月16日

为贯彻落实党中央关于统筹推进新冠肺炎疫情防控和经济社会发展工作部署会议精神,依法妥善审理涉新冠肺炎疫情民事案件,维护人民群众合法权益,维护社会和经济秩序,维护社会公平正义,依照法律、司法解释相关规定,结合审判实践经验,提出如下指导意见。

一、充分发挥司法服务保障作用。各级人民法院要充分认识此次疫情对经济社会产生的重大影响,立足统筹推进疫情防控和经济社会发展工作大局,充分发挥司法调节社会关系的作用,积极参与诉源治理,坚持把非诉讼纠纷解决机制挺在前面,坚持调解优先,积极引导当事人协商和解、共担风险、共渡难关,切实把矛盾解决在萌芽状态、化解在基层。在涉疫情民事案件审理过程中,根据案件实际情况,准确适用法律,平衡各方利益,保护当事人合法权益,服务经济社会发展,实现法律效果与社会效果的统一。

二、依法准确适用不可抗力规则。人民法院审理涉疫情民事案件,要准确适用不可抗力的具体规定,严格把握适用条件。对于受疫情或者疫情防控措施直接影响而产生的民事纠纷,符合不可抗力法定要件的,适用《中华人民共和国民法总则》第一百八十条、《中华人民共和国合同法》第一百一十七条和第一百一十八条等规定妥善处理;其他法律、行政法规另有规定的,依照其规定。当事人主张适用不可抗力部分或者全部免责的,应当就不可抗力直接导致民事义务部分或者全部不能履行的事实承担举证责任。

三、依法妥善审理合同纠纷案件。受疫情或者疫情防控措施直接影响而产生的合同纠纷案件,除当事人另有约定外,在适用法律时,应当综合考量疫情对不同地区、不同行业、不同案件的影响,准确把握疫情或者疫情防控措施与合同不能履行之间的因果关系和原因力大小,按照以下规则处理:

(一)疫情或者疫情防控措施直接导致合同不能履行的,依法适用不可抗力的规定,根据疫情或者疫情防控措施的影响程度部分或者全部免除责任。当事人对于合同不能履行或者损失扩大有可归责事由的,应当依法承担相应责任。因疫情或者疫情防控措施不能履行合同义务,当事人主张其尽到及时通知义务的,应当承担相应举证责任。

(二)疫情或者疫情防控措施仅导致合同履行困难的,当事人可以重新协商;能够继续履行的,人民法院应当切实加强调解工作,积极引导当事人继续履行。当事人以合同履行困难为由请求解除合同的,人民法院不予支持。继续履行合同对于一方当事人明显不公平,其请求变更合同履行期限、履行方式、价款数额等的,人民法院应当结合案件实际情况决定是否予以支持。合同依法变更后,当事人仍然主张部分或者全部免除责任的,人民法院不予支持。因疫情或者疫情防控措施导致合同目的不能实现,当事人请求解除合同的,人民法院应予支持。

(三)当事人存在因疫情或者疫情防控措施得到政府部门补贴资助、税费减免或者他人资助、债务减免等情形的,人民法院可以作为认定合同能否继续履行等案件事实的参考因素。

四、依法处理劳动争议案件。加强与政府及有关部门的协调,支持用人单位在疫情防控期间依法依规采用灵活工作方式。审理涉疫情劳动争议案件时,要准确适用《中华人民共和国劳动法》第二十六条、《中华人民共和国劳动合同法》第四十条等规定。用人单位仅以劳动者是新冠肺炎确诊患者、疑似新冠肺炎患者、无症状感染者、被依法隔离人员或者劳动者来自疫情相对严重的地区为由主张解除劳动关系的,人民法院不予支持。就相关劳动争议案件的处理,应当正确理解和参照适用国务院有关行政主管部门以及省级人民政府等制定的在疫情防控期间妥善处理劳动关系的政策文件。

五、依法适用惩罚性赔偿。经营者在经营口罩、护目镜、防护服、消毒液等防疫物品以及食品、药品时,存在《中华人民共和国消费者权益保护法》第五十五条、《中华人民共和国食品安全法》第一百四十八条第二款、《中华人民共和国药品管理法》第一百四十四条第三款、《最高人民法院关于审理食品药品纠纷案件适用法律若干问题的规定》第十五条规定情形,消费者主张依法适用惩罚性赔偿的,人民法院应予支持。

六、依法中止诉讼时效。在诉讼时效期间的最后六个月内,因疫情或者疫情防控措施不能行使请求权,权利人依据《中华人民共和国民法总则》第一百九十四条第一款第一项规定主张诉讼时效中止的,人民法院应予支持。

七、依法顺延诉讼期间。因疫情或者疫情防控措施耽误法律规定或者人民法院指定的诉讼期限,当事人根据《中华人民共和国民事诉讼法》第八十三条规定申请顺延期限的,人民法院应当根据疫情形势以及当事人提供的证据情况综合考虑是否准许,依法保护当事人诉讼权利。当事人系新冠肺炎确诊患者、疑似新冠肺炎患者、无症状感染者以及相关密切接触者,在被依法隔离期间诉讼期限届满,根据该条规定申请顺延期限的,人民法院应予准许。

八、加大司法救助力度。对于受疫情影响经济上确有困难的当事人申请免交、减交或者缓交诉讼费用的,人民法院应当依法审查并及时作出相应决定。对于确实需要进行司法救助的诉讼参加人,要依据其申请,及时采取救助措施。

九、灵活采取保全措施。对于受疫情影响陷入困境的企业特别是中小微企业、个体工商户,可以采取灵活的诉讼财产保全措施或者财产保全担保方式,切实减轻企业负担,助力企业复工复产。

十、切实保障法律适用统一。各级人民法院要加强涉疫情民事案件审判工作的指导和监督,充分发挥专业法官会议、审判委员会的作用,涉及重大、疑难、复杂案件的法律适用问题,应当及时提交审判委员会讨论决定。上级人民法院应当通过发布典型案例等方式加强对下级人民法院的指导,确保裁判标准统一。

最高人民法院印发《关于依法妥善审理涉新冠肺炎疫情民事案件若干问题的指导意见(二)》的通知

(法发〔2020〕17号)

各省、自治区、直辖市高级人民法院,解放军军事法院,新疆维吾尔自治区高级人民法院生产建设兵团分院:

现将《最高人民法院关于依法妥善审理涉新冠肺炎疫情民事案件若干问题的指导意见(二)》印发给你们,请认真贯彻执行。

最高人民法院
2020年5月15日

为进一步贯彻落实党中央关于统筹推进新冠肺炎疫情防控和经济社会发展工作部署,扎实做好"六稳"工作,落实"六保"任务,指导各级人民法院依法妥善审理涉新冠肺炎疫情合同、金融、破产等民事案件,提出如下指导意见。

一、关于合同案件的审理

1.疫情或者疫情防控措施导致当事人不能按照约定的期限履行买卖合同或者履行成本增加,继续履行不影响合同目的的实现,当事人请求解除合同的,人民法院不予支持。

疫情或者疫情防控措施导致出卖人不能按照约定的期限完成订单或者交付货物,继续履行不能实现买受人的合同目的的,买受人请求解除合同,返还已经支付的预付款或者定金的,人民法院应予支持;买受人请求出卖人承担违约责任的,人民法院不予支持。

2.买卖合同能够继续履行,但疫情或者疫情防控措施导致人工、原材料、物流等履约成本显著增加,或者导致产品大幅降价,继续履行合同对一方当事人明显不公平,受不利影响的当事人请求调整价款的,人民法院应当结合案件的实际情况,根据公平原则调整价款。疫情或者疫情防控措施导致出卖人不能按照约定的期限交货,或者导致买受人不能按照约定的期限付款,当事人请求变更履行期限的,人民法院应当结合案件的实际情况,根据公平原则变更履行期限。

已经通过调整价款、变更履行期限等方式变更合同,当事人请求对方承担违约责任的,人民法院不予支持。

3.出卖人与买受人订立防疫物资买卖合同后,将防疫物资高价转卖他人致使合同不能履行,买受人请求将出卖人所得利润作为损失赔偿数额的,人民法院应予支持。因政府依法调用或者临时征用防疫物资,致使出卖人不能履行买卖合同,买受人请求出卖人承担违约责任的,人民法院不予支持。

4.疫情或者疫情防控措施导致出卖人不能按照商品房买卖合同约定的期限交付房屋,或者导致买受人不能按照约定的期限支付购房款,当事人请求解除合同,由对方当事人承担违约责任的,人民法院不予支持。但是,当事人请求变更履行期限的,人民法院应当结合案件的实际情况,根据公平原则进行变更。

5.承租房屋用于经营,疫情或者疫情防控措施导致承租人资金周转困难或者营业收入明显减少,出租人以承租人没有按照约定的期限支付租金为由请求解除租赁合同,由承租人承担违约责任的,人民法院不予支持。

为展览、会议、庙会等特定目的而预订的临时场地租赁合同,疫情或者疫情防控措施导致该活动取消,承租人请求解除租赁合同,返还预付款或者定金的,人民法院应予支持。

6.承租国有企业房屋以及政府部门、高校、研究院所等行政事业单位房屋用于经营,受疫情或者疫情防控措施影响出现经营困难的服务业小微企业、个体工商户等承租人,请求出租人按照国家有关政策免除一定期限内的租金的,人民法院应予支持。

承租非国有房屋用于经营,疫情或者疫情防控措施导致承租人没有营业收入或者营业收入明显减少,继续按照原租赁合同支付租金对其明显不公平,承租人请求减免租金、延长租期或者延期支付租金的,人民法院可以引导当事人参照有关租金减免的政策进行调解;调解不成的,应当结合案件的实际情况,根据公平原则变更合同。

7.疫情或者疫情防控措施导致承包方未能按照约定的工期完成施工,发包方请求承包方承担违约责任的,人民法院不予支持;承包方请求延长工期的,人民法院应当视疫情或者疫情防控措施对合同履行的影响程度酌情予以支持。

疫情或者疫情防控措施导致人工、建材等成本大幅上涨,或者使承包方遭受人工费、设备租赁费等损失,继续履行合同对承包方明显不公平,承包方请求调整价款的,人民法院应当结合案件的实际情况,根据公平原则进行调整。

8.当事人订立的线下培训合同,受疫情或者疫情防控措施影响不能进行线下培训,能够通过线上培训、变更培训期限等方式实现合同目的,接受培训方请求解除的,人民法院不予支持;当事人请求通过线上培训、变更培训期限、调整培训费用等方式继续履行合同的,人民法院应当结合案件的实际情况,根据公平原则变更合同。

受疫情或者疫情防控措施影响不能进行线下培训,通过线上培训方式不能实现合同目的,或者案件实际情况表明不宜进行线上培训,接受培训方请求解除合同的,人民法院应予支持。具有时限性要求的培训合同,变更培训期限不能实现合同目的,接受培训方请求解除合同的,人民法院应予支持。培训合同解除后,已经预交的培训费,应当根据接受培训的课时等情况全部或者部分予以返还。

9.限制民事行为能力人未经其监护人同意,参与网络付费游戏或者网络直播平台"打赏"等方式支出与其年龄、智力不相适应的款项,监护人请求网络服务提供者返还该款项的,人民法院应予支持。

二、关于金融案件的审理

10.对于受疫情或者疫情防控措施影响较大的行业,以及具有发展前景但受疫情或者疫情防控措施影响暂遇困难的企业特别是中小微企业所涉金融借款纠纷,人民法院在审理中要充分考虑中国人民银行等五部门发布的《关于进一步强化金融支持防控新型冠状病毒感染肺炎疫情的通知》等系列金融支持政策;对金融机构违反金融支持政策提出的借款提前到期、单方解除合同等诉讼主张,人民法院不予支持;对金融机构收取的利息以及以咨询费、担保费等其他费用为名收取的变相利息,要严格依据国家再贷款再贴现等专项信贷优惠利率政策的规定,对超出部分不予支持;对因感染新冠肺炎住院治疗或者隔离人员、疫情防控需要隔离观察人员、参加疫情防控工作人员以及受疫情或者疫情防控措施影响暂时失去收入来源的人员所涉住房按揭、信用卡等个人还贷纠纷,人民法院应当结合案件的实际情况,根据公平原则变更还款期限。

11.防疫物资生产经营企业以其生产设备、原材料、半成品、产品等动产设定浮动抵押,抵押权人依照《中华人民共和国民事诉讼法》第一百九十六条的规定申请实现担保物权的,人民法院受理申请后,被申请人或者利害关系人能够证明实现抵押权将危及企业防疫物资生产经营的,可待疫情或者疫情防控措施影响因素消除后再行处理。

12.对于因疫情防控期间证券市场价格波动引发的股票质押和融资融券纠纷,应当区分不同情形处理:对于债权人为证券公司的场内股票质押和融资融券纠纷,人民法院可以参照中国证监会发布的有关政策,引导证券公司按照政策与不同客户群体协商解决纠纷;协商不成的,对于客户要求证券公司就违规强行平仓导致损失扩大部分承担赔偿责任的诉讼请求,依法予以支持。对于债权人为其他金融机构的场外股票质押纠纷,人民法院应当充分考虑股票质权实现对上市公司正常经营的影响,加强政策引导和各方利益协调,努力降低对证券市场的影响。

13.人民法院审理因上市公司虚假陈述侵权民事赔偿案件,在认定投资者损失数额时,应当根据《最高人民法院关于审理证券市场因虚假陈述引发的民事赔偿案件的若干规定》第十九条第四项的规定,区分疫情或者疫情防控措施影响因素和虚假陈述因素所导致的股价下跌损失,依法公平、合理确定损失赔偿范围。

14.对于批发零售、住宿餐饮、物流运输、文化旅游等受疫情或者疫情防控措施影响严重的公司或者其股东、实际控制人与投资方因履行"业绩对赌协议"引发的纠纷,人民法院应当充分考虑疫情或者疫情防控措施对目标公司业绩影响的实际情况,引导双方当事人协商变更或者解除合同。当事人协商不成,按约定的业绩标准或者业绩补偿数额继续履行对一方当事人明显不公平的,人民法院应当结合案件的实际情况,根据公平原则变更或者解除合同;解除合同的,应当依法合理分配因合同解除造成的损失。

"业绩对赌协议"未明确约定公司中小股东与控股股东或者实际控制人就业绩补偿承担连带责任的,对投资方要求中小股东与公司、控制股东或实际控制人共同向其承担连带责任的诉讼请求,人民法院不予支持。

15.在审理与疫情或者疫情防控措施相关的医疗保险合同纠纷案件时,对于保险人提出的该疾病不属于商业医疗保险合同约定的重大疾病范围或者保险事故的抗辩,人民法院不予支持。感染新冠肺炎的被保险人因疫情或者疫情防控措施未在保险合同约定的医疗服务机构接受治疗发生的约定费用,被保险人、受益人依据保险合同的约定向保险人请求赔付的,人民法院应予支持。被保险人因其他疾病在非保险合同约定的医疗服务机构接受治疗发生的约定费用,确系疫情或者疫情防控措施等客观原因造成,被保险人、受益人请求赔付的,人民法院应予支持。被保险人、受益人根据疫情防控期间保险公司赠与的医疗保险合同的约定请求赔付的,人民法院应予支持。

16.在审理融资租赁公司与医疗服务机构之间开展的医疗设备融资租赁业务所引发的民事纠纷案件时,对于医疗服务机构以融资租赁公司未取得医疗器械销售行政许可为由主张融资租赁合同无效的抗辩,人民法院不予支持。

三、关于破产案件的审理

17.企业受疫情或者疫情防控措施影响不能清偿到期债务,债权人提出破产申请的,人民法院应当积极引导债务人与债权人进行协商,通过采取分期付款、延长债务履行期限、变更合同价款等方式消除破产申请原因,或者引导债务人通过庭外调解、庭外重组、预重整等方式化解债务危机,实现对企业尽早挽救。

18.人民法院在审查企业是否符合破产受理条件时,要注意审查企业陷入困境是否因疫情或者疫情防控措施所致而进行区别对待。对于疫情暴发前经营状况良好,因疫情或者疫情防控措施影响而导致经营、资金周转困难无法清偿到期债务的企业,要结合企业持续经营能力、所在行业的发展前景等因素全面判定企业清偿能力,防止简单依据特定时期的企业资金流和资产负债情况,裁定原本具备生存能力的企业进入破产程序。对于疫情暴发前已经陷入困境,因疫情或者疫情防控措施导致生产经营进一步恶化,确已具备破产原因的企业,应当依法及时受理破产申请,实现市场优胜劣汰和资源重新配置。

19.要进一步推进执行与破产程序的衔接。在执行程序中发现被执行人因疫情影响具备破产原因但具有挽救价值的,应当通过释明等方式引导债权人或者被执行人将案件转入破产审查,合理运用企业破产法规定的执行中止、保全解除、停息止付等制度,有效保全企业营运价值,为企业再生赢得空间。同时积极引导企业适用破产重整、和解程序,全面解决企业债务危机,公平有序清偿全体债权人,实现对困境企业的保护和拯救。

执行法院作出移送决定前已经启动的司法拍卖程序,在移送决定作出后可以继续进行。拍卖成交的,拍卖标的不再纳入破产程序中债务人财产范围,但是拍卖所得价款应当按照破产程序依法进行分配。执行程序中已经作出资产评估报告或者审计报告,且评估结论在有效期内或者审计结论满足破产案件需要的,可以在破产程序中继续使用。

20.在破产重整程序中,对于因疫情或者疫情防控措施影响而无法招募投资人、开展尽职调查以及协商谈判等原因不能按期提出重整计划草案的,人民法院可以依债务人或者管理人的申请,根据疫情或者疫情防控措施对重整工作的实际影响程度,合理确定不应当计入企业破产法第七十九条规定期限的期间,但一般不得超过六个月。

对于重整计划或者和解协议已经进入执行阶段,但债务人因疫情或者疫情防控措施影响而难以执行的,人民法院要积极引导当事人充分协商予以变更。协商变更重整计划或者和解协议的,按照《全国法院破产审判工作会议纪要》第 19 条、第 20 条的规定进行表决并提交法院批准。但是,仅涉及执行期限变更的,人民法院可以依债务人或债权人的申请直接作出裁定,延长的期限一般不得超过六个月。

21.要切实保障债权人的实体权利和程序权利,减少疫情或者疫情防控措施对债权人权利行使造成的不利影响。受疫情或者疫情防控措施影响案件的债权申报期限,可以根据具体情况采取法定最长期限。债权人确因疫情或者疫情防控措施影响无法按时申报债权或者提供有关证据资料,应当在障碍消除后十日内补充申报,补充申报人可以不承担审查和确认补充申报债权的费用。因疫情或者疫情防控措施影响,确有必要延期组织听证、召开债权人会议的,应当依法办理有关延期手续,管理人应当提前十五日告知债权人等相关主体,并做好解释说明工作。

22.要最大限度维护债务人的持续经营能力,充分发挥共益债务融资的制度功能,为持续经营提供资金支持。债务人企业具有继续经营的能力或者具备生产经营防疫物资条件的,人民法院应当积极引导和支持管理人或者债务人根据企业破产法第二十六条、第六十一条的规定继续债务人的营业,在保障债权人利益的基础上,选择适当的经营管理模式,充分运用府院协调机制,发掘、释放企业产能。

　　坚持财产处置的价值最大化原则,积极引导管理人充分评估疫情或者疫情防控措施对资产处置价格的影响,准确把握处置时机和处置方式,避免因资产价值的不当贬损而影响债权人利益。

　　23.疫情防控期间,要根据《最高人民法院关于推进破产案件依法高效审理的意见》的要求,进一步推进信息化手段在破产公告通知、债权申报、债权人会议召开、债务人财产查询和处置、引进投资人等方面的深度应用,在加大信息公开和信息披露力度、依法保障债权人的知情权和参与权的基础上,助力疫情防控工作,进一步降低破产程序成本,提升破产程序效率。

最高人民法院印发《关于依法妥善审理涉新冠肺炎疫情民事案件若干问题的指导意见(三)》的通知

(法发〔2020〕20号)

各省、自治区、直辖市高级人民法院,解放军军事法院,新疆维吾尔自治区高级人民法院生产建设兵团分院:

现将《最高人民法院关于依法妥善审理涉新冠肺炎疫情民事案件若干问题的指导意见(三)》印发给你们,请认真贯彻执行。

最高人民法院

2020年6月8日

为依法妥善审理涉新冠肺炎疫情涉外商事海事纠纷等案件,平等保护中外当事人合法权益,营造更加稳定公平透明、可预期的法治化营商环境,依照法律、司法解释相关规定,结合审判实践经验,提出如下指导意见。

一、关于诉讼当事人

1.外国企业或者组织向人民法院提交身份证明文件、代表人参加诉讼的证明,因疫情或者疫情防控措施无法及时办理公证、认证或者相关证明手续,申请延期提交的,人民法院应当依法准许,并结合案件实际情况酌情确定延长的合理期限。

在我国领域内没有住所的外国人、无国籍人、外国企业和组织从我国领域外寄交或者托交的授权委托书,因疫情或者疫情防控措施无法及时办理公证、认证或者相关证明手续,申请延期提交的,人民法院依照前款规定处理。

二、关于诉讼证据

2.对于在我国领域外形成的证据,当事人以受疫情或者疫情防控措施影响无法在原定的举证期限内提供为由,申请延长举证期限的,人民法院应当要求其说明拟收集、提供证据的形式、内容、证明对象等基本信息。经审查理由成立的,应当准许,适当延长举证期限,并通知其他当事人。延长的举证期限适用于其他当事人。

3.对于一方当事人提供的在我国领域外形成的公文书证,因疫情或者疫情防控措施无法及时办理公证或者相关证明手续,对方当事人仅以该公文书证未办理公证或者相关证明手续为由提出异议的,人民法院可以告知其在保留对证明手续异议的前提下,对证据的关联性、证明力等发表意见。

经质证,上述公文书证与待证事实无关联,或者即使符合证明手续要求也无法证明待证事实的,对提供证据一方的当事人延长举证期限的申请,人民法院不予准许。

三、关于时效、期间

4.在我国领域内没有住所的当事人因疫情或者疫情防控措施不能在法定期间提出答辩状或者提起上诉,分别依据《中华人民共和国民事诉讼法》第二百六十八条、第二百六十九条的规定申请延期的,人民法院应当依法准许,并结合案件实际情况酌情确定延长的合理期限。但有证据证明当事人存在恶意拖延诉讼情形的,对其延期申请,不予准许。

5.根据《中华人民共和国民事诉讼法》第二百三十九条和《最高人民法院关于适用〈中华人民共和国民事诉讼法〉的解释》第五百四十七条的规定,当事人申请承认和执行外国法院作出的发生法律效力的判决、裁定或者外国仲裁裁决的期间为二年。在时效期间的最后六个月内,当事人因疫情或者疫情防控措施不能提出承认和执行申请,依据《中华人民共和国民法总则》第一百九十四条第一款第一项规定主张时效中止的,人民法院应予支持。

四、关于适用法律

6.对于与疫情相关的涉外商事海事纠纷等案件的适用法律问题,人民法院应当依照《中华人民共和国涉外民事关系法律适用法》等法律以及相关司法解释的规定,确定应当适用的法律。

应当适用我国法律的,关于不可抗力规则的具体适用,按照《最高人民法院关于依法妥善审理涉新冠肺炎疫情民事案件若干问题的指导意见(一)》执行。

应当适用域外法律的,人民法院应当准确理解该域外法中与不可抗力规则类似的成文法规定或者判例法的内容,正确适用,不能以我国法律中关于不可抗力的规定当然理解域外法的类似规定。

7.人民法院根据《最高人民法院关于适用〈中华人民共和国涉外民事关系法律适用法〉若干问题的解释(一)》第四条的规定,确定国际条约的适用。对于条约不调整的事项,应当通过我国法律有关冲突规范的指引,确定应当适用的法律。

人民法院在适用《联合国国际货物销售合同公约》时,要注意,我国已于2013年撤回了关于不受公约第11条以及公约中有关第11条内容约束的声明,仍然保留了不受公约第1条第1款(b)项约束的声明。关于某一国家是否属于公约缔约国以及该国是否已作出相应保留,可查阅联合国国际贸易法委员会官方网站刊载的公约缔约国状况予以确定。此外,根据公约第4条的规定,公约不调整合同的效力以及合同对所售货物所有权可能产生的影响。对于这两类事项,应当通过我国法律有关冲突规范的指引,确定应当适用的法律,并根据该法律作出认定。

当事人以受疫情或者疫情防控措施影响为由,主张部分或者全部免除合同责任的,人民法院应当依据公约第79条相关条款的规定进行审查,严格把握该条所规定的适用条件。对公约条款的解释,应当依据其用语按其上下文并参照公约的目的及宗旨所具有的通常意义,进行善意解释。同时要注意,《〈联合国国际货物销售合同公约〉判例法摘要汇编》并非公约的组成部分,审理案件过程中可以作为参考,但不能作为法律依据。

五、关于涉外商事案件的审理

8.在审理信用证纠纷案件时,人民法院应当遵循信用证的独立抽象性原则与严格相符原则。准确区分恶意不交付货物与因疫情或者疫情防控措施导致不能交付货物的情形,严格依据《最高人民法院关于审理信用证纠纷案件若干问题的规定》第十一条的规定,审查当事人以存在信用证欺诈为由,提出中止支付信用证项下款项的申请应否得到支持。

适用国际商会《跟单信用证统一惯例》(UCP600)的,人民法院要正确适用该惯例第36条关于银行不再进行承付或者议付的具体规定。当事人主张因疫情或者疫情防控措施导致银行营业中断的,人民法院应当依法对是否构成该条规定的不可抗力作出认定。当事人关于不可抗力及其责任另有约定的除外。

9.在审理独立保函纠纷案件时,人民法院应当遵循保函独立性原则与严格相符原则。依据《最高人民法院关于审理独立保函纠纷案件若干问题的规定》第十二条的规定,严格认定构成独立保函欺诈的情形,并依据该司法解释第十四条的规定,审查当事人以独立保函欺诈为由,提出中止支付独立保函项下款项的申请应否得到支持。

独立保函载明适用国际商会《见索即付保函统一规则》(URDG758)的,人民法院要正确适用该规则第26条因不可抗力导致独立保函或者反担保函项下的交单或者付款无法履行的规定以及相应的展期制度的规定。当事人主张因疫情或者疫情防控措施导致相关营业中断的,人民法院应当依法对是否构成该条规定的不可抗力作出认定。当事人关于不可抗力及其责任另有约定的除外。

六、关于运输合同案件的审理

10.根据《中华人民共和国合同法》第二百九十一条的规定,承运人应当按照约定的或者通常的运输路线将货物运输到约定地点。承运人提供证据证明因运输途中运输工具上发生疫情需要及时确诊、采取隔离等措施而变更运输路线,承运人已及时通知托运人,托运人主张承运人违反该条规定的义务的,人民法院不予支持。

承运人提供证据证明因疫情或者疫情防控,起运地或者到达地采取禁行、限行防控措施等而发生运输路线变更、装卸作业受限等导致迟延交付,并已及时通知托运人,承运人主张免除相应责任的,人民法院依法予以支持。

七、关于海事海商案件的审理

11.承运人在船舶开航前和开航当时,负有谨慎处理使船舶处于适航状态的义务。承运人未谨慎处理,导致船舶因采取消毒、熏蒸等疫情防控措施不适合运载特定货物,或者持证健康船员的数量不能达到适航要求,托运人主张船舶不适航的,人民法院依法予以支持。

托运人仅以船舶曾经停靠过受疫情影响的地区或者船员中有人感染新冠肺炎为由,主张船舶不适航的,人民法院不予支持。

12.船舶开航前,因疫情或者疫情防控措施出现以下情形,导致运输合同不能履行,承运人或者托运人请求依据《中华人民共和国海商法》第九十条的规定解除合同的,人民法院依法予以支持:(1)无法在合理期间内配备必要的船员、物料;(2)船舶无法到达装货港、目的港;(3)船舶一旦进入装货港或者目的港,无法再继续正常航行、靠泊;(4)货物被装货港或者目的港所在国家或者地区列入暂时禁止进出口的范围;(5)托运人因陆路运输受阻,无法在合理期间内将货物运至装货港码头;(6)因其他不能归责于承运人和托运人的原因致使合同不能履行的情形。

13.目的港具有因疫情或者疫情防控措施被限制靠泊卸货等情形,导致承运人在目的港邻近的安全港口或者地点卸货,除合同另有约定外,托运人或者收货人请求承运人承担违约责任的,人民法院不予支持。

承运人卸货后未就货物保管作出妥善安排并及时通知托运人或者收货人,托运人或者收货人请求承运人承担相应责任的,人民法院依法予以支持。

14.因疫情或者疫情防控措施导致集装箱超期使用,收货人或者托运人请求调减集装箱超期使用费的,人民法院应尽可能引导当事人协商解决。协商不成的,人民法院可以结合案件实际情况酌情予以调减,一般应以一个同类集装箱重置价格作为认定滞箱费数额的上限。

15.货运代理企业以托运人名义向承运人订舱后,承运人因疫情或者疫情防控措施取消航次或者变更航期,托运人主张由货运代理企业赔偿损失的,人民法院不予支持。但货运代理企业未尽到勤勉和谨慎义务,未及时就航次取消、航期变更通知托运人,或者在配合托运人处理相关后续事宜中存在过错,托运人请求货运代理企业承担相应责任的,人民法院依法予以支持。

16.除合同另有约定外,船舶修造企业以疫情或者疫情防控措施导致劳动力不足、设备物资交付延期,无法及时复工为由,请求延展交船期限的,人民法院可根据疫情或者疫情防控措施对船舶修造进度的影响程度,酌情予以支持。

因受疫情或者疫情防控措施影响,船舶延期交付导致适用新的船舶建造标准的,除合同另有约定外,当事人请求分担因此增加的成本与费用,人民法院应当综合考虑疫情或者疫情防控措施对迟延交船的影响以及当事人履行合同是否存在可归责事由等因素,酌情予以支持。

17.2020年1月29日《交通运输部关于统筹做好疫情防控与水路运输保障有关工作的紧急通知》规定,严禁港口经营企业以疫情防控为名随意采取禁限货运船舶靠港作业、锚地隔离14天等措施。在港口经营企业所在地的海事部门、港口管理部门没有明确要求的情况下,港口经营企业擅自以检疫隔离为由限制船舶停泊期限,船舶所有人或者经营人请求其承担赔偿责任的,人民法院依法予以支持。

八、关于诉讼绿色通道

18.在审理与疫情相关的涉外商事海事纠纷等案件中,人民法院要积极开辟诉讼绿色通道,充分运用智慧法院建设成果,坚持线上与线下服务有机结合,优化跨域诉讼服务,健全在线诉讼服务规程和操作指南,确保在线诉讼各环节合法规范、指引清晰、简便易行。

九、关于涉港澳台案件的审理

19.人民法院审理涉及香港特别行政区、澳门特别行政区和台湾地区的与疫情相关的商事海事纠纷等案件,可以参照本意见执行。

最高人民法院、司法部、文化和旅游部关于依法妥善处理涉疫情旅游合同纠纷有关问题的通知

(法〔2020〕182号)

各省、自治区、直辖市高级人民法院、司法厅(局)、文化和旅游厅(局),解放军军事法院、新疆维吾尔自治区高级人民法院生产建设兵团分院、新疆生产建设兵团司法局、新疆生产建设兵团文化体育广电和旅游局:

为贯彻落实党中央关于统筹推进疫情防控和经济社会发展工作部署,扎实做好"六稳"工作,落实"六保"任务,依法妥善化解涉疫情旅游合同纠纷,切实保障在常态化疫情防控中加快推进生产生活秩序全面恢复,抓紧解决复工复产面临的困难和问题,力争把疫情造成的损失降到最低限度,保障人民群众生命安全和身体健康,现将有关事项通知如下。

一、处理涉疫情旅游合同纠纷的基本要求

1. 增强大局意识。旅游业是国民经济的重要支柱产业,推动旅游业平稳健康发展,对于促进经济平稳增长、持续改善民生具有重大意义。新冠肺炎疫情给旅游行业造成巨大冲击,由此导致旅游合同纠纷数量激增。文化和旅游部门、司法行政部门、人民法院要充分认识妥善处理旅游合同纠纷的重要意义,增强责任意识,发挥好行政机关与审判机关化解纠纷的职能作用,协同处理涉疫情旅游合同纠纷,为促进旅游业与经济社会持续发展、维护社会稳定提供服务和保障。

2. 妥善化解纠纷。文化和旅游部门、司法行政部门、人民法院应当始终以法律为准绳,客观、全面、公平认定疫情在具体案件中对旅游经营者、旅游者造成的影响,在明确法律关系性质和合同双方争议焦点的基础上,平衡各方利益,兼顾旅游者权益保护与文化旅游产业发展,积极、正面引导旅游经营

者和旅游者协商和解、互谅互让、共担风险、共渡难关，妥善化解纠纷，争取让绝大多数涉疫情旅游合同纠纷以非诉讼方式解决，维护良好的旅游市场秩序。

二、建立健全多元化解和联动机制

3. 建立旅游合同纠纷多元化解机制。文化和旅游部门、司法行政部门、人民法院应当充分发挥矛盾纠纷多元化解机制作用，坚持把非诉讼纠纷解决机制挺在前面，强化诉源治理、综合治理，形成人民调解、行政调解、司法调解优势互补、对接顺畅的调解联动工作机制。文化和旅游部门、人民调解组织应当充分发挥调解职能作用，及时组织调解。司法行政部门应当组织律师积极参与旅游合同纠纷调解，充分发挥律师调解专业优势。当事人起诉的，人民法院可以征得当事人同意后，通过人民法院调解平台，委派或者委托特邀调解组织、特邀调解员进行调解。对调解不成的简易案件，人民法院应当速裁快审，努力做到能调则调，当判则判，及时定分止争。

4. 畅通矛盾纠纷化解的协作对接渠道。文化和旅游部门、司法行政部门、人民法院应当发挥主观能动性，在兼顾法、理、情的基础上主动服务、创新服务。各部门、各单位之间主动加强沟通协调，共享信息，相互支持配合，形成工作合力。文化和旅游部门、司法行政部门对投诉、调解中反映出的新问题应及时与人民法院沟通。人民法院与当地文化和旅游部门、司法行政部门共同研判纠纷化解思路，确保纠纷处理的社会效果和法律效果统一。

5. 充分发挥非诉讼纠纷化解机制作用。文化和旅游部门指导旅游经营者通过网络、电话、面谈等多种沟通方式加速涉疫情旅游合同纠纷的处理，简化流程、缩短时间；指导旅游经营者对员工进行培训，有效提升处理投诉人员业务水平，做好解释和安抚工作；做好涉疫情旅游合同纠纷的投诉处理工作，引导投诉人与被投诉人达成和解。人民调解组织可引导当事人选择人民调解调处矛盾纠纷并安排业务精通的调解员进行调解；律师调解工作室（中心）接到人民法院委派、委托调解或者接到当事人调解申请后，积极组织具有相应专业特长的律师调解员进行调解。当事人达成调解协议后，能够即时履行的即时履行，不能即时履行的明确履行时间，并引导当事人对调解协议申请司法确认。人民法院通过司法审查、司法确认等方式为非诉纠纷解决提供支持。

6. 提供便捷高效的诉讼服务。人民法院开辟旅游合同纠纷诉讼绿色通道。有条件的地方可以充分发挥"旅游巡回法庭"在基层一线的作用，及时调处旅游合同纠纷。充分运用在线诉讼平台,开展线上调解、线上审判活动,切实将"智慧法院"用于解决群众实际困难。充分发挥小额速裁程序优势,通过快捷高效的法律服务,实现涉疫情旅游合同案件的快立、快审、快结。

三、依法妥善处理涉疫情旅游合同纠纷

7. 严格执行法律政策。依据民法总则、合同法、旅游法,最高人民法院关于审理旅游纠纷案件适用法律若干问题的规定、关于依法妥善审理涉新冠肺炎疫情民事案件若干问题的指导意见(一),以及文化和旅游部办公厅印发的关于全力做好新型冠状病毒感染的肺炎疫情防控工作暂停旅游企业经营活动的紧急通知等相关法律、司法解释、政策,妥善处理涉疫情旅游合同的解除、费用负担等纠纷。

8. 积极引导变更旅游合同。结合纠纷产生的实际情况,准确把握疫情或者疫情防控措施与旅游合同不能履行之间的因果关系,积极引导当事人在合理范围内调整合同中约定的权利义务关系,包括延期履行合同、替换为其他旅游产品,或者将旅游合同中的权利义务转让给第三人等合同变更和转让行为,助力旅游企业复工复产。旅游经营者与旅游者均同意变更旅游合同的,除双方对旅游费用分担协商一致的以外,因合同变更增加的费用由旅游者承担,减少的费用退还给旅游者。

9. 慎重解除旅游合同。疫情或者疫情防控措施直接导致合同不能履行的,旅游经营者、旅游者应尽可能协商变更旅游合同。旅游经营者、旅游者未就旅游合同变更达成一致且请求解除旅游合同的,请求解除旅游合同的一方当事人应当举证证明疫情或者疫情防控措施对其履行合同造成的障碍,并已在合同约定的或合理的期间内通知合同相对人。旅游合同对解除条件另有约定的遵循合同约定。

10. 妥善处理合同解除后的费用退还。因疫情或者疫情防控措施导致旅游合同解除的,旅游经营者与旅游者应就旅游费用的退还进行协商。若双方不能协商一致,旅游经营者应当在扣除已向地接社或者履行辅助人支付且不可退还的费用后,将余款退还旅游者。旅游经营者应协调地接社和履行辅助人退费,并提供其已支付相关费用且不能退回的证据,尽力减少旅游者因疫情或者疫情防控措施受到的损失。旅游经营者主张旅游者承担其他经营成本或者经营利润的,不予支持。旅游经营者应及时安排退费,因客观原因导致不能及时退费的,应当及时向旅游者作出说明并出具退款期限书面承诺。

11. 妥善处理安全措施和安置费用的负担。因疫情影响旅游者人身安全，旅游经营者应当采取相应的安全措施，因此支出的费用，由旅游经营者与旅游者分担。因疫情或者疫情防控措施造成旅游者滞留的，旅游经营者应当采取相应的合理安置措施，因此增加的食宿费用由旅游者承担，增加的返程费用由旅游经营者与旅游者分担。

12. 妥善认定减损和通知义务。旅游经营者、履行辅助人与旅游者均应当采取措施减轻疫情或疫情防控措施对合同当事人造成的损失，为防止扩大损失而支出的合理费用，可依公平原则予以分担。旅游经营者和旅游者应将受疫情或者疫情防控措施影响不能履行合同的情况及时通知对方，以减轻对方的损失。旅游经营者或旅游者未履行或未及时履行减损和通知义务的，应承担相应责任。

四、做好法律政策宣传工作

13. 主动宣传法律、政策和典型案例。文化和旅游部门、司法行政部门、人民法院应当加大对涉疫情法律法规、政策文件等的解释和宣传力度，通过报纸、电视台、电台及各类新媒体解答涉疫情旅游合同纠纷热点问题，增强民众依法处理纠纷的自觉性，倡导旅游者理性维权。不断总结经验，宣传典型案例，提升涉疫情旅游合同矛盾纠纷多元化解机制在全社会的影响力和公信力。

14. 共同维护社会稳定。涉疫情旅游合同纠纷牵涉面广、群体效应强，文化和旅游部门、司法行政部门、人民法院应密切关注各类媒体报道及投诉过程中的特殊情况，预防发生负面舆情和群体性事件，努力为统筹推进疫情防控和经济社会发展工作提供更加有力的服务和保障。

最高人民法院
司法部
文化和旅游部
2020 年 7 月 13 日

最高人民法院关于在防治传染性非典型肺炎期间依法做好人民法院相关审判、执行工作的通知

(法〔2003〕72号,已失效)

各省、自治区、直辖市高级人民法院,解放军军事法院,新疆维吾尔自治区高级人民法院生产建设兵团分院:

近期,一些与传染性非典型肺炎(以下简称"非典")防治工作相关的案件,已经或者可能起诉到人民法院。为依法对防治"非典"工作提供有力的司法保障,切实维护社会稳定,保护广大人民群众的根本利益,各级人民法院必须以"三个代表"重要思想为指导,围绕防治"非典"工作大局,充分发挥审判职能作用,努力做到裁判的法律效果与社会效果的有机统一,依法妥善做好各项与"非典"防治有关的审判工作、执行工作。现将有关事项通知如下:

一、各级人民法院要认真学习和准确适用《中华人民共和国传染病防治法》等法律、行政法规和我院有关司法解释以及国家有关防治"非典"各项政策,深刻领会其精神实质。要结合当前防治"非典"工作的实际,为防治"非典"工作提供有力的司法保障。

二、人民法院要高度重视与"非典"防治有关的刑事案件的审判工作。要严格依照刑法、刑事诉讼法和最高人民法院、最高人民检察院《关于办理妨害预防、控制突发传染病疫情等灾害的刑事案件具体应用法律若干问题的解释》有关规定,依法及时审理与"非典"防治有关的刑事案件以及"非典"期间发生的、影响"非典"防治工作和社会稳定的其他刑事案件,依法严惩危害防治"非典"的各种犯罪活动。

三、依法妥善处理好与"非典"防治有关的民事案件。

(一)凡用人单位因劳动者是"非典"患者、疑似"非典"患者或者被依法隔离人员而单方解除劳动关系,或者以劳动者是"非典"患者、疑似"非典"患

者或者被依法隔离人员影响生产经营活动为由拒付或者拖延支付劳动报酬,当事人不服劳动争议仲裁委员会的裁决而提起诉讼的,人民法院应当依法受理,并按照用人单位的实际情况,依法公正处理当事人之间的权利义务争议,保护当事人的合法权益。

(二)当事人以与"非典"防治相关事由对医疗卫生机构等提起损害赔偿诉讼或者对防治"非典"的医疗卫生机构等提起的其他相关诉讼,人民法院暂不予受理。

(三)由于"非典"疫情原因,按原合同履行对一方当事人的权益有重大影响的合同纠纷案件,可以根据具体情况,适用公平原则处理。

因政府及有关部门为防治"非典"疫情而采取行政措施直接导致合同不能履行,或者由于"非典"疫情的影响致使合同当事人根本不能履行而引起的纠纷,按照《中华人民共和国合同法》第一百一十七条和第一百一十八条的规定妥善处理。

四、依法妥善处理好与防治"非典"有关的各类行政案件。

(一)对政府及有关部门为防治"非典"而采取的各类具体行为提起的行政诉讼,人民法院应当书面告知暂不予受理。

(二)公民因是"非典"患者、疑似"非典"患者或者被依法隔离人员,不能在法定期间内提起行政诉讼的,按照《中华人民共和国行政诉讼法》第四十条的规定处理。

(三)凡涉及查处乘防治"非典"制售假冒伪劣商品以及哄抬物价等扰乱、破坏市场秩序等违法行为的行政案件,应当依法受理和审判。

(四)为确保预防、控制"非典"疫情及维护社会秩序和经济秩序的行政措施的贯彻落实,对于行政机关申请强制执行的有关案件,人民法院应当依法审查处理。符合执行条件的,应当依法及时采取执行措施。

五、认真做好与"非典"防治有关的执行工作,结合实际情况妥善处理好执行工作中可能出现的各种问题。

(一)当事人因防治"非典"耽误申请执行期限的,人民法院按照《中华人民共和国民事诉讼法》第七十六条的规定处理。

(二)人民法院在执行工作中,对明确专用于"非典"防治的资金和物资,不得采取查封、冻结、扣押、划拨等财产保全措施和强制执行措施。

(三)对急需办理但因"非典"疫情不能赴外地办理的执行事项,可以委托当地人民法院代为办理。有关人民法院应当认真积极办理好外地人民法院委托的执行事项,不得推诿和拒绝。

六、当事人因是"非典"患者、疑似"非典"患者或者被依法隔离人员,不能及时行使民事请求权的,适用《中华人民共和国民法通则》第一百三十九条关于诉讼时效中止的规定。

七、防治"非典"期间人民法院受理案件或者作出裁判后,具有下列情形之一的,应当依照《中华人民共和国刑事诉讼法》第七十八条、第八十条,最高人民法院《关于执行〈中华人民共和国刑事诉讼法〉若干问题的解释》第九十九条、第一百八十一条,《中华人民共和国民事诉讼法》第一百三十六条第(四)项、第二百三十四条第(五)项和最高人民法院《关于执行〈中华人民共和国行政诉讼法〉若干问题的解释》第五十一条第(四)、(七)项的规定,经审查确认,依法裁定中止审理或者中止执行:

(一)当事人或者其他必须出庭的诉讼参与人或者诉讼参加人为"非典"患者、疑似"非典"患者或者被依法隔离人员的;

(二)当事人或者其他必须出庭的诉讼参与人或者诉讼参加人因被采取隔离措施而不能参加诉讼活动的;

(三)当事人因受理法院所在地或者被执行财产所在地存在"非典"疫情而提出中止审理、中止执行申请的;

(四)为有利于"非典"的防治,人民法院认为应当中止案件审理、中止案件执行的其他情况。

"非典"疫情比较严重、案件类型比较特殊的地区,执行本通知确定暂不受理案件的范围时,高级人民法院可以结合本地实际情况,按照本通知规定精神作出适当调整,并报最高人民法院备案。

八、各级人民法院在"非典"防治期间,要结合相关案件的审判工作,加强法制宣传,扩大审判的社会效果,为"非典"防治工作营造良好的法制氛围。

各高级人民法院,特别是已经出现疫情地区的高级人民法院,要加强对与"非典"防治有关的审判工作的调研。受理或者审判的重要、敏感案件及相关情况、问题,应当及时报告最高人民法院。

各高级人民法院可将本通知送同级党委、人大和政府。

广东省高级人民法院关于审理涉新冠肺炎疫情商事案件若干问题的指引

(粤高法〔2020〕26号)

为依法审理全省涉新冠肺炎疫情商事案件,妥善处理各类商事纠纷,依照《中华人民共和国民法总则》《中华人民共和国传染病防治法》等法律法规及相关司法解释,现就有关问题作出指引如下:

一、审理涉新冠肺炎疫情商事案件,要依法服务保障疫情防控工作有序推进,妥善处理好公共利益与当事人利益之间的关系,切实维护社会稳定,有力保障社会经济发展。

二、本指引适用的商事案件,是指当事人以新冠肺炎疫情、防控措施为诉讼请求的重要事实依据,或者以新冠肺炎疫情、防控措施为由提出减免责任抗辩的商事案件。

三、审理涉新冠肺炎疫情商事案件,除注意适用常用的法律法规外,还应注意适用传染病防治法、突发事件应对法、国境卫生检疫法、突发公共卫生事件应急条例等。根据疫情防控需要,全国人大及其常委会、国务院制定的法律、行政法规,省级人大及其常委会、其他有权制定地方性法规的地方人大及其常委会制定的地方性法规,应作为处理涉新冠肺炎疫情案件的裁判依据。国务院各部委、省级政府及设区的市政府制定的规章,应作为重要参考。

四、新冠肺炎疫情对合同履行的影响,应结合具体案情区分情况予以认定。

确因疫情或者政府及有关部门采取疫情防控措施(以下简称疫情或者防控措施)影响导致合同不能履行,当事人主张适用不可抗力并请求部分或者全部免除责任的,应结合疫情发生时间、政府及有关部门采取的防控措施、合同履行受影响的程度、当事人是否及时履行了通知义务等因素综合判断,并依照民法总则第一百八十条、合同法第一百一十七条、第一百一十八条等规定处理。

由于疫情或者防控措施,按原合同继续履行对一方当事人明显不公平或者不能实现合同目的,当事人请求变更或者解除合同的,应当根据公平原则,依照《最高人民法院关于适用〈中华人民共和国合同法〉若干问题的解释(二)》第二十六条等规定处理。对于适用情势变更原则处理的案件,根据《最高人民法院关于正确适用〈中华人民共和国合同法〉若干问题的解释(二)服务党和国家的工作大局的通知》第二条规定的要求,应当报省法院审核。

疫情或者防控措施对合同履行不构成实质影响,当事人主张适用不可抗力或者情势变更,请求解除或者变更合同、减免责任的,不予支持。

五、当事人一方主张因不可抗力不能履行合同的,依照合同法第一百一十八条之规定,负有通知和证明义务。债务人举证证明其采取合法形式通知了债权人,并在合理期限内提交了对合同履行产生实质影响的政府或者有关部门出台的疫情防控措施文件,可视为其完成了通知和证明义务,但在认定减免当事人一方的责任份额时,还应着重审查疫情或者防控措施对其无法履行合同义务的影响程度。

六、对于将疫情或者防控措施认定为不可抗力的,应当根据具体案件中疫情或者防控措施对合同履行的实际影响来确定不可抗力的起止时间。一般可以依据对合同履行产生实质影响的省级政府启动和终止重大突发公共卫生事件响应的时间来确定。

当事人主张的不可抗力事由在合同订立前已经发生或者迟延履行后发生,违约方以该事由主张减免责任的,一般不予支持。

七、对于以疫情防控物资或者疫情防控物资原材料为交易标的的合同纠纷,负有交付交易标的义务的出卖人主张适用不可抗力或者情势变更不履行合同或者免除责任的,应当严格把握证明标准,防止其恶意规避责任。但确因疫情防控工作需要,交易标的依法被调配导致迟延交付或者无法交付,买受人主张出卖人承担违约责任的,不予支持。

买受人确因疫情或者防控措施影响无法依约付款,请求免除合理期限内的迟延履行违约责任的,予以支持。

八、出发地或者目的地为重点疫区的货物运输合同,受疫情或者防控措施影响导致合同无法履行,当事人请求解除合同的,应予支持;致使货物运输合同迟延履行,托运人主张承运人承担迟延履行违约责任的,不予支持。

九、以生产疫情防控物资为主营业务的企业,如疫情期间承包期限届满,但仍需继续生产疫情防控物资,承包人主张适当延长承包期限的,应予支持。

十、受新冠病毒感染的被保险人或者其受益人,依照保险合同请求保险人赔付因病毒感染而产生的医疗费及其他相关损失,保险人以被保险人未在保险合同约定的医疗服务机构接受治疗作为抗辩事由的,可综合考虑新冠肺炎病情的严重性和紧迫性,依据《最高人民法院关于适用〈中华人民共和国保险法〉若干问题的解释(三)》第二十条的规定处理。

被保险人因疫情或者防控措施影响遭受损失,根据保险合同的约定提出理赔的,依法支持应赔尽赔。分期缴纳保费的保险合同投保人,因疫情或者防控措施影响,主张适当延缓保险费缴纳期限的,可予支持。

十一、根据国家支持防控疫情金融政策和规定,符合条件的企业提出调整贷款利率、贴息等主张的,应予支持。

金融机构以疫情或者防控措施影响企业生产经营和还款能力为由,停止或者迟延发放贷款、提前收回贷款,企业请求继续履行的,应予支持。金融机构主张的利息、复利、罚息、违约金和其他费用明显过高,企业请求予以调减的,应予支持。金融机构或者其指定的人以服务费、咨询费、顾问费、管理费等名义变相收取利息,但并未提供证据证明已提供相关服务的,不予支持。

企业借款到期,但受疫情或者防控措施影响导致经营困难的,应积极促成当事人以展期、续贷等方式达成和解。

十二、信用卡持卡人、住房按揭贷款人等个人信贷借款人主张受疫情或者防控措施影响免除其迟延还款责任的,一般不予支持。但借款人确有证据证明其属于因感染新冠肺炎住院治疗或者隔离人员、因疫情防控需要隔离观察人员、参加疫情防控工作人员或者受疫情影响暂时失去收入来源的人群的,可根据中国人民银行、财政部、银保监会、证监会、外汇局《关于进一步强化金融支持防控新型冠状病毒感染肺炎疫情的通知》等有关规定,酌情延后还款期限,免除其合理期限内的违约责任。

十三、严格审查疫情期间的民间借贷行为。加大对高利转贷和职业放贷人的审查力度,对高利转贷和职业放贷行为依法否定其效力,借款人占用资金期间的费用按照同期中国人民银行贷款基准利率或者全国银行间同业拆借中心公布的贷款市场报价利率予以确定。依法否定民间借贷纠纷案件中预扣本金或者利息、变相高息等规避民间借贷利率司法保护上限的合同条款效力。

十四、疫情影响期间上市公司虚假陈述行为被揭露导致股价波动,投资者请求虚假陈述行为人赔偿损失的,应充分考虑因疫情产生的系统性风险,利用第三方机构评估等方式,合理确定投资者的投资差额损失,依法公平认定赔偿责任。

十五、受疫情或者防控措施影响,公司采取网络会议、电话会议等形式召开股东会、董事会、监事会,当事人能够提供证据证明的,应依法认定上述会议作出的决议效力。

十六、主债务受疫情或者防控措施影响,构成不可抗力或者情势变更,主债务人依法可减免责任的,担保人在主债务人减免责任范围内,无需承担担保责任。

十七、涉疫情商事纠纷应加强调解,鼓励当事人通过多元化解、诉调对接等方式,互让互谅、共担风险,力求和解双赢。

十八、各级法院应加强对涉疫情商事案件适用法律和政策问题的研究,密切关注舆情反映,防止负面炒作。政策性强或者重大敏感问题要立即请示省法院。注意收集具有典型意义的涉疫情案例,供全省法院参考借鉴。

湖北省高级人民法院关于新型冠状病毒感染肺炎疫情防控期间涉外商事海事审判工作的指引

1. 疫情防控期间,涉外商事海事案件当事人可以选择哪些途径起诉?

答:疫情防控期间,当事人确需向湖北各级法院提起涉外商事海事诉讼的,可通过湖北法院诉讼服务网(http://www.hbfy.org/电子法院栏)、湖北移动微法院(通过手机添加微信小程序)等线上渠道进行网上立案。

当事人申请网上立案确有不便的,可通过邮寄方式将立案申请材料寄往相关法院,也可借助跨域立案方式提起诉讼。

2. 疫情防控期间,如何保障涉外商事海事案件当事人的诉讼时效权利和上诉权利?

答:当事人行使请求权的法定诉讼时效或提起上诉的法定期间在疫情防控期间到期的,在防控措施结束后相应顺延,但当事人应提交当地疫情防控指挥部门的通知,或本人被界定为确诊的新型冠状病毒感染的肺炎患者、疑似的新型冠状病毒感染的肺炎患者、无法明确排除新型冠状病毒感染肺炎可能的发热患者、确诊患者的密切接触者(以下简称"四类人员")的证据,证明确因当地防控措施影响其行使请求权或上诉权。

3. 疫情防控期间,涉外商事海事案件当事人如何避免因未成功交纳诉讼费用而影响诉讼权利?

答:当事人交纳诉讼费用的法定期间或法院通知期间在疫情防控期间到期的,在防控措施结束后相应顺延,但当事人应提交当地疫情防控指挥部门的通知以及本人因疫情或防控措施确实无法进行网上交费的证据。

4. 疫情防控期间,涉外商事海事案件当事人能否援引不可抗力进行抗辩?

答:当事人主张因疫情防控措施无法履行合同,或按原合同履行对一方当事人的权益有重大影响的,应提交证据证明疫情防控措施对其合同履行构成不可抗力。

5. 疫情防控期间,如何保障仲裁司法审查案件当事人的诉讼权利?

答:当事人超过法定期间申请承认、执行和撤销仲裁裁决的,应提交当地疫情防控指挥部门的通知,或本人被界定为"四类人员"的证据,证明确因当地防控措施影响其提起主张。

6. 疫情防控期间,如何保障涉外商事海事案件当事人办理公证认证、提供域外法律适用意见、域外调查取证等权利?

答:当事人以疫情为由申请对上述行为延期的,全省法院可以根据疫情防控措施,在原定期限基础上适当延长。

7. 疫情防控期间,如何保障外国、港澳台当事人申请财产保全的权利?

答:外方、港澳台当事人在疫情防控期间确因情形特别重大紧急而申请财产保全的,全省法院视具体情况相应处理。

8. 疫情防控期间,涉外商事海事案件在哪些情形下可以中止审理?

答:经审查确认,存在以下情形的案件可依法裁定中止审理:

(1)当事人或者其他必须出庭的诉讼参与人或者诉讼参加人为"四类人员",因被治疗或采取隔离措施而不能参加诉讼活动的;

(2)当事人住所地或受理法院所在地存在疫情,防控措施未结束,当事人提出中止审理的;

(3)为有利于疫情的防控,人民法院认为应当中止案件审理的。

9. 疫情防控期间,如何保障涉外商事海事案件当事人的其他程序权利?

答:全省法院已经通知开庭审理并送达开庭传票,当事人因疫情及防控措施原因未按通知时间到庭的,不按拒不到庭处理,全省法院应另行择期开庭,或根据个案情况及当事人意见进行书面审理。

内蒙古自治区高级人民法院关于审理涉新冠肺炎疫情民商事案件相关问题的指引

　　为深入贯彻习近平总书记关于坚决打赢疫情防控阻击战的系列重要指示精神，全面落实中央、自治区党委和最高人民法院关于疫情防控的决策部署，充分发挥人民法院民商事审判职能作用，依法保障人民群众生命安全、身体健康和企业合法权益，保障经济平稳运行和社会稳定，针对全区法院在审理民商事案件中可能遇到的与疫情有关的法律问题，制定本指引。

　　一、基本规定

　　1.新冠肺炎疫情是不能预见、不能避免且不能克服的客观情况，属于民法总则第一百八十条第二款规定的不可抗力。自然人、法人、其他组织认为因疫情防控影响其民事权利和诉讼权利的，可以不可抗力为由提出请求或抗辩，由人民法院依法审查。

　　2.当事人一方提出不可抗力抗辩的，人民法院应准确核实疫情对当事人之间的权利义务关系是否构成影响和影响的程度。避免以疫情为名规避责任或者获取不当利益。

　　3.疫情对案件确有影响的，人民法院应当告知双方当事人本着尊重事实，在互让互谅的基础上进行协商，并善于引入人民调解、行业调解等多元解纷机制进行调解，合理分担损失。

　　4.对无法协商一致的，人民法院应当依据民法总则第六条、合同法第五条规定的公平原则，充分考虑当事人所处的客观环境、主观过错，依法灵活运用自由裁量权，平衡各方当事人利益。努力做到以法为据、以理服人、以情感人，妥善审理民商事纠纷，化解社会矛盾。

　　5.疫情期间因履行防控职责受到损害的群体、生活困难的自然人和生产经营困难的民营企业可向人民法院申请减、缓、免交案件受理费。人民法院针对上述主体作为原告的案件应当开设"绿色通道",予以快立快审。

二、与疫情有关的侵权纠纷

6.疫情期间因不遵守相关管理规定,殴打、辱骂、威胁防控人员,冲击、破坏防控设施的,受害人和受害单位可提起民事诉讼并要求加害人承担赔礼道歉、赔偿损失等民事责任。

7.通过微信、互联网等方式散布不实信息,侵害医务工作者、民警、烈士和其他公民的姓名权、肖像权、名誉权、隐私权等人格权,侵害企业名称权、名誉权的,受害人可提起民事诉讼,要求加害人承担停止侵害、恢复名誉、消除影响、赔礼道歉、赔偿损失等民事责任。

8.新冠肺炎确诊病人、疑似病人、治愈病人的人格尊严受法律保护,禁止用侮辱、诽谤、歧视等方式损害其合法权益。构成民事侵权的,应依法承担民事责任。

9.社区、公共卫生机构、新闻媒体等为了防控疫情的需要,依法登记、公布相关信息,涉及公民姓名、身份证号码、通讯方式、肖像和企业名称等信息,相关公民和企业提起民事侵权诉讼的,人民法院应当更加着重考虑公共利益原则在特殊时期的适用,依法做出公正处理。

三、与疫情有关的合同纠纷

10.对在疫情前已签订合同的履行造成影响的,可适用不可抗力条款。当事人迟延履行在先,不可抗力发生在后的除外。

11.因不可抗力不能履行部分合同或者全部合同义务的,部分或者全部免除责任。双方当事人均尽到了因疫情发生可能给合同一方或双方造成损失的相关注意义务,但一方当事人在知道疫情前已经为履行合同做了必要的准备,且损失无法挽回,针对损失的成本部分,应结合个案情况由双方当事人合理分担。

12.适用不可抗力条款时要兼顾各方当事人的利益,考虑不能履行义务的一方在受疫情影响后是否及时将自身履行能力通知另一方,另一方是否采取措施防止损失扩大等因素,综合判断各方当事人承担责任的比例,避免简单机械适用。

13.准确区分不可抗力与情势变更法律规定的适用条件。情势变更是指合同成立以后客观情况发生了重大变化,继续履行将明显不公平或者不能实现合同目的。因疫情构成不可抗力的,原则上不再适用情势变更原则。

14.疫情发生后签订合同产生纠纷的,因合同双方当事人对疫情以及合同履行面临的环境应当能够预见,产生的损失应属于商业风险,主张适用不可抗力条款的,一般应不予以支持。

15.以不可抗力为由主张解除合同的,经审查发现疫情虽然对合同履行造成影响,但合同目的仍能实现,应当积极组织双方当事人协商变更合同履行内容,慎重处理解除合同的诉讼请求。

16.疫情期间,因遵守各地政府颁布的行政命令导致不能正常履约,当事人提出适用不可抗力条款的,上述行政命令可作为人民法院裁量的证据。

17.对疫情发生前签订的在春节期间履行的旅游、饮食服务等消费类合同,因该类合同履行具有时间上不可变更性,在不能协商解决的情况下,消费者要求解除合同的,人民法院一般应予支持。因解除合同造成损失产生纠纷的,鼓励双方当事人协商解决,协商不成的,人民法院依据公平原则裁判。

18.疫情期间,经营者提供的商品或者服务有夸大性能、用途、以假充真、以次充好等欺诈行为的,消费者可以请求支付价款三倍的赔偿,三倍不足500元的,可按500元主张。造成消费者或者其他受害人死亡或者健康严重损害的,受害人有权要求经营者依照消费者权益保护法第四十九条、第五十一条等法律规定赔偿损失,并有权要求所受损失二倍以下的惩罚性赔偿。

19.农牧民生产经营和收入具有季节性特点,因疫情影响生产经营,无力偿还信用社、农村商业银行等金融机构贷款的,鼓励双方采取展期等方法协商解决,金融机构以逾期还款为由,请求借款提前到期或解除合同的,应考虑不予支持。

20.民营企业因延期复工影响其经营收入,同时还要承担职工工资、租赁费用等运营成本,对其在疫情期间因租赁房屋产生的费用,确实无法支付的,可通过延长租期、减免租金的方式组织双方当事人协商解决,一般不宜以解除合同的方式解决。

21.民营企业因疫情不能按期偿还金融机构借款的,金融机构可主动依法或依约定适当延长还款期限,避免产生纠纷。相关金融机构宣布贷款提前到期、停止放贷的,民营企业有权起诉要求金融机构继续履行合同。

22.因疫情防控需要,造成建设工程项目停工或者不能按期开工的,属顺延工期合法事由。因工程延期交工造成商品房交付时间延后的,商品房交付时间和办证时间亦可相应顺延。

23.对于被保险人感染新冠肺炎入院就医,就诊医院不在保险合同约定的医院范围之内的,鉴于新冠肺炎的诊治均由当地政府指定医疗机构负责,当事人无权选择的客观情况,保险机构以被保险人未在约定医院就诊为由拒绝理赔的,人民法院一般不予支持。

24.对涉及防疫物资保障以及原本效益好、有发展前景但因疫情影响暂时资金周转困难不能清偿到期债务的企业,可暂不受理破产申请。

25.因疫情影响涉外商事合同履行的,合同中约定了不可抗力条款的,依约定办理。合同中未约定的,一方当事人可向中国贸促会申请开具不可抗力的事实性证明,人民法院应当坚持依法平等保护中外当事人合法权益的原则,妥善审理涉外商事案件。对根据 2020 年 1 月 1 日起施行的外商投资法在自治区境内投资的外国和港澳台投资者,因疫情影响其投资发生纠纷的,人民法院应尽量协调相关部门帮助其解决相应困难。

四、与疫情有关的劳动争议

26.处理劳动争议案件要坚持依法维护劳动者合法权益与促进企业生存发展并重的原则,兼顾双方合法权益,帮助企业尽可能减小疫情造成的损失。

27.2020 年春节假期延长期间(1 月 31 日—2 月 2 日),劳动者正常上班的,可要求企业安排补休或按日工资 200% 支付劳动报酬。

28.新冠肺炎患者、疑似病人、密切接触者等在隔离治疗期间或医学观察期间以及因政府实施隔离措施或采取其他紧急措施导致不能提供正常劳动的职工,企业应当支付该期间的劳动报酬,并不得解除劳动合同。此期间内遇劳动合同到期的,劳动合同期限应顺延至措施结束。

29.用人单位因疫情停工停产、暂时性经营困难未及时足额支付劳动报酬,劳动者要求解除劳动关系的,应当审慎适用经济补偿金的规定。无论劳动者还是用人单位,因疫情期间工资、经济补偿、复工等问题提出解除劳动合同的,人民法院应当结合实际情况审慎处理。

五、保 全

30.疫情期间,对专门用于疫情防控的资金和物资,不得采取保全措施。对该企业用于生产经营的机器设备、原材料、产成品一般采取灵活查封措施,不得影响企业的生产经营和正常运转。

31.与疫情防控物资有关的知识产权在疫情期间许可期限届满,因疫情防控需要被许可人继续使用权利人的专利权、商标权生产疫情防控物资,权利人向人民法院提出停止生产的行为保全申请,因其生产的物品为社会大众所急需,直接影响社会公共利益,对权利人的行为保全申请可暂缓审查。

六、诉讼时效

32.诉讼时效为三年,自权利人知道或者应当知道权利受到损害以及义务人之日起计算。疫情属于不可抗力,发生在诉讼时效期间最后六个月内任何一天,均产生诉讼时效中止的法律后果。自权利人无法主张权利的原因消除之日起重新计算六个月的诉讼时效,六个月后,诉讼时效期间届满。抵押权人、经公示登记的质权人在主债权诉讼时效期间届满前诉讼时效中止的,抵押权和质权的诉讼时效同时中止。案件审理期间,因疫情防控原因产生此类问题的,应照此办理。

七、期　间

33.本院已下发《内蒙古自治区高级人民法院关于新型冠状病毒感染肺炎疫情防控期间诉讼活动的指引》,针对立案、申请再审等期限和方式已明确规定。对未按照上述指引行使诉讼权利的,亦应严格审查,确因不可抗拒的事由或者其他正当理由耽误期限的,在自身不能行使权利的障碍消除后十日内,可以申请顺延期限,是否准许,由人民法院决定。期间包括诉讼费用缴纳、上诉、申请再审、申请执行、举证等期间规定。

八、延期审理

34.根据民事诉讼法第一百四十六条第四项和《最高人民法院关于严格规范民商事案件延长审限和延期开庭问题的规定》(法释〔2019〕4号)第二条、第五条规定,因疫情导致庭审无法正常进行的,依当事人申请或人民法院决定,应当延期审理。

本指引与最高人民法院规定不一致的,以最高人民法院的规定为准。

贵州省高级人民法院关于规范审理涉新冠肺炎相关商事纠纷若干问题的实施意见

为深入贯彻习近平总书记关于坚决打赢新冠肺炎疫情防控阻击战的重要指示精神,全面落实党中央、国务院、最高人民法院和贵州省委、省政府关于疫情防控的决策部署,充分发挥商事审判职能作用,依法妥善处理各类商事纠纷,最大限度减少疫情对企业生产经营的负面影响,提高疫情防控的法治化水平、打赢疫情防控阻击战提供有力司法保障,依照有关法律法规,结合全省法院审判工作实际,制定本意见。

一、积极引导当事人正确对待和处理公共利益和个人利益的关系,充分利用全省法院在线调解平台建设成果,有效借助信息化手段,多途径、全方位推动合同纠纷的多元化、实质性解决,优化对商事主体的司法服务水平。坚持平等保护,客观、全面认定疫情在具体案件中对合同双方当事人的影响,树立利益衡平的理念,妥善、公允处理因疫情引发的合同责任问题,以善意司法为企业战胜疫情、恢复正常经营秩序提供有力司法保障。

二、根据 2020 年 2 月 10 日全国人大常委会法工委的解答,新冠肺炎疫情属于《中华人民共和国民法总则》和《中华人民共和国合同法》所规定的不能预见、不能避免并且不能克服的不可抗力。在商事纠纷的处理中,既要体现鼓励交易的原则,维护交易安全和交易预期,严格适用合同法定解除的条件,防止违约方滥用不可抗力抗辩,损害守约方合同利益,又要贯彻公平原则,综合考虑疫情对于合同履行的影响程度、各方当事人的过错等因素,平衡合同各方利益。审判中应加强调解工作,引导当事人互让互谅,合理分摊损失。

三、新冠肺炎疫情虽属不可抗力,但并非对所有商事合同的履行都构成阻碍。要正确理解法律规定,准确把握裁判尺度,结合合同签订时间、履行期限届满的时间节点、采取替代措施的可行性及履约成本等因素,对不可抗力抗辩依法进行认定。要防范债务人以疫情为由、以不可抗力为名逃避履行合同义务。对于在疫情发生前签订的商事合同,当事人一方以受新冠肺炎疫情影响,导致合同不能履行为由,要求解除合同的,区分具体情况,依法做出处理:

1. 疫情对合同履行没有影响的,应当按约继续履行,当事人一方以疫情属不可抗力为由,要求解除合同的,不予支持。

2. 疫情对合同履行虽有一定影响,但未导致合同不能履行或未导致履行对一方当事人明显不公平、不能实现合同目的等情形的,应当鼓励交易,可以引导当事人通过变更履行期限、履行方式、部分合同内容等方式,继续履行合同。一方当事人以疫情属不可抗力为由要求解除合同的,原则上不予支持。

3. 因疫情形势和政府及有关部门采取的疫情防控措施导致合同根本不能履行,当事人请求解除合同的,人民法院应予支持。

4. 疫情对合同履行有重大影响,继续履行合同对一方当事人明显不公平或者不能实现合同目的,当事人提出适用情势变更原则请求人民法院变更或者解除合同的,人民法院应当适用公平原则,严格区分情势变更与正常商业风险并依法作出认定,按照《最高人民法院关于适用〈中华人民共和国合同法〉若干问题的解释(二)》第二十六条和《最高人民法院关于正确适用〈中华人民共和国合同法〉若干问题的解释(二)服务党和国家的工作大局的通知》的规定予以处理。

5. 对于本次疫情发生后订立的合同,可以推定当事人在缔约时,对疫情这一特定事件及其变化和后果已有预判,故原则上对当事人提出的不可抗力或情势变更主张不予支持。

在具体案件的处理中,各级法院要注意做好相关释明工作,尽量一次性解决纠纷,避免当事人诉累。

四、对于当事人在疫情发生前已经迟延履行,仍以疫情影响构成不可抗力为由主张免除责任的,人民法院不予支持。但疫情发生后,因交通管制、人员管制、未能如期复工等客观原因导致迟延履行的,依照《中华人民共和国合同法》第一百一十七条的规定,减轻或免除违约方的责任。迟延履行对合同相对方合同目的实现没有实质性影响,合同相对方要求解除合同的,不予支持。

五、金钱债务的迟延履行除对方当事人同意外,一般不得因不可抗力而免除责任。当事人主张因新冠肺炎疫情免除因迟延付款产生的利息及其他经济损失赔偿责任的,一般不予支持,但因新冠肺炎疫情确有可能影响企业资金链的,债务人可请求法院对违约金进行调减。另,依据《关于进一步强化金融支持防控新型冠状病毒感染肺炎疫情的通知》(银发〔2020〕29号),各级法院应引导当事人与金融机构采取适当下调贷款利率、增加信用贷款和中长期贷款、展期或续贷等措施,积极调解金融借贷纠纷,维护市场经济平稳有序运行。

六、坚持诚实信用原则,准确适用减损规则。鼓励受疫情影响的合同当事人采取多种手段尽量减少损失,依法支持当事人为防止损失扩大而支出的合理费用,未采取适当减损措施的,应依法承担相应的责任,不得就扩大的损失要求赔偿。当事人以不可抗力主张减轻或者免除合同责任的,应当提供证据证明已尽到通知义务。考虑到疫情防控期间出现的快递停运、人员无法外出等实际问题,在考量通知的真实性、及时性和有效性时,应当认可以短信、微信、电子邮件等现代化通讯手段形成的通知效力。

七、就口罩、防护服、消毒用品等防疫紧缺资源订立的买卖合同,卖方可以履行,而主张因疫情影响要求增加合同价款的,一般不予支持,但确因用工、原材料等上游成本大幅增加,继续履行会导致明显不公平的,可依据本意见第三条第4点处理;因受政府调配而延迟发货或无法发货,买方主张卖方承担违约责任的,一般不予支持。对于利用疫情迫使消费者以明显不合理的高价购买防护、诊疗物品,当事人请求撤销合同的,应予支持。

八、严厉打击通过渲染疫情欺骗、误导保险消费者购买不适当保险产品的行为,确保保险市场稳定健康有序。对于涉及感染新冠肺炎的保险理赔案件,审理中可以参照《关于加强银行业保险业金融服务配合做好新型冠状病毒感染的肺炎疫情防控工作的通知》(银保监办发〔2020〕10号)的相关规定进行处理。

九、根据疫情防控期间的实际情况,公司采取网络会议、电话会议等多种形式召开股东会、董事会、监事会,诉讼中提供相应证据证明会议实际召开且符合公司章程规定的,人民法院应认定上述会议所做决议的效力,降低疫情对公司日常经营决策的影响。

十、依法妥善审理受疫情影响的企业破产案件。对主营业务发展良好,但受疫情影响而暂时不能清偿到期债务的企业,一般不应认定该企业具备破产原因,债权人申请破产的,依法不予支持。疫情防控期间,开展破产企业接管、清产核资、企业管理、企业复工等工作的,应严格落实地方政府防疫工作的各项要求。因受疫情影响,重整投资人招募困难或者暂时无法制定可行的重整计划草案的,可以适当延长重整期间。债权人因受疫情影响无法按时申报债权的,可以在破产财产最后分配前补充申报,无需承担审查和确认补充申报债权的费用。

十一、依法审慎采取财产保全措施,加大财产保全申请审查力度,充分考虑保全的必要性、合理性,对明确用于疫情防控的物资,不得采取查封、冻结、扣押等强制措施。采用活封、换封等多种手段,高效灵活完成诉讼保全措施,保护各方当事人合法权益,最大限度减少对企业正常生产经营和疫情防控工作的影响。

十二、根据《中华人民共和国民法总则》第一百九十四条之规定,在诉讼时效期间最后六个月内,因不可抗力不能行使请求权的,诉讼时效中止。当事人举证证明因受疫情影响不能及时行使请求权的,依法适用诉讼时效中止的规定。各级法院在案件审理过程中要正确适用《中华人民共和国民事诉讼法》关于不可抗力的相关规定,保障当事人在疫情防控期间的程序性利益,依法审查当事人顺延期限的申请。

十三、受疫情影响的中小微企业缴纳合同纠纷案件诉讼费确有困难的,人民法院应当加大司法救助力度,依法准许其缓交、部分缓交或者减交诉讼费申请,为中小微企业渡过难关、复工复产提供支持。

十四、本意见自发布之日起施行,适用于本省受新冠肺炎疫情影响的商事纠纷案件。适用中遇到的新情况新问题,应及时向省法院汇报。

湖南省高级人民法院关于涉新型冠状病毒感染肺炎疫情案件法律适用若干问题的解答

(湘高法〔2020〕16号)

一、涉疫情刑事案件审判相关问题

问题1:对实施妨害新冠肺炎疫情防控的犯罪行为,如何适用法律?

答:对实施妨害新冠肺炎疫情防控的犯罪行为,应依照《刑法》和《最高人民法院、最高人民检察院、公安部、司法部关于依法惩治妨害新型冠状病毒感染肺炎疫情防控违法犯罪的意见》(以下简称《意见》)等司法解释规定,坚持罪刑法定原则和罪责刑相适应原则,依法从严从快惩治。

问题2:对实施妨害新冠肺炎疫情防控的犯罪行为处罚的基本要求是什么?

答:根据《意见》要求,对实施妨害新冠肺炎疫情防控的犯罪行为,要作为从重情节予以考量,依法体现从严的刑事政策要求,有力服务大局、有效惩治震慑违法犯罪,切实维护人民群众身体健康和生命安全。

问题3:如何理解《意见》中关于"对医务人员实施撕扯防护装备、吐口水等行为,致使医务人员感染新型冠状病毒的,依照刑法第二百三十四条的规定,以故意伤害罪定罪处罚"的规定?

答:在疫情防控期间,对医务人员实施撕扯防护装备、吐口水等行为,致使医务人员感染新型冠状病毒的,虽然不属于《刑法》明确规定的轻伤以上严重后果,但根据《意见》,此种情形可比照《刑法》第二百三十四条的规定,视为轻伤以上严重后果,以故意伤害罪定罪处罚。

二、涉疫情民商事案件审判相关问题

**问题4:因新冠肺炎疫情导致不能履行合同的,能否适用不可抗力条款,

如何确定起止时间？

答：全国人大常委会法工委已经明确，对于因新冠肺炎疫情这一突发公共卫生事件导致不能履行合同的，属于不能预见、不能避免并不能克服的不可抗力，故该情形可适用不可抗力条款。但当事人迟延履行在先，不可抗力发生在后的除外。

根据具体案件中新冠肺炎疫情对合同履行、合同目的实现或当事人行使权利的实际影响来确定起止时间。一般可根据合同履行地或当事人住所地的省级人民政府启动和终止重大突发公共卫生事件响应的时间来确定。

问题5：如何处理买卖合同纠纷？

答：买卖合同纠纷中，因受疫情影响，当事人一方在合理期限内迟延交付标的物、支付价款，另一方请求解除合同的，人民法院不予支持，但当事人另有约定的除外；当事人一方请求免除相应违约责任的，人民法院可以支持。当事人一方增加实际履行费用，请求对方承担部分履行费用的，人民法院可以组织双方协商，适用公平原则平衡双方当事人的利益。出卖人通过认购、订购、预订等方式向买受人收受定金作为订立买卖合同担保的，如因当事人一方原因未能订立买卖合同，应当按照法律关于定金的规定处理；因受疫情影响，造成买卖合同未能订立的，出卖人应当将定金返还买受人。双方约定买受人以担保贷款方式付款，因受疫情影响导致未能订立担保贷款合同并致使买卖合同不能继续履行的，当事人可以请求解除合同，出卖人应当将收受的本金及其利息或者定金返还买受人。因受疫情影响，造成标的物不能交付或者不符合约定的交付条件，当事人一方请求解除合同的，人民法院可以支持。

问题6：如何处理租赁合同纠纷，承租人能否主张减免疫情期间的房屋租金？

答：应根据具体案情作出相应处理。生活用房租赁中，承租人主张减免租金的，应引导当事人协商解决。协商不成，可以结合合同约定的租期及履行方式、受疫情影响程度等因素综合考量，按照公平原则妥善处理。如因出租人主动限制或房屋所在地采取管控措施导致承租人实际无法使用房屋，承租人提出减免租金请求的，一般予以支持。如疫情不影响承租人居住使用房屋，承租人提出减免租金请求的，一般不予支持。商业用房租赁中，如受疫情影响，房屋无法正常使用，承租人以此要求出租人减免房租的，一般可予支持。如疫情并未影响承租人实际占有使用房屋，仅基于疫情期间客流减少等原因造成承租人营业收益受到影响的,一般不免除承租人的租金给付义务;如对承租人营业收入产生重大损失的,可依据公平原则酌情调整租金。商铺、酒店、船舶等承包经营合同当事人主张减免疫情期间承包费用的,参照商业用房租赁合同处理。

问题7:保险机构能否以被保险人未在约定医院就诊为由拒绝理赔?

答:对于被保险人感染新冠肺炎入院治疗,就诊医院不在保险合同约定的医院范围之内的,因新冠肺炎的诊治均由当地政府指定医疗机构负责,当事人无法选择就诊医院,故保险机构以被保险人未在约定医院就诊为由拒绝理赔的,人民法院一般不予支持。

问题8:2020年春节假期延长期间(1月31日—2月2日),用人单位安排劳动者上班,就支付劳动报酬发生争议的如何处理?

答:2020年春节假期延长期间,用人单位安排劳动者在此期间上班,劳动者请求支付加班工资的,应当适用《劳动法》第四十四条第二款的规定,用人单位应当安排劳动者补休,不能安排补休的,按日工资200%的标准支付劳动报酬。

问题9:受新冠疫情影响,因企业灵活用工产生的劳动争议如何处理?

答:疫情防控期间,职工根据用人单位要求通过网络、电话等灵活用工方式完成工作任务,主张用人单位按正常工作的标准支付劳动报酬的,人民法院可予支持。

问题10:用人单位提出与确诊的新冠肺炎患者及其密切接触者、疑似的新冠肺炎患者、无法明确排除新冠肺炎可能的发热患者(以下简称四类人员),以及因政府实施隔离措施或采取其他紧急措施导致不能提供正常劳动的劳动者解除劳动合同的,如何处理?

答:用人单位以此为由起诉解除劳动合同的,人民法院一般不予支持。在此期间劳动合同到期的,应延长至医疗期满、医学观察期满、隔离期满、政府采取的紧急措施结束。

问题11:疫情期间,如何处理因工伤认定产生的争议?

答:在新冠肺炎预防和救治工作中,医护及相关工作人员出现因履行工作职责感染新冠肺炎等情形,主张认定为工伤的,人民法院依法予以支持。非医护及相关工作的劳动者有证据证明确系在工作期间因工作原因感染新冠肺炎,主张认定为工伤的,人民法院依法予以支持。劳动者在疫情防控工作中为维护国家利益、公共利益受到伤害,主张属于《工伤保险条例》第十五条规定的视同工伤的,人民法院依法予以支持。依法应当参加工伤保险统筹的用人单位的劳动者,在疫情发生期间遭受人身损害,劳动者或者其近亲属向人民法院起诉请求用人单位承担民事赔偿责任的,告知其按《工伤保险条例》的规定处理。

问题12: 如何处理疫情防控期间,因医疗卫生资源不足,转运、救助、治疗不及时,导致疫情轻症患者病情加重或死亡等引发的医患纠纷?

答:在新冠肺炎疫情患者救治工作中,由于在短期内感染者众多、医疗机构资源有限,加之冠状病毒的未知性等各方面原因,不可避免会造成因医疗救治工作不及时、不到位等问题产生医患纠纷。人民法院应积极组织双方当事人进行调解,调解不成的,根据《侵权责任法》第五十四条的规定,准确适用过错责任原则处理相关问题。

问题13: 如何处理涉新冠肺炎疫情信息披露产生的侵权纠纷?

答:从事疫情防控工作的机构、组织等,为疫情防控需要,披露四类人员基本信息、病历资料、健康审查资料、家庭住址、疫情期间的活动轨迹等个人信息,该机构、组织主张属于《最高人民法院关于审理利用信息网络侵害人身权益民事纠纷案件适用法律若干问题的规定》第十二条规定的"为促进社会公共利益且在必要范围内"情形的,人民法院应予支持。

问题14: 如何把握疫情防控期间破产案件的受理条件?

答:人民法院应当审慎把握疫情防控期间破产案件的受理条件,对受疫情影响导致暂时出现周转困难,不能清偿到期债务的企业,一般不宜认定其具备破产条件,应根据企业历年经营情况以及无法偿债与疫情防控的关联程度等进行综合考量。

问题15: 在疫情防控期间,如何提高涉防疫抗疫物资破产企业的债务清偿率?

答:人民法院应积极组织涉防疫抗疫物资破产企业复产。对于涉及防控疫情所需医用物资、生活物资保障生产的企业以及被政府确定为疫情防控定点接待酒店的破产企业,依法及时许可企业恢复生产、继续营业、自行经营管理,既满足防控疫情需要,又促进破产企业资产增值,提高债务清偿率。对于被采取了财产保全及其他限制措施的相关企业,及时协调有关部门解除保全、失信、限高措施,便于企业开展继续生产经营。对于破产企业现有防控疫情的医疗物资,应督促管理人抓紧对相关物资进行盘点,并许可管理人以合理价格转让有利于防控疫情的医疗物资。

问题16：疫情防控期间,如何召开债权人会议？确因疫情防控需要无法按期召开债权人会议的,如何处理？

答：疫情防控期间,债权人会议应尽量采用在线网络视频会议或其他非现场方式召开,并可视情采用书面、传真、短信、电子邮件、即时通信、通讯群组网络应用服务等非现场方式进行表决,最大限度避免人员接触和集聚。采用非现场方式召开和表决的,应当对参会和表决人员的身份及代表权进行确认,对会议过程进行有效记录保存,对记载表决内容的电子数据或其他载体及时提取和固定,并由两名以上相关工作人员签字确认。确因疫情防控需要无法按期召开债权人会议的,可视情延期,并依法通知全体债权人。

问题17：当事人因受疫情影响,无法在起诉期限内向法院提起诉讼的,受疫情影响期间是否应计算在起诉期限内？

答：原则上不应计算在起诉期限内。当事人在向法院起诉时,主张存在上述应予扣除起诉期限情形的,应当提供确诊为新冠肺炎患者、确定为疑似新冠肺炎患者或者因疫情防控被隔离等受疫情影响的证据。

问题18：疫情防控期间是否适用诉讼时效中止或者诉讼中止的规定？

答：当事人因受疫情影响,不能正常参加相关诉讼活动的,人民法院可以根据《民法总则》第一百九十四条、《民事诉讼法》第一百五十条、《突发事件应对法》第十三条等相关规定,适用有关时效中止和诉讼中止的规定,但法律另有规定的除外。

三、涉疫情行政案件审判相关问题

问题19：人民法院处理涉疫情行政案件,应坚持什么原则？

答：人民法院处理涉疫情行政案件,既要从疫情防控大局出发支持行政机关依法履行疫情防控职责,又要积极发挥司法职能依法纠正行政机关在疫情防控中的违法行为,督促行政机关依法防控,保护相对人的合法权益,提高疫情防控的法治化水平。

问题20：公安机关在疫情防控期间对各类造谣滋事、谎报疫情等扰乱公共秩序的违法行为作出行政处罚,行政相对人不服提起行政诉讼的,应如何处理？

答：人民法院应结合信息发布者的主观恶性程度、认知能力、其行为的社会危害程度,综合审查判断。

对故意发布虚假疫情信息,制造社会恐慌,扰乱社会秩序,公安机关根据

《治安管理处罚法》从重处罚的,人民法院应依法支持。

问题 21:行政相对人不服新冠肺炎疫情防控工作指挥部制定、发布的公告以及其他具有普遍约束力的防疫决定、命令,提起行政诉讼的,如何处理?

答:新冠肺炎疫情防控工作指挥部制定、发布的公告以及其他具有普遍约束力的防疫决定、命令,不属于《行政诉讼法》第十二条规定的受案范围,行政相对人提起行政诉讼的,人民法院依法不予受理。

问题 22:行政相对人不服承担疫情防控职责的行政机关根据疫情防控实际需要实施的封闭、强制隔离等应急管理措施,请求确认违法并要求赔偿损失的,人民法院如何处理?

答:对相关行政执法部门因防控疫情实施的行政行为引发的行政争议,人民法院应当引导行政相对人从疫情防控大局出发,合理主张诉求,妥善解决纠纷。

行政机关为疫情防控实际需要实施封闭、强制隔离等应急管理措施,没有明显违法或者因紧急情况未履行相关审批手续但事后已经依法补办手续,行政相对人请求确认违法的,一般不予支持。但行政机关实施的封闭、强制隔离等应急管理措施明显超过疫情防控实际需要,或者因对象错误导致相对人人身、财产权益受到损害,或者实施应急管理措施的主体不具有行政主体资格,行政相对人请求确认违法并要求赔偿损失的,人民法院应当支持。

问题 23:人民法院如何妥善处理因疫情防控需要征用发生的行政纠纷?

答:为疫情防控需要,县级以上地方人民政府根据《传染病防治法》第四十五条的规定临时征用房屋、交通工具及相关设施、设备、物资等,被征用人提起行政诉讼主张支付补偿费用的,人民法院应当依法支持。征用行为违反《传染病防治法》规定的征用范围,或者征用主体不适格,或者征用程序严重违法,被征用人提起行政诉讼主张确认违法并请求赔偿损失的,人民法院可以判决确认违法并责令相关责任主体采取补救措施。

问题 24:人民法院如何妥善处理疫情防控期间公民请求相关行政机关履行公开疫情信息职责的案件?

答:在疫情防控期间,公民提起行政诉讼,要求人民政府、卫生行政部门等行政机关公开疫情信息的,人民法院应当依法予以受理。行政机关有正当理由主张涉诉疫情信息属于《政府信息公开条例》第十四条、第十五条、第十六条规定的不予公开的范围的,人民法院依法予以支持。

四、涉疫情执行工作相关问题

问题25：疫情防控期间，人民法院如何安全有序地开展执行工作？

答：探索线上执行各项机制。全面落实执行远程指挥和网络查控，健全信息共享、执行协助、争议协调、委托执行等机制。全面开展线上执行措施，充分运用"总对总""点对点"网络执行查控系统，有效开展财产保全查控、执行查控等工作，确保最大限度发现并控制债务人财产。

问题26：疫情防控期间，能否开展集中执行行为？

答：疫情防控期间原则上不得组织开展集中执行行为，确需线下进行的执行行为，应当在采取周密防控措施确保执行人员、当事人、相关人员健康安全的前提下进行。

问题27：因疫情影响导致当事人无法在法定期限内申请执行或者履行法定、约定义务的，人民法院如何处理？

答：对于因疫情防控导致执行申请立案、履行生效法律文书确定的义务、履行执行和解协议和交付标的物等逾期的案件，构成不可抗力的，应当适用时效中止的相关规定。

对于当事人已经达成和解协议的案件，被执行人在履行过程中确因疫情原因造成正常履行困难，向人民法院请求给予适当延、缓期的，应当促成当事人达成新的和解协议、延长履行期限，或者变更执行方式；当事人不能达成和解协议的，人民法院对其延、缓期的申请可予准许。

问题28：在疫情防控期间，对承担疫情防控任务的企业以及用于救援的款项等特殊主体或者特殊款物，如何审慎采取执行措施？

答：涉及承担疫情防控任务相关企业、单位及个人为债务人的，原则上暂缓对其采取财产保全和强制执行措施，已经采取相关措施，影响其疫情防控相关生产经营活动的，应做好申请保全人或申请执行人工作，依法变更强制措施。

被执行人属于疫情防控部门、疫情诊疗机构以及生产经营疾控或医疗防护物资的企业或个人的，原则上不以其有履行能力而拒不履行生效法律文书确定的义务为由将其纳入失信被执行人名单。已经纳入失信被执行人名单或采取限制消费措施的，应根据情况，暂时屏蔽失信记录，或暂时解除其消费限制。

涉及疫情捐赠或专门用于救援的款项、物资及银行账号，不得采取查封、扣押、冻结等强制措施,已采取相关措施的,应在详细登记造册后及时予以解除。

五、其　他

问题29:因疫情涉诉的困难企业和个人,能否依法缓、减、免诉讼费用?

答:人民法院应当加大涉疫情司法救助适用力度,进一步完善司法救助机制,加强对因疫情涉诉的困难企业和个人申请司法救助的引导,依法缓、减、免诉讼费用。

问题30:如何提前谋划、防患未然,防止涉疫情纠纷在疫情结束后暴发?

答:创新发展新时代"枫桥经验",加大诉源治理力度,坚持将非诉讼纠纷解决机制挺在前面,充分发挥人民调解、行政调解、行业调解、律师调解等社会矛盾纠纷多元预防调处化解机制在涉疫情纠纷化解中的作用。加强与司法行政部门、律师协会等相关单位的协调配合,进一步整合汇聚多元调解解纷力量,扎实做好疫情防控期间在线调解、司法确认等各项工作,提前预防和化解因疫情防控可能产生的各类风险隐患,努力将矛盾纠纷化解在当地、解决在萌芽状态。特别强化对医患纠纷等疫情防控期间的纠纷化解力度,确保矛盾不激化。

问题31:本解答有何作用?由谁负责解释?效力如何?

本解答供全省各级人民法院审判执行工作参考。

本解答由湖南省高级人民法院审判委员会负责解释。

本解答与法律法规、司法解释不一致的,以法律法规、司法解释为准。

联合国国际货物销售合同公约(节选)

(1988年1月1日生效)

第七十九条

(1) 当事人对不履行义务,不负责任,如果他能证明此种不履行义务,是由于某种非他所能控制的障碍,而且对于这种障碍,没有理由预期他在订立合同时能考虑到或能避免或克服它或它的后果。

(2) 如果当事人不履行义务是由于他所雇用履行合同的全部或一部分规定的第三方不履行义务所致,该当事人只有在以下情况下才能免除责任:

(a) 他按照上一款的规定应免除责任,和

(b) 假如该项的规定也适用于他所雇用的人,这个人也同样会免除责任。

(3) 本条所规定的免责对障碍存在的期间有效。

(4) 不履行义务的一方必须将障碍及其对他履行义务能力的影响通知另一方。如果该项通知在不履行义务的一方已知道或理应知道此一障碍后一段合理时间内仍未为另一方收到,则他对由于另一方未收到通知而造成的损害应负赔偿责任。

(5) 本条规定不妨碍任何一方行使本公约规定的要求损害赔偿以外的任何权利。

国际商会不可抗力与情势变更条款

【2020 年版】①

国际商会不可抗力条款(全式)

不可抗力的概念存在于多个法律体系之中,但是其运用原则在不同国家的法律中可能存在巨大的差异。为克服此类问题,当事人倾向于通过在合同中列入不可抗力条款而不依赖各国法律的差异性来自主解决。为了协助当事人草拟和协商此类条款,国际商会制定了两个平衡的不可抗力条款,"全式"(Long Form)和"简式"(Short Form)。国际商会不可抗力条款(全式)可以包括在合同中,或者通过申明"国际商会不可抗力条款(全式)并入本合同"的方式引用。当事人亦可以该条款为基础,草拟考虑其特定需求的"定制"条款。如果当事人希望使用一个简短的条款,他们可以在合同中加入"简式"国际商会不可抗力条款。全式条款提供了使用指导,简式条款则没有。关于什么构成不可抗力的问题,国际商会不可抗力条款旨在通常的要求之间达成一种折中,全部情形需满足推定当事人无法控制,且订约时无法预见的要求。为达此目的,国际商会不可抗力条款提供了一个一般性定义(第1款)和一个不可抗力事件清单(第3款),这些事件被推定符合不可抗力的条件(第3款)。要求各方根据其具体需要核对清单,并确认是否应从清单中删除或增加某些事件。

成功援引不可抗力的主要后果是,受影响的一方自事件发生之日起免除其履约义务,以及免除其责任或损害赔偿(条件是及时通知另一方),如果存

---

① 参见《分享丨国际商会不可抗力与情势变更条款[2020年版]》,载"ICC 国际商会"微信公众号(https://mp.weixin.qq.com/s/4dhV2v4xRirOTWSHi7lzOg),访问日期:2020 年 4 月 10 日。

在临时障碍,直至障碍不再阻止履约为止。

1.定义

"不可抗力"系指事件或情况的发生("不可抗力事件"),妨碍或阻碍一方履行合同规定的一项或多项合同义务,在这种情况下,受障碍影响的一方("受影响的一方")证明:

a)该障碍超出其合理控制范围;

b)在订立合同时无法合理地预见;

c)受影响的一方无法合理地避免或克服障碍的影响。

不可抗力的定义为援引该条款规定了一个比履约不能更低的门槛。这体现在以上 a)至 c)项条件的合理性。

2.第三方不履行义务

如果合同一方由于其雇佣履行全部或部分合同的第三方的违约而不能履行其一项或多项合同义务,合同当事人只有在第 1 款规定的要求针对合同当事人和第三方同时确立的情况下才能援引不可抗力。

本款意在排除第三方或分包商不履行义务可被视为不可抗力的情况。受影响的一方必须证明第三方不履行义务也符合不可抗力的条件,这也适用本条第 3 款的推定。

3.推定的不可抗力事件

在没有相反证据的情况下,应推定影响一方当事人的下列事件满足本条第 1 款 a)和 b)项的条件,而受影响的一方当事人只需证明第 1 款 c)项的条件得到满足。

推定的不可抗力事件通常被认定为不可抗力。因此,推定在发生一个或多个满足不可抗力条件的事件时,受影响的一方无需证明本条第 1 款 a)和 b)项的条件(即该事件不可控制和不可预见),而由另一方承担证明相反情况的责任。援引不可抗力的一方必须在任何情况下证明 c)项条件的存在,即该障碍的影响无法合理地避免或克服。

a)战争(无论是否宣战)、敌对行动、入侵、外国敌对行为、广泛的军事动员;

b)内战、暴乱、叛乱和革命、军事或篡权、叛乱、恐怖主义行为、破坏或海盗行为;

c)货币和贸易限制、禁运、制裁;

d)合法或非法的权力行为、遵守任何法律或政府命令、征收、没收、征用、国有化；

　　e)鼠疫、疫病、自然灾害或者极端自然事件；

　　f)爆炸、火灾、设备毁坏、运输、电讯、资讯系统或能源长时间失灵；

　　g)普遍的劳工骚乱，例如抵制、罢工及停工、怠工、占用工厂及厂房等。

　　当事人可根据具体情况从清单中增加或删除事件，例如排除授权行为或出口限制，或只列入影响其本身企业的劳工扰乱行为。提醒有关方，在清单上增加新的事件并不能免除他们证明已符合第 1 段 c)项条件的义务。

　　4. 通知

　　受影响的一方应将事件毫不延迟地通知其他当事人。

　　5.不可抗力的后果

　　成功援引这一条款的一方当事人,自障碍导致其无法履行合同义务之时起,免除其履行合同义务的责任,免除任何损害赔偿责任或任何其他合同补救违约责任,条件是必须毫不延迟地发出通知。若通知未能及时发出,则免责自通知送达对方当事人之时起生效。若适用,另一方当事人可自通知之日起中止履行其义务。

　　本款的主要目的是明确,在及时发送通知的条件下,受不可抗力影响的当事人免于履行合同义务。为了避免受影响的一方只在稍后阶段(例如,当另一方声称不履行义务时)才援引不可抗力,在未及时发出通知的情况下,不可抗力的效力延迟到收到通知之时。

　　因不可抗力妨碍履行义务而产生的义务,另一方当事人可在收到通知时中止履行其义务,条件是其义务产生自被不可抗力阻止的义务,且该义务是可中止的。

　　6.临时障碍

　　如果所援引的障碍或事件的影响是临时性的,只有在所援引的障碍阻碍了受影响的一方履行其合同义务的情况下,才适用上文第 5 款规定的后果。一旦所发生的障碍停止阻碍履行其合同义务,受影响的一方必须立即通知另一方。

　　7.减损义务

　　受影响的一方有义务采取一切合理措施,限制合同履行下所援引的事件所带来的影响。

　　8.合同终止

　　如果所援引的障碍持续期间实质上剥夺了合同当事人根据合同有权期

望合理所得,任何一方当事人都有权在合理期限内通知另一方当事人以终止合同。除非另有约定,当事人明确约定,如果障碍期限超过 120 天,则任何一方当事人都可以终止合同。

本条第 8 款规定了一项一般性规则,用于确定在每一特定情况下,障碍持续期间是否不可持续时,使得当事人有权终止合同。为了提高确定性和可预见性,规定了 120 天的最长期限,当然可以根据当事人的需要随时约定予以修改。

9. 不当得利

如果适用以上第 8 款,而且合同任何一方在合同终止前因另一方在履行合同方面的任何行为而获益,获得这种利益的一方应向另一方支付相当于该利益价值的一笔款项。

国际商会不可抗力条款(简式)

本简式条款是全式条款的缩减版,仅包含一些基本条款。其是为希望在合同中加入一个平衡和精心起草的涵盖最重要事项的标准条款的用户而设定的。使用者必须意识到,本简式条款,就其性质而言,范围有限,并不一定涵盖与特定商业环境有关的所有问题。在这种情况下,当事人应该在国际商会不可抗力全式条款的基础上起草一个具体的条款。

1."不可抗力"系指事件或情况的发生,阻碍或妨碍一方当事人履行合同规定的一项或多项合同义务时,如果并且只要该当事人证明:a) 此种障碍超出其合理控制范围;以及 b) 在订立合同时不可能合理地预见;以及 c) 受影响的一方当事人不可能合理地避免或克服这一障碍的影响。

2. 在没有相反证据的情况下,应推定下列影响一方当事人的事件符合本条第 1 款 a) 和 b) 项规定的条件:i) 战争(无论是否宣战)、敌对行动、入侵、外敌行为、广泛的军事动员;ii) 内战、暴乱、叛乱、革命、军事或者篡权、叛乱、恐怖主义行为、破坏或者海盗行为;iii) 货币和贸易限制、禁运、制裁;iv) 合法或非法的权力行为、遵守任何法律或政府命令、征收、没收工程、征用、国有化;v) 鼠疫、流行病、自然灾害或极端自然事件;vi) 爆炸、火灾、设备破坏、运输、电讯、资讯系统或能源长时间中断;vii) 普遍劳工骚乱,例如抵制、罢工和停工、怠工、占用工厂及厂房。

3. 成功援引这一条款的一方当事人,自障碍导致其无法履行合同义务之时起,免除其履行合同义务的责任,免除任何损害赔偿责任或任何其他合同补救违约责任,条件是必须毫不迟延地发出通知。若通知未能及时发出,则免责自通知送达另一方当事人之时生效。若所援引的障碍或事件的影响是暂时的,则只有在所援引的障碍阻碍受影响一方履行其合同义务的情况下,上述后果才适用。如果所援引的障碍持续期间实质上剥夺了合同当事人根据合同有权期望合理所得,任何一方当事人都有权在合理期限内通知另一方当事人以终止合同。除非另有规定,当事人明确约定,若障碍持续期限超过120天,则任何一方当事人都可以终止合同。

国际商会情势变更条款

如果事件的发生使得合同的履行比合同订立时合理预期的更为艰难,一些国家的法律通过旨在保护处于不利一方的规则处理情势变更的状况。然而国与国之间法律所适用的解决方案可能会存在实质上的不同。当国内法律要求合同当事人重新谈判合同并且重新谈判失败时,失败的结果会不同:在一些法律下,不利一方仅被赋予终止合同的权利;然而在另一些法律下,不利一方有权通过法官或仲裁员变更合同,以适应变化的环境。

为了增加确定性,当事人希望在合同中规范这些情况,不受合同所适用法律的约束。国际商会情势变更条款旨在通过一个可被加入单个合同中的标准条款,来满足这种需求。

由于最具争议性的问题是一旦当事人不能就谈判解决达成一致,是否寻求第三方(法官或仲裁员)予以变更,因此本条款提供给当事人两种必须的选择:变更合同或者终止合同。

1.合同的一方当事人负有履行合同责任的义务,即使事件的发生使得合同的履行比合同订立的时候更为艰难。

2.尽管有本条第1款的规定,若合同一方当事人证明:

a)由于超出其合理控制范围的事件的发生而导致其继续履行合同责任变得过于艰难,而在订立合同时无法合理地考虑到这一事件;并且

b)不能合理地避免或克服事件或其后果,在合理时间内援引本条款,当事人有义务谈判,以寻求能够合理地克服事件所带来的后果的替代合同条款。

3A.当事人终止合同

在适用本条第2款的情况下,但是当事人无法达成该条款所规定的替代合同条款时,援引此条款的当事人有权终止合同,但不能在未经其他当事人

同意的情况下请求法官或仲裁员变更合同。

3B.裁判变更或终止

在适用本条第2款的情况下,但是当事人无法达成该条款所规定的替代合同条款时,任何一方当事人有权请求法官或仲裁员变更合同,以恢复平衡,或在适用的情况下终止合同。

3C.裁判终止

在适用本条第2款的情况下,但是当事人无法达成该条款所规定的替代合同条款时,任何一方当事人有权请求法官或仲裁员宣告终止合同。

第3款处理了当事人无法达成替代合同条款时的情形。在此情况下,主要有两种选择:由当事人一方终止合同,或者由对合同有管辖权的法官或仲裁员变更或终止合同。在选项A下,援引情势变更的当事人有权主动终止合同。

在选项B(被多数国家法律以及国际商事合同通则认可)下,当事人有权请求法官或仲裁员变更或终止合同。在此情况下,法官或仲裁员可决定哪一种选择更合适,尤其是当没有可能合理变更合同之时。

如果合同当事人担心由第三方(法官或仲裁员)变更契约平衡的结果,认为选项B不合适,可以选择选项A或C,这两个选项不会涉及法官或仲裁员变更合同。在选项A下,援用情势变更的当事人有权主动终止合同,其他当事人随后或许会宣称该决定没有法律效力;但是在选项C下,任何一方当事人都有权请求法官或仲裁员宣告终止合同。

在当事人选择变更合同的情况下,建议法官或仲裁员邀请当事人提交变更合同的提议,这可视为变更合同的起点。

《民法典》与既有法律文件对照表

《民法典》	既有法律文件
第六条　民事主体从事民事活动,应当遵循公平原则,合理确定各方的权利和义务。	《民法通则》第四条　民事活动应当遵循自愿、公平、等价有偿、诚实信用的原则。
第一百八十条　因不可抗力不能履行民事义务的,不承担民事责任。法律另有规定的,依照其规定。 　　不可抗力是不能预见、不能避免且不能克服的客观情况。	《民法总则》第一百八十条　因不可抗力不能履行民事义务的,不承担民事责任。法律另有规定的,依照其规定。 　　不可抗力是指不能预见、不能避免且不能克服的客观情况。 《民法通则》第一百五十三条　本法所称的"不可抗力",是指不能预见、不能避免并不能克服的客观情况。
第四百六十五条　依法成立的合同,受法律保护。 　　依法成立的合同,仅对当事人具有法律约束力,但是法律另有规定的除外。	《合同法》第八条　依法成立的合同,对当事人具有法律约束力。当事人应当按照约定履行自己的义务,不得擅自变更或者解除合同。 　　依法成立的合同,受法律保护。
第五百三十三条　合同成立后,合同的基础条件发生了当事人在订立合同时无法预见的、不属于商业风险的重大变化,继续履行合同对于当事人一方明显不公平的,受不利影响的当事人可以与对方重新协商;在合理期限内协商不成的,当事人可以请求人民法院或者仲裁机构变更或者解除合同。 　　人民法院或者仲裁机构应当结合案件的实际情况,根据公平原则变更或者解除合同。	《合同法解释(二)》第二十六条　合同成立以后客观情况发生了当事人在订立合同时无法预见的、非不可抗力造成的不属于商业风险的重大变化,继续履行合同对于一方当事人明显不公平或者不能实现合同目的,当事人请求人民法院变更或者解除合同的,人民法院应当根据公平原则,并结合案件的实际情况确定是否变更或者解除。

(续表)

《民法典》	既有法律文件
第五百四十三条　当事人协商一致,可以变更合同。	《合同法》第七十七条　当事人协商一致,可以变更合同。 法律、行政法规规定变更合同应当办理批准、登记等手续的,依照其规定。
第五百六十二条　当事人协商一致,可以解除合同。 当事人可以约定一方解除合同的事由。解除合同的事由发生时,解除权人可以解除合同。	《合同法》第九十三条　当事人协商一致,可以解除合同。 当事人可以约定一方解除合同的条件。解除合同的条件成就时,解除权人可以解除合同。
第五百六十三条　有下列情形之一的,当事人可以解除合同: (一)因不可抗力致使不能实现合同目的; (二)在履行期限届满前,当事人一方明确表示或者以自己的行为表明不履行主要债务; (三)当事人一方迟延履行主要债务,经催告后在合理期限内仍未履行; (四)当事人一方迟延履行债务或者有其他违约行为致使不能实现合同目的; (五)法律规定的其他情形。 以持续履行的债务为内容的不定期合同,当事人可以随时解除合同,但是应当在合理期限之前通知对方。	《合同法》第九十四条　有下列情形之一的,当事人可以解除合同: (一)因不可抗力致使不能实现合同目的; (二)在履行期限届满之前,当事人一方明确表示或者以自己的行为表明不履行主要债务; (三)当事人一方迟延履行主要债务,经催告后在合理期限内仍未履行; (四)当事人一方迟延履行债务或者有其他违约行为致使不能实现合同目的; (五)法律规定的其他情形。
第五百六十五条　当事人一方依法主张解除合同的,应当通知对方。合同自通知到达对方时解除;通知载明债务人在一定期限内不履行债务则合同自动解除,债务人在该期限内未履行债务的,合同自通知载明的期限届满时解除。对方对解除合同有异议的,任何一方当事人均可以请求人民法院或者仲裁机构确认解除行为的效力。	《合同法》第九十六条　当事人一方依照本法第九十三条第二款、第九十四条的规定主张解除合同的,应当通知对方。合同自通知到达对方时解除。对方有异议的,可以请求人民法院或者仲裁机构确认解除合同的效力。 法律、行政法规规定解除合同应当办理批准、登记等手续的,依照其规定。

(续表)

《民法典》	既有法律文件
当事人一方未通知对方,直接以提起诉讼或者申请仲裁的方式依法主张解除合同,人民法院或者仲裁机构确认该主张的,合同自起诉状副本或者仲裁申请书副本送达对方时解除。	
第五百六十六条第一款 合同解除后,尚未履行的,终止履行;已经履行的,根据履行情况和合同性质,当事人可以请求恢复原状或者采取其他补救措施,并有权请求赔偿损失。	《民法通则》第一百一十五条 合同的变更或者解除,不影响当事人要求赔偿损失的权利。 《合同法》第九十七条 合同解除后,尚未履行的,终止履行;已经履行的,根据履行情况和合同性质,当事人可以要求恢复原状、采取其他补救措施,并有权要求赔偿损失。
第五百六十七条 合同的权利义务关系终止,不影响合同中结算和清理条款的效力。	《合同法》第九十八条 合同的权利义务终止,不影响合同中结算和清理条款的效力。
第五百九十条 当事人一方因不可抗力不能履行合同的,根据不可抗力的影响,部分或者全部免除责任,但是法律另有规定的除外。因不可抗力不能履行合同的,应当及时通知对方,以减轻可能给对方造成的损失,并应当在合理期限内提供证明。 当事人迟延履行后发生不可抗力的,不免除其违约责任。	《民法通则》第一百零七条 因不可抗力不能履行合同或者造成他人损害的,不承担民事责任,法律另有规定的除外。 《合同法》第一百一十七条 因不可抗力不能履行合同的,根据不可抗力的影响,部分或者全部免除责任,但法律另有规定的除外。当事人迟延履行后发生不可抗力的,不能免除责任。 本法所称不可抗力,是指不能预见、不能避免并不能克服的客观情况。 第一百一十八条 当事人一方因不可抗力不能履行合同的,应当及时通知对方,以减轻可能给对方造成的损失,并应当在合理期限内提供证明。

(续表)

《民法典》	既有法律文件
第五百九十一条 当事人一方违约后,对方应当采取适当措施防止损失的扩大;没有采取适当措施致使损失扩大的,不得就扩大的损失请求赔偿。 当事人因防止损失扩大而支出的合理费用,由违约方负担。	《合同法》第一百一十九条 当事人一方违约后,对方应当采取适当措施防止损失的扩大;没有采取适当措施致使损失扩大的,不得就扩大的损失要求赔偿。 当事人因防止损失扩大而支出的合理费用,由违约方承担。
第七百八十四条 承揽人应当妥善保管定作人提供的材料以及完成的工作成果,因保管不善造成毁损、灭失的,应当承担赔偿责任。	《合同法》第二百六十五条 承揽人应当妥善保管定作人提供的材料以及完成的工作成果,因保管不善造成毁损、灭失的,应当承担损害赔偿责任。
第七百八十七条 定作人在承揽人完成工作前可以随时解除合同,造成承揽人损失的,应当赔偿损失。	《合同法》第二百六十八条 定作人可以随时解除承揽合同,造成承揽人损失的,应当赔偿损失。
第七百八十八条 建设工程合同是承包人进行工程建设,发包人支付价款的合同。 建设工程合同包括工程勘察、设计、施工合同。	《合同法》第二百六十九条 建设工程合同是承包人进行工程建设,发包人支付价款的合同。 建设工程合同包括工程勘察、设计、施工合同。
第八百零三条 发包人未按照约定的时间和要求提供原材料、设备、场地、资金、技术资料的,承包人可以顺延工程日期,并有权请求赔偿停工、窝工等损失。	《合同法》第二百八十三条 发包人未按照约定的时间和要求提供原材料、设备、场地、资金、技术资料的,承包人可以顺延工程日期,并有权要求赔偿停工、窝工等损失。
第八百零八条 本章没有规定的,适用承揽合同的有关规定。	《合同法》第二百八十七条 本章没有规定的,适用承揽合同的有关规定。